原道

第28辑

陈　明　朱汉民　主编

人民东方出版传媒
東方出版社

本辑作者

胡　芮　东南大学人文学院博士研究生

唐代兴　四川师范大学特聘教授

张新国　清华大学哲学系博士研究生

商增涛　东南大学人文学院博士研究生

Yvés Vende　中山大学哲学系博士研究生

李　超　南京医科大学医政学院讲师

刘胜梅　泰山学院思想政治教育学院讲师

平　瑶　南开大学文学院博士研究生

黄泰轲　湖南师范大学道德文化研究院博士研究生

赖志伟　北京大学历史系博士后研究人员

陈冠伟　中南大学法学院博士后研究人员

戴金波　湖南大学法学院博士后研究人员

张瑞涛　中国石油大学（华东）哲学系副教授

刘骄阳　中国石油大学（华东）哲学系硕士研究生

霍明宇　中国艺术研究院文化研究所研究人员

李敬峰　陕西师范大学哲学系博士后研究人员

朱汉民　中国书院学会会长

韩　星　中国人民大学国学院教授

陈　仙　中南林业科技大学外国语学院讲师

刘　勇　中国人民解放军理工大学政治部主任

李清良　湖南大学岳麓书院教授

杨　莉　中国社科院世界宗教所博士后研究人员
翟奎凤　山东大学儒学高等研究院副教授
赵宏宇　广州行政学院哲学与文化教研部副教授
董彦斌　西南政法大学法学研究所研究员
刘宇赤　湖南省岳阳市委党校副校长

目　录

“伦理复兴与国族建构”专题

导言：我们为何需要伦理复兴？

胡 芮 *

在中国近代史上，民族复兴一直是一个让国人充满忧虑和希望的主题，时至今日，我们依然在“中华民族伟大复兴”的旗帜下进行社会建设。民族复兴的主题为何以及如何在百余年来的历史时空中已经并且继续深入而广泛地激发民族凝聚力和创造力，这是我们应该认真思考的重大课题。

回望历史。20 世纪初期，老大中国面临着民族与文化层面的双重危机，国人希望通过社会革命与文化运动的方式纾解时难。“辛亥革命”确立共和体制是民族救亡图存迈出的重要一步，但文化领域所面临的问题却更加复杂。这一时期的文化建设兼具多重任务，一方面要学习掌握富强力量，另一方面要保持传统文化精神永续不坠。正如钱穆先生所说：“第一个问题若不解决，中国的国家民族将根本不存在；第二问题若不解决，则中国国家民族虽存在，而中国传统文化仍将失其存在了。”总体说来，在面对西方文化强势介入的局面下，中国知识界肩负的时代使命乃是在“救亡”与“启蒙”主题之下的文化复兴。由此上溯至季清以来的洋务运动，对外战争的接连失利动摇了中国知识阶层千百年来一以贯之的华夏文化中心论，向西方学习器物层面的“中体西用”论开始在务实的知识分子群体中出现。然而，中国在民族国家间的竞争劣势却以另一种方式伤害了正宗儒学派敏感的文化

* 胡芮，东南大学人文学院博士研究生。

自尊心。对于西方文化，他们则采取全面敌对的态度。由此滥觞的新旧文化之争逐步发展为文化保守主义与文化激进主义的激烈对峙。

民国以降，对外开放程度进一步加深，西方思潮大量涌入，西化思想价值生态进一步成熟。及至“五四”前后，巴黎和会外交失利点燃的政治运动之火也以燎原之势迅速波及到文化领域，保守主义被贴上了落后、腐朽的价值标签而受到彻底的批判，当然不能幸免的还有包括传统道德在内的中国传统文化。至此，中国知识阶层开始出现大分裂，两种不同思想倾向的派别之间的斗争凸显出近代史上一条清晰的文化论争脉络。可以说，文化的走向问题实为近代中国思想论争之核心问题，作为以伦理文化为本位的国家，文化思想论争也体现了中国近代伦理思想史发展演变的脉络。在文化激进主义高涨的近代中国，文化保守主义往往被视为一种“过时”，甚至“陈腐”的论调而遭受被忽视乃至被批判的境遇。但作为一种重要的思想潮流，特别是保守主义发展到中后期形成的文化民族主义，在当前寻找现代化国家治理路径的政治经济文化背景之下，如能深入的发掘其作为思想资源所具有的多重价值，则会对现实的民族复兴事业有更多新的启示。

总之，尽管近代以来西方文明通过各种途径对中国民族生活史造成了广泛而持续的影响，但中国本民族的物质文明和精神文明仍历经激荡而坚韧持续。根据黑格尔的论述，民族作为自然的伦理实体是作为一个整体同时又呈现出其中所有个体的意识的那个东西。从这个角度来讲，历史其本身的现实形态就是民族生活史。中华民族拥有数千年悠久的历史文化，这种文明与西方文明相比较而言体现出明显的“伦理型”文化的特征。我们民族几千年一以贯之的坚韧和顽强得益于这种独特的“伦理型”文化生活的涵养，近代“救亡”危局下的“伦理启蒙”也是这一民族文化性格的延续。因此，如果我们不从伦理思想史的角度入手探讨民族复兴的深层次遗传基因，就意味着我们舍弃了民族文化最核心的价值特征，这无异于舍本而逐末。换言之，当代民族复兴的“密码”需要经由我们民族所具有的独特伦理基因才能“解码”。道德重建与民族复兴实为中国近现代史的“一体两面”，中华民族百余年来从落后到复兴的历史轨迹也正可归因于“伦理启蒙”以来诸如自由、平等、民主等现代价值与制度的确立。毋庸讳言，民族伦理生活的改变客观上导致了我国社会从传统的“家国一体”向现代民族国家体制的转变，这是值得肯定的历史进步。在西方文明的影响下，我们也迅猛地引入了一系列新的伦理价值。但我们需要看到，当代中国依然或多或少、或隐或现地保留了“伦理型”的民族文化特征。例如，虽然宗法制伦理体系已然崩解，但血缘伦理（家庭）因素仍在一定范围内发挥着重要影响。近代以来的民族复兴，本质上应当是在去除阻碍现代化体系形成因素原则之下的“吐故纳新”，所以近现代的民族复兴并不排斥，甚至有赖于伦理复兴。伦理复兴的本质逻辑地蕴含在民族“伦理型”文化气质之中。

因此，我们再次强调，如果不从伦理复兴的角度来切入和探索当代民族复兴之路，就不能把握民族历史苦难生成的病理，由此导致的逻辑和现实的结果，就只能是学习到西方现代化的漂亮外衣，但失去了民族文化之魂。

这里存在一个需要首先予以澄清的问题，那就是何谓“伦理复兴”？

我们认为，民族复兴的本质逻辑地与民族的本质相关，伦理复兴实际上体现和蕴含了近现代中国民族复兴的实质。从中国近现代史来看，晚清士林遭遇的“三千年未有之大变局”，客观地促发了中国思想界“民族意识”的形成（费孝通先生后来将其解释为中华民族从“自在”到“自觉”的过程）。这种在外来强大“他者”的刺激下形成的“自觉”的“民族意识”，迫使近代中国思想界为“我们是谁”这一伦理性“元问题”寻找答案。美国学者安德森将民族称为“想象的共同体”，并从精神史的角度指出了民族概念的本质：民族不仅仅是一个自然的事实，更为重要的是一个心理学意义上的“社会事实”。安德森关于民族定义的心理学视角，启发我们思考“民族”作为人类共同体形式出现的历史因素。因为作为一种稳定的心理特征，“我们中华民族是一个（整体）”的心理必然与我们的历史相关。这也能从另一个侧面印证费孝通先生关于“中华民族”在历史中以“自在”的历史形态存在千年的论断是合理的。这也就是说，民族这一概念虽然在近代才进入中国的历史叙事中，但并不妨碍民族意识真切地存在于中国历史上的每一时刻。近代以来，从无民族意识到有民族意识的转变并不是民族史的起源，仅仅是因为代表“市民社会”的西方文明的出现促使了这种“民族”意识的产生，亦即费孝通所谓的“自觉”。在中国“伦理型”文化孕育下自然成长的两个伦理实体，即“家庭”和“民族”，一直是中国传统社会结构的基本两元，由此形成了传统的“家国一体”社会形态。但这种社会形态缺乏西方文明生态孕育出的、一旦高度发育成熟便展现出强大威力的“市民社会”结构。中华民族在近代史上遭遇的种种困厄，很大程度上和我们缺乏“市民社会”这一中间地带有关。这也可以解释为什么近代史上所主张的“伦理启蒙”是以颠覆纲常礼教等传统伦理价值，确立以民主、平等、自由等核心价值为内涵的新的伦理价值体系。因为只有在这些基本价值得以确立之后，我们的民族复兴之路才能真正得以奠基。

近代“伦理启蒙”运动和现代伦理核心价值的确立，标志着中国社会从传统伦理型社会到现代道德型社会的转变。但现代型伦理文化是否就是人类历史发展的终极形态，近现代以来西方文明为何屡屡遭受道德危机，当代中国又为何仍存在各种各样的伦理道德困境？这或许与市民社会过渡性的特征有关。在下面，我试着勾勒出近现代史上道德重建与民族复兴的思想轨迹图，用以说明我们所理解和主张的“伦理复兴”及其相关概念的意涵：

近现代社会道德重建与民族复兴路径图示

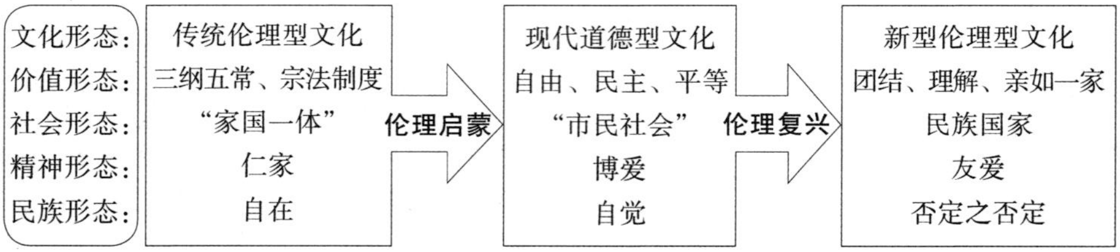

我们认为，伦理复兴是由市民社会向民族国家辩证复归的基本路径。道德本质上只是一种意识形态或者其中的一个环节，但伦理除了是一种意识形态外，更重要的还是一种社会存在。中国历史上的传统型伦理文化即具有这样的特征：其不仅仅是一种意识形态，还客观地展现为具体的人和社会的活动组织形式。西方现代社会组织形式只是在现代道德文化原则（如自由、民主、平等）基础上形成的“市民社会”，它提供了关于“个体如何过更好的生活”的理想模式，但对于“个体如何更好地在一起”的伦理之间却难有尽如人意的回答。我们有足够的理由回到黑格尔，有足够的理由认为：民族生活是个人生活的起点和归宿，民族生活的本质乃是伦理。亦即，伦理生活才是民族生活的本质所在。

晚清民国以来，围绕着保守与改革之间的思想论争一直不绝于缕，各种理论学说风起云涌，各家学派分峙对立。不论各思想流派之间理论差异如何巨大，都不妨碍他们分享一个共同的理想目标——为了实现中华民族的伟大复兴。当今天我们回首近现代伦理思想史，一个忽明忽暗却又经久不熄的火苗时时浮现，这就是中华民族伦理实体嬗变的精神轨迹，也是中华民族历经千载而颠扑不破的精神脉搏。“岁月之井，深不可测”，托马斯·曼在其《约瑟夫和他的兄弟们》中如此开篇。他把历史描绘成一个无底的深井，我们站在井口向下张望，目的是发现历史深邃的奥秘和丰富的经验资源。晚清民国距今不过百年时间，由于语言方式的转变和政治的原因，今人每每回首，总有恍如隔世之感。当近代中国思想界开始从自鸦片战争以来的巨大冲击的眩晕中猛醒，“中华民族”共同体意识的高涨便是对“跟着西方走”的路径的怀疑与转向。当然，彼时的思想界或许并没有站在一个更高的历史视角来设计思想蓝图，但他们赤诚的爱国之心和民族复兴的热情却客观地为“伦理复兴”意识的形成和传播贡献了力量。我们同样不能忽视，虽然自西学东渐以来，以儒学为代表的中国传统伦理文化逐渐失落，进而在政治等因素的影响下日益沉沦，但传统伦理精神的基因却扎根于中华民族共同的文化血脉之中。也正因此，在自上世纪末思想解放的环境下，回归传统文化，重估儒学价值成为一时之潮流。当代中国，传统文化更以前所未有的态势走向复兴。

我们之所以将《原道》第 28 辑的研讨主题确定为“伦理复兴与国族建构”，就是希望能从伦理的维度关照中国近代思想转型过程中“伦理与民族”的关系，也就是从传统文化伦理型特征着手，深入发掘包括儒学在内的中国传统思想中的道德资源，以期在当代中国民族复兴与国族建构过程中发挥建设性作用。

故此，本辑收录的研究论文均是围绕“伦理与民族”的关系做文章。相关文章主要从三个大的角度切入，分别是伦理复兴的理论基础，伦理复兴的历史实践：文化民族主义在近代的表现，思想史视域中的伦理复兴。

唐代兴教授、张新国博士、商增涛博士和 Yvés Vende 博士分别从不同角度关注了伦理复兴的理论基础问题。唐代兴教授提出，“回到先秦去”是实现当代伦理复兴的理论和现实根基。他认为，在当代境遇中，伦理复兴乃重构国族之必然要求；复兴国家伦理传统必须要回到先秦去，因为先秦诸子共创的社会伦理理想所能发挥的巨大秩序构建功能和大众生活引导功能，仍为当代社会所亟需。张新国博士认为，相对于西方文明以宗教启蒙作为主要论域，中华传统文化与社会以伦理为中心；作为伦理启蒙的形而上学基础，个体主义被浓墨重彩的爱国主义、民族主义和国家主义涂抹得难以辨认；伦理复兴要重新重视个体主义价值，确立现代自由主义的个体主义；只有这种个体主义，才是平等主义、可普遍化和能够孕育社会美德。商增涛博士从人伦关系切入话题，认为“五伦”是人伦关系的范型和原初形态；它既是理解中国传统文化和参透儒家思想的密匙乃至不二法门，更是儒家思想的重要内容且贯穿于中国传统伦理思想史的始终；对人伦关系诸理论形态的研究能为实现伦理复兴提供可借鉴的伦理道德资源。法国学者 Yvés Vende 博士则从法国现代价值危机这一现状出发，研究和论证中国传统儒家伦理价值如何发挥“理性的宗教”的功能以及有何现代启示意义。

李超博士、刘胜梅博士和平瑶博士则通过探讨文化民族主义在近代中国的表现形式来回顾近代伦理复兴的历史实践。李超博士认为，伦理复兴在近代的理论实践可以从“战国策派”的“爱国精神”和“民族精神”得以体现；“国家至上，民族至上”是“战国策派”构建民族国家的伦理核心主张，由此彰显的民族主义则是他们构建民族国家的伦理原则。刘胜梅博士的研究表明，近代中国文化民族主义是近代国人在“救亡图存”的时代要求下，历经从器物到制度，最终到文化的艰难探索，而实施的力求从文化变革的角度来应对民族危机和文化危机的救国路径。平瑶博士的研究则从对“1922年非基督教思潮”的再反思入手，提炼和展现了近代思潮中可贵的理性精神。作者对“非教运动”的消极影响提出了批评，同时肯定了部分时人在珍视本民族宗教文化的同时对外来文化持同情之理解，以及由此展现的文化民族主义（文化保守主义）者在国族问题上的务实品格、宽容态度和批判精神。该文提示出了国族建构的另一种极具价值的路径与可能。

黄泰轲的研究关注了思想史视域中的伦理复兴问题。该文通过对牟宗三“政治神话”理论的深入阐释，揭示了异于西方的儒家德治所倡导的各适其性、各遂其生、人皆尧舜的政治神话谱系。这一研究，对于理解传统伦理和传统政治的德性之维颇有裨益，也不乏当代问题观照。

总之，本辑作者们试图这样去表达“伦理复兴”：它是以回归民族生活方式，创造新型伦理型文化，建立既具有现代道德价值又兼具民族文化特点的新式民族国家为根本旨归的辩证发展过程，是伦理精神发展到“否定之否定”阶段的客观展现。儒学复兴是文化领域的伦理复兴，伦理复兴是民族复兴的精神内核，也是当代中国民族复兴的必由之路。

当然，由于本辑作者多数为后学晚辈，疏漏之处在所难免，祈请读者诸君商榷指正。是为引言。

回到先秦去：当代伦理复兴的认知审问

唐代兴 *

[内容提要]

在当代境遇中，伦理复兴乃重构国族之必然要求。这是因为，凝聚大中华文明并赋予民众“无伤害生存”之希望的国家伦理传统，被近代以来的革命、斗争、专政所彻底解构，而不断加速的工业化、城市化、现代化进程无阻碍地扩散文化沙漠，以致欲望横流，道德沉沦、美德消隐而人心惟危。在这种状况下，复兴国家伦理传统必须“回到先秦去”，先秦诸子共创的社会伦理理想所能发挥的巨大秩序构建功能和大众生活引导功能，仍为当代社会所亟需。“回到先秦去”探索伦理复兴的指南性内容，应该是其自由精神、自然主义人性论、功利论道德原则和方法以及“死守善道”的士大夫精神，后者包括生于斯而救于斯的拯救精神、生存独立精神、真诚而虔敬的民本关怀精神和学而不缀的志业精神。此四者成当代伦理复兴进而重建国族的最终希望所在。

[关键词]

伦理复兴　自由精神　自然主义人性论　功利论道德　士大夫精神

* 唐代兴，四川师范大学特聘教授、伦理学研究所所长。

伦理复兴，是国族重建的大问题。探讨伦理复兴，必严肃审问其认知前提，由此构成本文尝试致思的基本主题。本文正副标题之间构成一种张力，它既蕴含本文求证其主题的基本理路，亦张扬本文之寓意所归。

一、何以需要伦理复兴?

讨论“伦理复兴”，须先明晰定位其概念。“复兴”不是复古：“复古”意指恢复古代的典章、制度、风尚、观念等，恢复本身是其目的；“复兴”也有恢复已有之实义，但其努力目标是振兴它，使之再兴盛、更繁荣。

伦理之所以需要复兴，是因为当代生存需要它但它却已衰落或被埋藏。由此，“伦理复兴”这个大词隐含着必须呈现和解决的三个问题：

1. 这个已衰落或被埋藏的伦理是什么伦理？2. 这个所要复兴的伦理为何已衰落或被埋藏？3. 这个已衰落或被埋藏的伦理何以需要复兴？

首先看第一个问题。这个在当下已衰落或被埋藏的伦理，绝不是西方伦理，只能是中国伦理。因为复兴的是自己本有的东西，别人的东西为我所用，只能说借鉴、吸收或融合。“中国伦理”既是一个呈现空间视域的概念，更是一个洋溢时间张力的大词。是中国的汉族伦理还是中国的国族伦理？是中国的现行伦理还是中国的传统伦理？客观论之，所要复兴的中国伦理只能是以汉族伦理为主导并整合其他民族伦理精华的国族伦理；并且，现行伦理是正在运作并实实在在地发挥功能的伦理，不存在还需要人为复兴的问题。所以，需要复兴的只能是中国的传统伦理。然而，对具有几千年文明史的中国来讲，本身就存在着小传统与大传统，或曰近代传统与古代传统的区分：前者是指清末民初以来所构建起来的革命伦理传统，后者是指中国古代伦理传统。革命伦理传统是以阶级为界标、以斗争为基本方式。按照严格的分类学划分，它仅属于一种特定时空的政治伦理传统，不具有普遍指涉功能，不体现国家伦理诉求。由是之故，我们所要复兴的伦理只能是中国古代社会（或国家）伦理传统。

接下来看第二个问题，中国古代伦理传统为何会衰落或被埋藏呢？历史地看，无论是民族国家还是个体生命，都以传统为土壤并在传统中存在、生存、发展。否则，每一代人将从重新从零开始。无论哪个国度，伦理传统恰恰是整个传统的核心部分，一个民族国家如果丧失了它自身的伦理传统，它的文化传统、精神传统、文明传统就不复存在了。然而，具有几千年文明历史的中国社会，其伦理传统为何会衰落和被埋藏呢？这是外力所为，还是自己所为？客观地看，并非外力所为：鸦片战争以前，中国是一个高度传统的国度；八国联军洗劫北京城，也只掠走奇珍异宝等器物方面的东西；日本占领中国半壁江山八年，引发全民抗战并最终取得胜利，且国家伦理传统在当时发挥了不可估量的凝聚、号召与鼓动作用。国家伦理传统的衰落和被埋藏，实属我们自己干下的伟大事业。“五四”运动及其持续开展所取得的最大成果有二：一是文化、思想及其政治意识形态的全盘西化；二是不遗余力地埋藏以儒家学说为主体内容的本国文明传统。20 世纪 50 ~ 70 年代的无产阶级专政运动，更是彻底清除了传统伦理的所有因素。在这种运动中，人沦为“非人”“小爬虫”。在这种运动中，国家伦理传统只能是“封资修”的东西，必须被革命的铁扫帚扫进历史的垃圾堆。概言之，国家伦理传统之衰落和被埋藏，是因为造反、革命、专政的需要。造反、革命、专政成功的基本标志，就是破坏旧秩序、砸烂旧世界。但旧秩序、旧世界是以传统为土壤的，要破坏旧秩序、砸烂旧世界，其前提必须彻底地埋藏国家伦理传统。孔子不仅标志伦理传统，而且他本身就是传统精神和灵魂，所以必须彻底地批判，通过彻底批判而彻底埋藏；只有彻底埋藏了伦理传统，人们才可以没有任何约束、没有任何障碍地干任何革命事业。造反、革命、专政，绝不容忍孔子或由孔子们所缔造起来的亲情道德、理性主义、行为限度来束缚自己的手脚。

行文至此，第三个问题得到了澄清：造反、革命、专政的基本功能是破坏，也是异化，并在破坏中异化，在异化中加速破坏，以此循环扩散，其结果是国家动荡，社会混乱，人民贫穷。一旦意识到这一严重后果，就需要结束这种造反、革命、专政的社会运动模式。遂有 1978 年十一届三中全会结束“以阶级斗争为纲”，转向“以经济建设为中心”，并以“摸着石头过河”“白猫黑猫捉住老鼠才是好猫”“让一部分人先富起来”为改革开放的指导思想。

从 1978 年到今天，我们以前所未有的速度走完了西方人用近 300 年时间才走完的路，做到了西方人用近 300 年时间才做到的事，即中国成为世界经济总量的第一大国。在这个过程中，一部分人确实先富了起来，政府也富了起来，老百姓也被政府规划着全面奔小康了。但另一方面，经济高速增长并没有牵引文化、精神、思想、文明的同步发展。相反，经济越发展，物质越丰富，生活水平越提高，市场问题、社会问题越多，人的问题越严重。“以经济建设为中心”一旦演化为“唯经济增长观”，必然导致社会实利主义化；在实利主义价值观鼓动下，“摸着石头过河”之改革思想则会被异化为一种当下利欲满足的短视主义，其典型行为方式是“竭泽而渔”和“挖东墙补西墙”；“黄猫黑猫，捉住老鼠才是好猫”的改革指导思想，则会被念成“只讲目的，不讲手段”或“为达目的，不择手段”的歪经。以实利主义为价值导向、以“竭泽而渔”的“挖东墙补西墙”为行动方式的短视主义，既反自然伦理，也反社会道德。但它却在以唯经济增长为目标的自上而下“下指标”和自下而上“数字造假”的政绩运动中得到了全面释放，发挥出最大功能。同样，以实利主义为价值导向、以“只讲目的，不讲手段”和“为达目的，不择手段”为行动准则的私我主义，也在生活的所有领域开花结果。

中国社会的经济改革开放进程中，为什么会盛行实利主义？这是因为，“以经济建设为中心”必然要与世界接轨而弥补工业文明的课程，但以城市化、工业化为基本诉求的工业文明，本身就体现着“唯经济主义”追求。在“唯经济主义”充斥的社会中，“人与物的关系高于人与人之间的关系……这是一个决定性的转变，这一转变将现代文明与所有其他文明形式区别开来，它也符合我们的意识形态领域关于经济至上的观点。”“社会应当从属于经济，而不是经济从属于社会。在这个新领域中，道德观被经济观所替代，它‘注重收入、财富、物质的繁荣，并把它们视为社会生活的核心’。”“唯经济主义”的实质是实利主义，实利主义坚信“无限丰富的物质商品可以解决所有的人类问题”。[1]也就是说，以经济建设为中心的改革发展，往往不可避免地落入工业文明的实利主义圈套。然而，对任何社会而言，经济健康发展必依赖成熟的市场，成熟市场的基本标志是契约化和法治化，前者表征为必接受以诚信、守时、节俭为基本内容的契约精神的引导；后者表征为必服从以平等、公正、客观为基本内容的宪法精神的规范。但成熟市场需要长期的

---

〔1〕［美］大卫·格里芬：《后现代精神》，王成兵译，中央编译出版社1988年版，第19页。

思想文化精神情感价值的社会化重塑才可形成。欧洲经历了从文艺复兴、宗教改革到启蒙运动再到19世纪批判主义长达4个世纪的文化思想精神建设运动，才培育起成熟的经济市场，但都最终不能幸免实利主义的侵蚀。中国1978年以来的经济改革开放，主要是以政府意志主导推动的方式展开的，自然容易导致只有“唯经济增长”而没有精神、文化、思想、认知、伦理、道德的同步增长。在实践中，那种以“竭泽而渔”为行动方式的短视主义和以“只讲目的，不讲手段”或“为达目的，不择手段”为行动准则的私我主义，在“唯政绩主义”的导向下，更会出现畸形发展而滑向实利主义。

不仅如此，经济改革发展到今天，我们的整个社会已被迫进入“劳动力红利”“资源红利”“环境生态红利”和“人口红利”全面消失的社会转型进程中，其“内忧外患”的境遇使“人心惟危，道心惟危”问题变得更加突出、更加严重。它将构成“民族复兴”的最大瓶颈，而突破困境的良方则是再造人性、再造人心，重构社会土壤、重建制度机制，它需要伦理复兴。

二、伦理复兴之可能性何在？

在当代境遇下，伦理复兴的需要，并不等于伦理复兴存在可能。拷问伦理复兴有何可能性，其实是审查伦理复兴的当代条件。

首先，伦理复兴是否具备基本的社会条件？

1995年，时任联合国秘书长加利在哥本哈根召开的“社会发展世界首脑会议”上指出：“当代世界正面临着社会和道德危机。”[1]前一种危机源于人无限度的欲望强力通过制度的暴力而加速工业化、城市化、现代化进程，将整个社会推向死境方向；后一种危机亦源于人无限度的欲望强力通过制度的暴力而自由地驰骋，必然制造出社会的精神荒废。社会危机源于社会精神荒废，社会精神荒废则根源于个人精神荒废。个人精神荒废的突出行为表现就是容忍和放纵。在一个共同体中，当人们普遍容忍强权（对民权、人权、资源、财富以及人的精神、人格、信仰和做人

〔1〕 桑洪臣：《世界面临社会和道德危机》，《光明日报》1995年3月3日。

底线）的侵噬而没有限度时，人们就本能地渴望被侵噬，最后是追求被侵噬。所以，从容忍到渴望再到追求，这一内在精神裂变历程所指向的恰恰是对欲望的放纵。放纵的是欲望，放纵所指向的猎物却是金钱和权力。当人们普遍追逐金钱和权力，并以金钱和权力为目标时，个人精神荒废必然社会化了。

从整体上看，社会精神荒废的集中表现，是社会无个人和个人无社会。所谓社会无个人，是指在社会的构建、秩序的生成以及国家社会的发展过程中，个人缺位，民权缺位，只以政府为主体，以权力、权力意志和权力者的利益为实质目的。整个社会只有权力者的意志自由，鲜有个人意志自由；只有国家精神和集体精神，鲜有个人精神；只有国家权力，鲜有个人权利。在社会无个人的生存模式下，“管制”成为基本治理方式，“先富国后富民”成为基本发展战略，把个人假想为敌成为构筑社会秩序和政治安全的基本方法论，对个人进行终身不懈的“统一”教化，成为合法的教育方式和最高的教育内容。社会无个人的基本行动方式，就是从不同方面立体地弱化个人、消解个人，甚至泯灭个人的意识的觉醒与思维的个性。这样一来，最终形成个人无社会的局面。所谓个人无社会，是指个人只把自己看成是孤立的、通过劳动挣钱养家糊口或者发家致富的工具，看成与社会没有任何关系的自由人，没有责任感，没有担当意识，没有关怀情感。个人无社会的基本标志是“不关心”，即不关心政治，不关心社会，不关心他人，不关心环境，不关心未来。个人无社会的基本价值取向是只有当下的实利欲望，只有眼前的利害诉求，没有权利意识和能力要求，没有远见与未来期待。

社会无个人和个人无社会的精神荒废状况越是泛滥扩散，社会遭遇解体的可能性更大。尤其在今天，由个人组构起来的社会对改善物质生活条件和生活水准的刚性需求不断上升与经济持续增长速度持续下降之间的矛盾日益突出，为防止这种日益突出的矛盾突破其可控的临界点而引发社会崩溃，必然迫切需要重建社会精神价值这一根本的社会防火墙，而重建社会精神价值的核心任务，就是全面复兴国家伦理传统。因此，伦理复兴具有重大而紧迫的必要性。

其次，伦理复兴是否具备基本的社会主体条件？

社会由个人组成，个人既是社会的缔造者，也是构成社会的主体。作为社会主体的个人具有共通的人性，这就是以自身之力勇往直前、义无反顾的生生朝向，它作为个体生命的原动力而彰显出生、利、爱的具体内容。人是个体生命，其存在必需的资源没有现成，需要付出才可获得，而付出则意味着以生命为代价。比如，人今天付出八个小时工作，是为了继续保有这个职业，其目的是为了明天有饭吃或有更好的饭吃。时间却始终是生命的刻度，人每天付出八个小时劳动换来明天生活的保障，本质上是以自己的生命为代价来换取生命继续存在（的条件或保障）。正是因为如此，生、利、爱的人性内容就获得己与他的双重内容，即生己与生他、利己与利他、爱己与爱他的对立统一，就构成了完整的人性。[1]

当社会被唯经济主义所绑架，人人都本能地谋求私利的最大化时，必然形成人性的普遍异化，即生己与生他、利己与利他、爱己与爱他处于对立状态而难以获得统一。换言之，出自本能追求私利最大的人们，在更多的时候却不得不承受来自各方面的利益损害。一旦这种状况出现并成为普遍情况时，人们就开始自发地呼唤并追求利益理性。所谓利益理性，就是你的自由止于我的鼻尖，即人人享有谋求自我利益的权利，但必须为此而担当与其权利相对等的责任。这种利益理性渴望的不断涌现，意味着社会道德重建的兴起。所以，当社会无个人和个人无社会的唯经济主义被推向极端、实利主义走到尽头时，就是国家伦理复兴之时，这是人性艰难复归使之然，亦是人的主体性觉醒使之然。

其三，伦理复兴是否具备基本的大众诉求？

中华文明源远流长的内在凝聚力不是宗教（因为它没有本土人文宗教），而是伦理。中华民族伦理所发挥的独特文明创化功能，主要体现在三个方面：

一是体现为对大众生活的巨大引导规训功能。首先，“爱有差等”和“己所不欲，勿施于人”的功利主义道德原则，最大程度地体现了有限度的利己的普遍人性要求。其次，“己欲立而立人，己欲达而达人”和“老吾老以及人之老，幼吾幼以及人之幼”的道义主义美德原则，最大程度地释放了无限度利他的普遍人性光辉。这种自我精神和人性光辉，恰恰是人的本能诉求。尤其是在一个实利主义导向的生活环境中，当“只讲目的，不讲手段”和“为达目的，不择手段”成为普遍行动原则而给更多民众带来无止境的权利剥夺或利益伤害时，人们就会本能地诉求

---

〔1〕 唐代兴：《生境伦理的人性基石》，上海三联书店2013年版。

于传统的生活大众伦理，因为每个人的生命意识中都有一种与生俱来的、不被他者无理“拔毛”的防卫心理和人性诉求。

二是体现在“为政以德”的政治伦理榜样导向并赋予社会大众能够“无伤害地生存”的希望之光。在一些人看来，“为政以德”就是“以德治国”。其实这是对孔子政治伦理学思想的曲解。在孔子那里，“为政以德”（《论语·为政》）之“政”，本义是“正”，即正直、端正、堂正、公正。所以，当季康子问孔子“什么是政”时，孔子明确地回答：“政者正也，子帅以正，孰敢不正。”（《论语·颜渊》）“政”者，“正”也，是指通过正己来正人。为政，就是指为人正直，站立得直，行走得端正，处事公正，让人信服，使人遵从。换言之，只有为人处事正直、端正、正派、公正、公道，才有德；有德，才使人信服；有德，才可以从政当官，因为只有当人有德时，他才可以自觉地守法度，并以守法度的方式来限制自己的私利和欲望。中华文明几千年不辍，其主要功劳不是专制，而专制制度下相对稳定的文官系统，它是由一个个心存“为政以德”的士大夫所构成。这个士大夫集团一方面以其愚忠使帝王专制弦歌不辍，另一方面却以其德政努力，构建起了社会秩序，构筑起了道德榜样的力量，给民众以伦理生活的信心和希望。

近代以降的官僚系统得以组建的凝聚力量，既有形式上的意识形态，又有实质上的官僚利益驱动，但却缺乏“为政以德，譬如北辰，居其所，而众星共之”（《论语·为政》）的道德诉求和社会伦理理想。因为每个官员都不是通过艰苦的“学而”修习而自我构建起“入道积德、进德修业”的为人之本和为官之本。虽然他们几乎个个都有高度敏感的政治觉悟和意识形态水准，也有高学历高学位等形式资格，但却普遍地缺乏道德榜样意识，缺乏对社会民众的伦理引导能力。所以，各级官员虽然都有一大堆数不完的数字“政绩”，但却缺少基本的社会公信力和道德认同度。认真考究起来，“只讲目的，不讲手段”和“为达目的，不择手段”的行为准则的泛滥，社会精神荒废，以及社会无个人和个人无社会的社会认知及其人格分裂，都与官僚利益集团缺乏基本的道德榜样意识和对社会民众的伦理引导能力直接相关，民众作为个体的合法权利和利益遭受来自各方面的伤害，同样也源于此。正是在这种状况下，人们内心呼唤“为政以德”的政治伦理传统的复兴，因为它能够给社会大众以“无伤害地生存”的希望。

三是传统知识分子即仕和士大夫的社会责任心和传承文明的使命精神，既是构筑大众生活伦理的活水源头，亦是构筑体现民权民利民享的国家伦理的真正动力。仕和士大夫们从年少就接受的那种“天下兴亡匹夫有责”的担当精神和大丈夫精神，以及修仁习礼、循礼齐家、治平天下的伦理修养、道德精神和有责任地生活自治能力，本身就构成了典范，并成为社会大众的崇敬和向往对象。

在人类文明史上，英国是以传统为基础而构筑起现代社会。英国传统建立在其民族文化传统、习惯和治政经验基础上，以国民的修养和教养为土壤，以贵族精神为导向。沃尔特·白芝浩指出：在英国，贵族是由历史和文明的孕育而自然形成的。[1]这种性质和价值取向的贵族，是任何文明国家的基础和动力。中国古代社会的仕阶层和由此走向国家治理舞台的士大夫，就是这样一个贵族阶层，他们同样接受了类似于英国贵族的精神训练。从《四书》中可以亲切地感受到这种精神训练如何可能培养起支撑国家、传承文明的精神贵族的。孔子之所以伟大，儒家之所以功业独卓，就在于它传播、发展了立国立族之仕及其士大夫（即贵族）精神，弘扬了“君臣”“父子”的身份责任精神和独立社会精神，并以“仁”和“礼”为基本内容培养出一代又一代志士仁人。然而，今日之知识阶层在经历60多年的暴力革命和意识形态运动后最终没有了脊梁骨，没有了知识分子精神，没有了对抗强权、引导社会、开启民智、榜样大众之道德生活的意愿和努力，更多地沉醉于实利主义困境之中，甚至渴望堕落，丧失了民众的崇敬。工具人格化、实利主义化甚至是势利主义化的知识职业劳动者被一步步陷入了预设好的生存困境、人格困境、精神困境之中，一部分人彻底地麻木和堕落，另一部分人却不时地涌现突破困境的冲动，因而，复兴知识分子的精神传统、伦理传统、道德传统，亦可点滴汇聚成为浩大的奔流。

三、伦理复兴之对象选择依据何在？

伦理复兴，既迫切需要，又具其基本社会条件，更需要复兴内容的理性确证。

---

[1] ［德］柏克：《自由与传统：柏克政治论文选》，蒋庆等译，商务印书馆2001年版，第89~90页。

一旦进入内容确证环节，就必然要面对两千多年的“古代”而在认知上务求解决如下基本问题：1. 哪个时段的“伦理”才可构成“复兴”的主要内容？2. 该时段的“伦理”中哪些内容才需要迫切“复兴”？

面对第一个问题，必须抛却个人的偏好和成见，以求得如下共识：

第一，人类智慧生成于两种基本方式，即天启智慧和经验反思。客观论之，纯粹的天启智慧只发生在人类早年，其后哪怕出现了天启智慧，也掺杂了经验或经验反思内容。并且，所有经验反思得来的智慧都须以天启智慧为土壤和动力。换言之，原发的天启智慧构成后天的经验反思的源泉。更重要的是，经验反思所得来的智慧，既有可能是对天启智慧的重新发现和光大，也有可能是对天启智慧的歪曲或异化。并且，时间越向后展开，其歪曲或异化其原发天启智慧的可能性就越大，谬误就可能越多。

第二，在人类智慧构成中，神话、宗教是土壤，形而上学是基础，伦理道德是核心内容。整体观之，人类伦理智慧有原生态和继生态两种形态。前者乃是天启智慧的实践形式，它是最初的契约，比如人与上帝签约，以及由此而形成的人与人签约。或可说，人与上帝签约的实际方式是人与人签约。这就是原初伦理律令，并由此形成原发性的伦理禁忌、伦理习俗。如“慎徽五典，五典既从”（《尚书·舜典》），其意是说舜以其深远的智慧，慎重地赞美父义、母慈、兄友、弟恭、子孝这五种常法，并使人人都能顺从它。父义、母慈、兄友、弟恭、子孝之被称为“五典”，并人人信守它，就是因为它是天启的人伦智慧。再如，“天叙有典，敕我五典五惇哉！天秩有礼，自我五礼有庸哉！同寅协恭和衷哉！天命有德，五服五章哉！天讨有罪，五刑五用哉！政事懋哉懋哉！”（《尚书·大禹谟》）这里的“天叙”即是上天与人间签约，“天叙五典”就是上天与人间签订了五伦常之契约。故人间一切秩序都必须按照此五伦常而构建，包括日常礼仪（即“五礼”“五服”“五章”）及其违反五伦常的处罚（“五刑”“五用”），都是对其天叙五伦常的生活运用方式。与此不同，继生态伦理智慧是在原生态伦理智慧的土壤中孕育生长出来的；并且，在其后的历史进程中，任何时代要建构符合其时代的伦理智慧，都必须从原发的天启伦理智慧土壤中吸取精神的营养，打开神谕的视域，发现创构的方法。否则，一切都将变得盲目而最终无所建树。

如果承认前述共识，可以进一步认为，天启智慧是发生在人从动物进化为人的早年阶段，在这个阶段文字尚处于初创状态、文化尚未形成对人的主宰方式，人与天地、上帝和众神之间还处于直接交流状态。当文字和文化发展起来，当人逐渐以文化的方式构建起人与天地、上帝和众神的交往方式时，人与天地、上帝、众神之间的交往通道就萎缩而至于最后阻塞。由此使得经验反思性智慧始终处于无根性状态，即无依据性，无终极原理的引导和规范性。这也是“复兴”的神性意义：复兴就是回到上古的天启智慧，重新接受天启智慧的洗礼，以谋求对生存智慧之根的真正续接，从而矫正经验反思智慧之片面、偏颇甚至谬误。

因此，我们认为，当代伦理复兴必须“回到先秦去”，复兴华夏先祖时代的通神智者们发明的天启人伦智慧。客观地讲，先秦并不属于天启时代，但先秦时代的通神智者们却对原发的天启智慧进行了天启般的再领悟和较为系统的表述，它在事实上构成了今天我们领悟原发天启人伦智慧的唯一源头性土壤。

当我们明确提出复兴伦理应当“回到先秦去”之主张时，可能还会引来异议。因为一般认为，汉代经学是最为传统文化所推崇的，且汉代经学所孕育出来的伦理纲常一直构成其后中国社会大众生活伦理，我们为什么不“回到汉代去”，复兴汉代的伦理智慧呢？这是因为，汉代所构建起来的以“三纲五常”为框架的伦理，不仅有许多内容已落后于时代，〔1〕而且其“三纲”本身就是反人性、反伦理的。除此之外，如果从认知的成熟度、思想的深刻度以及阐发的系统性等方面讲，宋代理学、明代心学应最值得关注，我们既主张伦理复兴，为何不回到宋明的理学和心学那里去呢？理由也很简单：宋明理学和心学虽然博大精深，但它的“根”，或者说其直接的思想源泉却是《中庸》和《孟子》，而开启形而上学道路的《中庸》和开启心学道路的《孟子》，其源泉又在《论语》中。如果伦理复兴回到宋明理学和心学去，那是舍本逐末；回到先秦去，才是正本清源。

至此，是否可以说伦理复兴就是“回到孔孟去”，“回到先秦儒学去”，或曰“回到四书去”？当提出这样的发问时，就触及到本节所要讨论的第二个问题：先秦伦理中的哪些内容才是我们今天所要复兴的内容？

---

〔1〕《实验主义》，《胡适文存》第2卷，第435~436页。

要严肃地讨论这个问题，同样需要抛弃偏好和成见，即应超出我们已有的研究范围、研究视野而获得一种对先秦伦理的整体观照：首先，任何一个时代的伦理都只是这个时代的伦理。此一时代的结束，则意味着该时代之伦理内容有许多必然随其时代本身的逝去而逝去，不可再人为地强求它对另一个时代发挥其功能。因为每个时代就是我们所身处其中的当代，它既与我们祖辈所生活的时代直接关联，但同时又面临着祖辈们生存的时代所不曾面临的存在问题、生存困境和生活危机。其次，每一个当代都必须为全面应对当代本身的存在问题、生存困境、生活危机而努力，对已经逝去的时代生存智慧和伦理智慧的传承与运用，同样是为了能够在根本上解决当代的存在问题、生存困境和生活危机所做的不得已的理性选择。这种理性选择还必须有一个潜在指南的牵引，这就是未来对现实的召唤。因此，复兴先秦伦理，到底应确证哪些内容，首先需要获得现实的境遇、未来对现实的召唤和传统对现实的冲动之整合视野。

基于上述整体性观照，我们所面临的当代境遇，由世界风险社会、全球生态危机和社会转型发展三者构成，具体而言：

世界风险社会从三个方面构成当代境遇的整体状貌。一是现代性迅速解体而后现代精神价值体系尚处于创建的无所适从之中，由此形成社会价值迷茫，存在和生存丧失方位感和方向感。二是人口日益膨胀、贫困普遍化和为摆脱贫困的非理性冲动成为世界性潮流。三是由此形成的财富争夺、资源争夺、多边关系紧张、连绵不断的区域性战争。由此三个方面的互动，形成起伏跌宕的市场危机。

由于世界风险社会的激励，全球性生态危机从三个方面加速扩散。首先是全球化的信用危机、金融危机、经济危机、资源危机和安全危机。接着是更具摧毁性的自然生态危机和社会生态危机并存。前者集中表现为自然失律、地球失律、气候失律，最后导致灾疫失律。后者表现为社会自净力丧失，即人心失律，道德失范，美德消隐，暴力日益社会化和全球化，社会不稳定因素剧增，存在安全危机社会化、全球化。这三者构成了我们所面临的当代境遇的第二个重要面相。

所谓福祸相依，有“危”必有“机”。前述世界风险社会和全球生态危机同时也开启了当代社会转型之路。这一道路的目标是重构生境主义认知体系、价值体系、伦理体系，开创生境文明。其基本努力方向有四：一是自觉突破封闭循环式的地缘主义政治、经济、科技、文化、教育格局势，探索全球生态化的政治、经济、科技、文化、教育格局；二是从地球资源开拓型的硬实力竞争转向文化资源创造型的软实力竞争；三是全面抑制污染，推动高碳社会向低碳社会的转型，以最终解决当代社会的低碳化生存和如何根治自然失律、地球失律和气候失律世界性难题；四是从"发展才是硬道理"转向"生存才是硬道理"，从自觉超越"可持续发展"模式而探索"可持续生存式发展"道路。

基于社会转型发展之要求，传统对现实的冲动必然要对接现实对传统的需要。换言之，就是以现实对传统的需要来涵化传统对现实的冲动。这种理性的抉择方式就是韩非子在《五蠹》篇中所讲的治世大法：一个时代有一个时代的存在问题、生存困境和生活危机，旧时代的已有智慧、经验及其处理问题、困境、危机的方式方法都不能不证自明地构成解决当代问题、生存困境、生活危机的现成手段。伦理道德也一样，时代不同了，人的存在问题、生存困境和生活危机亦有所不同，引导、规训人的行为的共守价值系统、终极标准及其道德规范体系，同样不能一成不变地沿袭传统。只有立足于未来对现实的召唤，真实地考察当今社会的实际情况，制定出相应的且切实可行的措施，才能改变、改善当今状况，推动社会进步。这就是"圣人不期修古，不法常可，论世之事，因为之备"[1]的道理。换言之，"不期修古，不法常可，论世之事，因为之备"之态度、姿态，构成了复兴先秦伦理并确认所应复兴内容的选择依据。

四、伦理复兴之内容何以确证？

如何确证复兴的伦理内容？既涉及对先秦伦理的整体认知和客观把握，更涉及到对先秦伦理的性质定位和根本价值取向的重新体认。

过去，人们一直以"王婆卖瓜，自卖自夸"的方式来看待并取舍先秦伦理，最终形成"见树不见林"的认知遮蔽。先秦伦理原本就是一头"大象"，诸子各家伦理均不过是其"大象"的部分而已；并且，先秦伦理作为一头"大象"，虽然各

〔1〕《诸子集成·韩非子集解》，中华书局2006年版，第339页。

部分形体大异，但它成为一头大象的生命本性、灵魂以及如何使自身生机勃勃的生命机能，却只是“一个”。客观地看，先秦伦理这头“大象”的灵魂是以王道为目的，以天道为依据，以民道为手段的王道伦理，可简称为“王德”。从源头论，这是上古的王们巧妙运用天启的人伦智慧来修饰其虚构并使之变成真实的伦理。这种修饰方法就是顾颉刚所讲的“层累说”：古代的历史并不是古代人的历史，而是一代代后人“层累地造成的中国古史”。这一古史观所蕴含的思想精髓恰恰体现在研究古代历史所应确立的致知方式，即“不立一真，惟穷流变”：[1]一是“时代愈后，传说的古史期愈长”；二是“时代愈后，传说中的中心人物愈放愈大”；三是在勘探古史时，我们即使“不能知道某一件事的真确的状况，但可以知道某一件事在传说中的最早的状况。”[2]“王德”之所以从源头上的虚构最终变成后人们心目中的真实，就是因为历史本身是按照想象性生成的层累原理而构建起来的。这是我们选择并确证伦理复兴之蓝图内容时，必须对先秦伦理予以性质的体认和整体的把握的认知前提。

在此认知前提下，我们再来讨论如何确证伦理复兴之内容的问题。

众所周知，唐儒韩愈率先提出儒家道统说，其后来者均以道统传承者自居而重构性阐释儒家道统源流。但这些重构性阐释无论如何翻新，其源头定格却始终未变，这就是孔子心中的“王德”表率，即千古不易的道统源头“帝尧”。

在今人的想象中，孔子生平所见的古代文献可能比今人要多得多，但实际上也多不了哪里去。孔子只以“尧”为“王德”表率和源头，只表明孔子所见“王德”虚构的最早文字或传说就是“尧”，这与我们今天的第一部经典《尚书》记载的完全相同。但按照顾颉刚“层累地造成的中国古史”理论，时间越向后推移，有关于上古的“历史”内容就越丰富。事实上也确实如此。今天，在《尚书》《诗经》《左传》《国语》之外，我们可以见到更多有关于上古的神话和传说，它们将王德虚构的历史向前推到了神农和黄帝。并且，这些虚构内容已经被史学家司马迁想象地化为史信内容：在《史记》的想象性描述中，中华民族的源头历史可以追溯到

[1] 顾颉刚：《古史辨》第1册，上海古籍出版社1982年版，第273页。

[2] 顾颉刚：《古史辨》第1册，第60页。

神农。他既是神，也是人，更是兽，是神人兽的三位一体化，这是他的不凡。正是这种不凡，使他成为上古第一位圣王，开创了神农时代。神农氏世衰，就形成诸侯相侵的局面，轩辕为此而“习用干戈”，致使“诸侯咸来宾从”，唯有蚩尤暴而不从，同时炎帝虎视眈眈。因而，轩辕“修德振兵，治五气，艺五种，抚万民，度四方，教熊罴貔貅貙虎”（《史记·五帝本纪》），先与炎帝三战于阪泉之野而得其志；尔后征师诸侯，与蚩尤战而禽杀其于涿鹿之野。诸侯咸尊轩辕为天子以代神农氏，是为黄帝。从黄帝始，建立起五帝谱系。

这是后世以层累方式想象性地描绘的中国上古的完整政统谱系，亦是后人所信奉的真正意义上的原初政统谱系。但是，支撑这一正统谱系使之发挥不衰之统治功能的，正是用天启人伦智慧来装裱的“王德”。在中国历史上，尧舜之所以“圣王”而区别于一般的王，就在于他们拥有非凡的“德”，即具有“天叙”。其德于己身，就是“王德”。今天所发现的最早记载“王德”的是公元前1200年左右的甲骨文。它做了如此记载：“甲午卜王贞我有德于大乙”。《尚书》之《汤誓》《仲虺之诰》《汤诰》等篇从不同角度对此做了生动的描绘。

在后世对上古的想象性描述中，文明上升由王（即政治）来推动，王推动文明上升靠的是“天叙”王以“德”。然而在后来的史实记载中，文明总是处于滞化状态，原因在于推动文明的政治总是在暴力中更迭，主宰或把持政治的王大都缺乏本该有的德。哪怕秦皇汉武、唐宗宋祖之类“风骚”千古的帝王，也是靠非德的暴力方式抢夺得王权的。这种想象的历史与真实的历史之间的巨大反差，恰恰把一个隐密的且从来不被或不愿被正视的事实凸显了出来，即先秦诸子们所沉醉并各自从不同角度来对其进行重构性阐发的“先王之道”（或“圣王之道”），原来是不断虚构的东西。由此隐秘的事实蕴含着两个更为根本的问题：

第一，人们为何要虚构出一个“王德”来？第二，先秦诸子何以要如此强化这个“王德”？要讨论这两个问题，则需要正视和解决另两个问题：

第一个问题是王权。即王们如何保证其抢夺得来的王权不被别人所窥视和抢夺？这里涉及两个东西。一是王权是个绝好的东西，王权就是霸道，它的实质内涵是子民、疆土、财富、美女、享乐等等集于一体，是人见人爱、人见人想和人见人夺的东西。二是共通人性所生发出来的共通欲望，即你想做王，其他人也有你那种做王的欲望和冲动，你可以通过暴力、屠戮抢得来王权，其他人同样可以采取这种方式抢夺走你手中的王权。于是，王们必须虚构一个“王德”来，这恰恰只有极品的人、并且是承蒙上天意旨才可塑造而成的东西。由此虚构的“王德”，使许多欲抢夺王权的野心家不得不泯灭其欲望野心而被迫成为被治的臣民。

第二个问题是民德。王的职业责任就是在抢夺得来的疆土内构建统治秩序，使自己抢夺得来的王权千秋万代永续不变。但统治秩序的构建相对容易，因为它可以通过暴力和谎言来强制实现，但被创构起来的统治秩序要获得持续稳定或永固，却需要解决民如何才能本能地敬王和克己地遵守王权（及其制度、规则）的问题？单靠暴力和强制只能获一时之功，不能续永固之效。能够使王权获得永固之效的恰恰是“王德”对民的榜样力量和激励。因而，哪怕是一个十恶不赦的恶棍，一旦不幸成了王，也必须具备“王德”，成为民的榜样，塑造出民德。然而，王们大都缺“德”，得到王权大都以同样的“抢劫”的方式实现。于是，以抢夺的方式得到王权的王们，不得不考虑对“王德”的虚构。这一伟大的工作恰恰落实在怂恿和帮助王们抢夺天下的股肱大臣们身上，并只能由他们来完成。

对第一个问题的认知解决为审视第二个问题提供了可能性路径。先秦诸子之所以如此热衷于以“先王之道”为准则并努力从不同方面进一步虚构“王德”，是因为通过召公、周公们所虚构起来的西周“王德”，竟在持续不到300年时间内就处于被消解的危机之中，而消解其虚构出来的“王德”权威的恰恰也是梦想着有拥有“王德”权威的诸侯、大夫们。庄子将这种“王德”权威失落的状况概括为“道术将为天下裂”。[1]这构成了诸子们所面对的时代现实，诸子必须为重新打造“王德”权威而努力，这是诸子们自觉担当的责任，也是必然的命运。

对于先秦诸子，后世的研究可谓汗牛充栋。但却从不同方面共同强化了一种偏见，那就是将诸子们的学说、见解、思想及其救世方案，视为水火不容，以至于形成汉代的“罢黜百家”局面及其“攻乎异端”的偏激学术发展史。后世学者们所形成的这种共同偏见，其实源于对中国文化传统源头的想象性无知，即各以其自为性张扬的狭隘视野和认知，主观地认为自己所信守的先秦一脉在其本质上不可能与

[1] 曹基础：《庄子浅注》，中华书局1985年版，第494页。

他者通融。比如，后世的儒家和道家学者虽然也在许多时候大谈儒道互补，其实都是在其“术”流而不是在其“道”源上立论，即儒道只是在经世致用方面互补。比如面对杨朱和墨家学说，孟子将其定性为“禽兽”的学问，[1]由此形成一种偏激地对待杨墨的传统。先秦法家则一直被后世视为洪水猛兽。这种观念盛行尤其得益于史学家们基于“王德”传统而对法家的武断定性。

后世对先秦诸子的这种割裂性看待，忽视了先秦诸子们信守的共同准则和所表达的共同理想，也就是“先王之道”。诸子心中的“先王之道”，就是“王德”之道。周之后期，诸侯日渐坐大，具有更大野心的诸侯做起“挟天子令诸侯”的美梦来，王权由此下降，但审查其内在文化精神根源，却是虚构的“王德”衰落；而“王德”之所以衰落，在于王权统摄下的诸侯们发现了“王德”的虚构性和由此而形成的“王德”权威在强权面前的绝对脆弱性。然而，作为以捍卫和传承文化为己任的先秦诸子们却坚信，文明得以保持和进步的根本保证是社会有序，其绝对前提则是民厚其德，而民厚其德的前提则是民固其德。那么，什么力量可厚和能固其民德？在诸子们看来只能是“王德”。不管这“王德”源于实诚的作为还是源于对历史的虚构，只要能够发挥固厚民德的功能，它就是真实的，就应该去守护和捍卫。然而，先秦诸子们所信仰的“王德”到底由哪些具体内涵构成？这是确证伦理复兴蓝图内容的关键所在。

我们认为，文明的“根”乃以神话和宗教为土壤的哲学思想。古希腊文明的根是自然哲学，由此形成以关注自然为中心的认知方式来虚构的“德”只能是自然法则、自然道德。由于特定的地缘环境，中华文明的根是政治哲学，由此形成以关注人伦为中心的认知方式来虚构的“德”只能是血缘主义的“王德”。

“王德”是中华伦理文明的奠基性内容，它在《尚书》里面得到清晰的描述：“曰若稽古帝尧，曰放勋，钦、明、文、思、安安，允恭克让，光被四表，格于上下。克明俊德，以亲九族。九族既睦，平章百姓。百姓昭明，协和万邦。黎民于变时雍。”（《尚书·尧典》）这是中国伦理文明的第一个奠基性神话，它产生的时间应在殷商之前，因为现在被确认为史实的《汤誓》《汤诰》中关于商为何要灭夏的

---

〔1〕《诸子集成：孟子正义》，中华书局2006年版，第269页。

唯一合法理由就是夏王桀丧失“王德”从而导致民不聊生，成汤反桀灭夏的目的就是重振“王德”。在这个神话里，没有征服、抗衡、斗争、暴力和流血，圣王孤身一人，除了自我约束，既不受到挑战也不受到制约，因为他为人恭敬、克己、谦逊、尊敬并关爱，这些品质体现在他对百姓的关爱如同父亲对儿女的关怀中，天下百姓和睦一定，与天地合一。在接下来的历史叙述中，尧将“王德”传递给舜，舜将“王德”传递给禹，禹将“王德”传递给成汤，成汤将“王德”传递给文王，文王将“王德”传递给武王、召公、周公。其后，就是天下道术分裂，这就是孟子所概括的“尧舜既没，圣人之道衰。”（《孟子·滕文公下》）

从中可以看出，尧舜身体力行所构筑起来的“王德“虽一代代传递，但总是遵循边际递减法则而每传必衰，直至召公周公没。这种衰退突破其临界点，于是就产生了道术分裂。道术分裂的实质就是“王德”不存。“王德”不存当然是指“王德”中断了自我传承，其现实的标志则是王无德，王无德所引发出来的必是臣（官）无德，臣无德泛滥的必然结果是民皆无德。“尧舜既没，圣人之道衰”的另一个结果是必然呼唤拯救，由此诸子应运而生。“天下道术分裂”，是诸子生得其时的土壤、环境；诸子生而逢其时的使命，就是重新弥合业已分裂的道术，使之重新统一于“王德”。如前所述，诸子之前经由夏商西周所虚构性经营的“王德”，就是以王道为目的、以天道为依据、以民道为手段所构筑起来的。先秦诸子却审世度时而将其“王德”一分为四，分别构筑起正统王道论、变种王道论、民道论和天道论。大体而言，正宗的王道论，由孔子所开，子思、孟子、荀子等所因革。变种的王道论乃霸王论，即由霸而王，它由管仲所开，李悝、吴起、商鞅、韩非等所因革。天道论，由老子所开，文子、杨朱、庄子等因革。民道论，由墨翟所开，禽滑离、胡非、孟胜、随巢、宋鈃以及尹文、许行等因革。

先秦时代是周天子王权衰微而“天下道术分裂”的时代。诸子们围绕如何将分裂了的道术予以重新再造与统一而展开拯救性探索，但他们各自确立审查时代问题的出发点却不一样，看待天下道术分裂的视野与态度亦各有所异，由此其解决时代问题的方法和途径也各具个性。老子所开的天道学派，从自然主义出发提出“去欲”“静心”“无为”的方案来解决“天下道术分裂”的时代困境，并设计出实施此一方案的具体操作路径，即“贵生”“养生”“长生”。孔子所开的儒家学派别习守王德的正统大道，提出“以仁入礼”的人伦主义方案来解决“天下道术分裂”的时代困境，其具体路径是以“尊尊”和“亲亲”为准则的“仁人”主义教化。由墨子所开的墨学从维护平民利益的角度出发，提供一套反战主义方案来解决“天下道术分裂”的时代状况，其具体操作路径是“兼爱”“非攻”“尚同”“非乐”。从整体观，无论是老子一派还是孔子一脉，或是墨子一学，都体现无视人性与权力的双重现实的天真理想主义。因为老子一派宣扬的是自然主义理想，孔子一脉崇尚的是人伦主义理想，墨子一学热衷的是博爱主义理想。但在先秦这一时代舞台上，理想面对欲望横生的人性和野性无度的权力，终究不能变成普遍的现实。而由管仲所开的霸王学派（即法家），则以政治思想家和政治实践家的敏锐和深邃，正视人性和权力的双重现实，提出了切实可行的解决“天下道术分裂”时代状况的行动方案，这就是“以刑入礼”的刑赏主义行动方案。

然而，先秦诸子无论从什么角度切入，提出什么主张和解救时代的行动方案，形成什么思想派别，他们都没有抛弃上古的“王德”主义，并且都企图从不同角度入手来重拯上古的“王德”主义。在重拯“王德”主义的努力中，先秦诸子所开创出来的不同学派，又体现了各自的认知个性、思想个性、方法个性。这些个性中又蕴含着深刻的共同伦理理想、伦理思想精神和伦理方法准则。我们认为，正是这些共同的伦理智慧财富，构成了当代伦理复兴的蓝图内容，即框架性或指南性内容。具体而言，包括以下几个方面：

第一，当代伦理复兴的动力性内容是自由精神。

自由是生之动力，是人伦智慧的灵魂，是真学和学术的源泉。夏、商、西周三代，学和学术都在官府，这种学于官府的根本弊病有二：一是君有学而民无学，并且“上级有学而下级无学”；二是“有官学而无私学”，故凡“专制之时代，不独政界无自由之权也，即学界亦无自由之权。故威权极盛之世，学术皆定于一尊”[1]在今人看来，学术定于一尊始于汉武帝“罢黜百家”，但从史实观，汉武帝不过是启用了“周代之陈法”，即“周王用读书以愚民”：上古“官守师儒并合未歧，官学既兴，私学禁立，致所学定于一尊。虽私意不昌，道一风同，然愚民政术，已

---

〔1〕 刘光汉：《论古学出于史官》，《国粹学报》第1年第1期。

开秦政之先。”[1]西周东迁，是为春秋，学播民间，自由之思想自然孕育生成言论思想自由之精神：“言论思想之自由，至战国而极”。它的丰硕果实无他，乃诸子诞生及其学术繁荣，思想流派纷呈。诸子诞生及学术繁荣，又推动思想自由和学术自由精神的发挥光大。秦以降，汉武帝听从董仲舒建议，启用“周代之陈法”而“罢黜百家”，开启“攻乎异端”之学术思想逆流，以至最后发展到全民化的“党同伐异”，民族文化、国家精神之传承基因几被坏死。其根本在于近代以来不遗余力地消灭自由精神。从“攻乎异端”到“党同伐异”，是导致整个民族国家伦理衰落的根本原因。面对民族国家的这一精神坏死的生存状况，伦理复兴“回到先秦去”的首要任务，就是重新翻耕先秦自由思想的文化土壤，重振先秦自由思想精神和自由学术精神，这是先秦伦理重获当代新生的根本前提。

第二，当代伦理复兴的奠基性内容是自然主义人性论。

中国最早的文化典籍中都涉及人性方面的思考。整体观之，《尚书》和《诗经》里面所论之人性更多呈现自然主义倾向，《左传》中所论之人性主要呈现天命主义倾向，《国语》所论的人性体现出民道主义的基本价值取向。到了先秦时代，有关人性的思考也获得了因革，即对如上的人性论思想予以时代性的整合重构，形成内涵丰富的自然主义人性论。彼时管仲、老子、孔子、墨子、杨朱、庄子等思想家，都对人性问题予以了自然主义思考。如孔子关于“性相近，习相远”（《论语·阳货》）的思想，既是对古代自然主义人性论思想的总结，又是对自然主义人性论思想的发展，开启了后来之性善、性恶、性不善不恶等不同人性论探索。我们认为，为先秦诸子所传承发展的自然主义人性论思想从整体上呈现出四个特征，即天性主义、欲望主义、生机主义和适度主义。

以管仲为代表的法家推崇天性主义，强调人性是天赋的自然事实，由此提出“民之所欲，因而予之，俗之所否，因而去之”（《史记·管晏列传》）的功利主义治世策略。自然主义人性论发展到老子那里，开始主张人性即是欲望，其实质内容是对利益的需求与渴望，以及对损害的畏惧与企求避免或消解；同时，欲望也是生命力量向外扩张的自然敞开形式，其本能的目的却是保存生命。基于如此认知，老

[1] 刘光汉：《补论古学出于史官》，《国粹学报》第2年第5期。

子提出弃欲守性的人性理论，并以此为认知基础演绎出独特的文明倒退论历史观。老子的人性论思想通过文子、杨朱和再传弟子庄子而得到传承与发展。文子提出了节欲从性的人性论，主张人应该保持或恢复人之为人的自然本性，不为富贵贫贱失其性，也不为外物诱惑害其性，应该自冶性情，做到自然清静，恬淡无为，以适其性，涵养其生，保全性命。文子的节欲从性论实际上是一种适度欲望理论。这种适度欲望的人性理论所讲的“适度”，就是不伤自然本性，以对天赋自然本性的保全为欲望追求与满足的绝对原则。杨朱这个一直不被后人善待的伟大思想家和伦理学家，则提出了“不拔一毫”的人性论思想。这一人性论思想的伦理实质是“你的是你的，我的是我的，不能相互侵犯”，它所表达出来的基本伦理原理是合理利己的道德原则，这一道德原则恰恰构成了人的日常生活的基本道德要求和道德规范。进一步讲，杨朱“不拔一毫”的人性论思想还揭示了一种具有普遍指涉性的生命生存原则，即轻物重生的生命原则，遵循这一人性原则的唯一目的是“全性保真”。

休谟认为，“一切科学对于人性总是或多或少地有些关系，任何学科不论似乎与人性离得多远，它们总是会通过这样或那样的途径回到人性。即使数学，自然哲学和自然宗教，也都是在某种程度上依靠于人的科学；因为这些科学是在人类的认识范围之内，并且是根据他的能力和官能而被判断的。”[1]人性是人类精神探索的原点，是所有科学得以建立的牢固基石，更是社会政治、经济、教育、文化健康发展的最终指南。当代伦理复兴的奠基性任务，就是为当代文明的重建提供健康的人性指南。先秦诸子所构建起来的自然主义人性论思想智慧提供了这方面的可能性。比如，今天我们所面临的道德沉沦、美德消隐现实，其根源是人性被全面异化。从认知论角度讲，这恰恰由于经济越发展，物质越丰富，人们对人性的认知越处于盲昧状态。复兴伦理，必以复兴先秦自然主义人性论思想为奠基功夫。比如，孔子的自然主义人性论思想，可以为我们重新审查各种形式的道德人性论及其所带来的危害，提供认知基础和方法论视域。再比如，老子弃欲守性的人性论思想、文子节欲从性的人性论思想，应该是医治当代人性泛滥、欲望横流的一剂良药。又比如，杨

〔1〕［英］休谟：《人性论》，关文运译，商务印书馆 1983 年版，第 6～7 页。

朱的合理利己和重物轻生的人性论，对重建当代的基本道德准则和根本的生命伦理认知及其生活方法，无疑是很好的思想资源。

第三，伦理复兴的根本内容是功利论道德原则和方法。

过去，人们一直将功利论思想当成洪水猛兽，并将功利主义与道德对立。从根本讲，这是对伦理的历史性无知所形成的将功利主义与实利主义、势利主义相等同。客观论之，实利主义以追求私利最大化为目的，为此可逾越任何社会规则和限制，信奉的是“只讲目的，不讲手段”和“为达目的，不择手段”。但实利主义靠的是自己的本能、自己的能力，以及自己“干任何坏事没有心理阻碍”的强力意志。势利主义也追求私利最大化，但却要依附于强权，其所信奉的是“有奶就是娘”。功利主义则是合理的利己主义。西方人对功利主义的经典规定是必须遵循两个社会原则：一是“最大多数人最大幸福”；二是“一个人只能算一个，不能算成几个”。前一个原则要求人追求己利时必须考虑他者的利益，并且主张当己利与社会利益发生冲突时，应以社会公共利益为重；后一个原则要求平等，其具体行为规范或利益规范是权责对等。

功利主义思想并不是西方人的专利，它也是先秦伦理的基本思想，并在法家学说和政治实践中体现得尤为充分。但不能忽略的是，功利论原则仍然构成儒家的基本道德原则，并且构成孔子道德哲学的根本方法论。比如，“爱有差等”的原则和“己所不欲，勿施于人”的利害权衡准则，就是功利论道德原则；中庸论则是孔子道德哲学的方法论。在过去，我们将中庸（包括对亚里士多德的“中道”）理解为是美德，是道义论，其实是无知带来的认知曲解。道义论是美德方法论，美德讲无私奉献或自我牺牲：无私奉献行为必以自我损失（即放弃）即将得到的合法利益为前提条件；自我牺牲行为必以自我损失已有的合法利益为代价。美德求义，所以它必须遵循舍利执爱之伦理原理，而追求个性自由。基于此，美德行为从来不中庸，中庸的行为只能是利害权衡的道德行为。因为中庸讲的是不偏颇、不偏激、恰到好处，这就需要权衡，在许多时候更需要计算。孔子以降，不仅荀子的思想贯穿了很强的功利论道德智慧，就连最为人们所欣赏的孟子也强调功利论。在《梁惠王》上篇中，孟子与梁惠王之“利义”对话，后世的释家往往以此为据认为孟子伦理思想只有“义”，而无“利”的立锥之地，其实并不是如此。孟子阐发仁政的精髓就是君王无私利，只能求公利（即义），即君王所求之义（即公利），就是为民谋利。所以，仁政之君王，只能杜私利而求义；但仁政之民，则必须求利而方可导之以德。

功利主义并不高尚，因为功利主义讲求利己，并且遵循利己不损他或利己亦利他。高尚的是美德，因为它追求无私奉献和自我牺牲。但功利主义是群己权界的认知基础，是社会秩序构建的基石。以功利主义思想为指南和规范的功利论，是基本的道德规则和道德方法论。无论是对个人还是对群体、政府、党派来讲，一切求群、适群、合群的道德行为，都必须接受功利论原则的规训和功利论方法的引导。所以，当代伦理复兴必须以复兴先秦的功利主义思想和功利论规范和方法论，并在此基础上复兴先秦之美德伦理和道义论传统。因为，从现实及实际操作的方法角度看，我们今天所面临的美德消隐，实源于道德沉沦所引发。由先秦所发展起来的功利主义思想遭受全面抑制，虽然在其沉闷的历史进程中也不乏有人意欲于振兴（比如南宋陈亮等人），但最终既没有获得理论上的影响，更没有形成生活实践上的探索。先秦以降，“经世致用”的思想往往从官僚阶层和民众两个层面上滑向了实利主义和势利主义的泥潭，以至于形成中国社会——无论是官僚和知识阶层社会，还是民众社会——都没有功利主义思想基础和功利论道德规则与道德方法的局面。不仅如此，还出现了将实利主义和势力主义来混淆或取代功利主义视为是真理，社会道德生活的阵地几乎全由实利主义和势利主义导航的境况。改变这一普遍沉沦的社会道德状况的必要努力，就是复兴先秦功利主义思想资源和功利论道德规范和方法论资源，重振社会道德。

第四，当代伦理复兴的基本内容是仕/士大夫精神。

先秦的仕和士大夫就是现代社会所讲的“知识分子”。从中外历史观，知识分子之成为最受崇敬的阶层，不仅在于他们拥有理解、传播、解释或创造人类知识和思想的能力，更在于他具有规范、引导、激励民众、官员、政府及其整个社会和民族国家健康向前的力量。这些力量可以简要地概括为：第一，为社会而活的责任力量、责任精神、责任道德；第二，为文明而生的（传承民族文化和人类文明的）使命意识、使命精神、使命责任、使命力量。这是知识分子必须具备的能够成为知识分子的根底伦理精神，是其他一切品质、能力的生成母体和动力。遗憾的是，知识分子的这两种责任、两种力量和两种伦理精神传统，几乎已被近代以来的革命和斗争消耗得荡然无存。当代社会要渡过危机，要获得最终的自救，就必须重建知识分子为社会而活的责任、为传承文化和文明而生的使命精神。这种精神重建可以通过复兴伦理来实现，因为先秦诸子的伟大，不仅在于他们创造了光照千秋的学术和思想，更在于他们各自以终身不辍的践行，共同构筑起了仕及士大夫精神。这种精神一直延续到明清（方孝孺、海瑞、吕留良等）和民国（胡适、梁漱溟、陈寅恪等）。先秦包括诸子在内的仕及士大夫精神，集中表现在如下四个方面，并构成复兴先秦知识分子精神的下手功夫：

一是生于斯而救于斯的拯救精神。孔子无论周游列国还是晚年编著和校注文化经典，真正做了终身不二，“死守善道”。商鞅为推动变法而最终自愿以身护法，为秦国最终摧毁封建世袭制度奠定了基础，为边远的秦国最终强大并担当统一大业创建了制度的保障。孟子奔波不息，其人生主题始终是以仁政思想来拯救时势。墨子及其社团的实践斗争史更是贯穿了拯救社会的大勇大义。

二是以道义为准则的独立精神。知识分子的独立，始终是相对政治而言的。独立于政治和强权，不做政治的工具和强权的奴隶，这是衡量有知识有文化甚至有思想的人是否是一个真正的知识分子的根本标志。文化繁荣、思想前进、科学进步的程度，取决于知识分子独立之精神的有无及其程度。知识分子独立精神的形成取决于两点：一是明确定位自己在政治中的角色；二是始终不渝地坚守自己的人生责任和使命。这两点恰恰构成了先秦诸子的基本操守。仕/士大夫与君王之间原本是一种“道义”关系，这里的“道义”既指责任，更是游戏规则。君主如做到以君的国家责任、民生责任为主，并凡事去私欲、重民权、讲公理、守法则、行道德，那么就与之合作；反之，仕/士大夫就规劝，引导或者拒绝合作。吕留良将此视为仕/士大夫的“人伦之至大”，并认为如果丧失此气节、操守，哪怕是有再大的作为和功业，也不足以抵其罪过。仕/士大夫与君主（即政治）之道义关系，是仕/士大夫有德的根本标志。仕/士大夫一旦模糊或抛弃了这种“道义”关系而成为奴才和工具，就是在犯罪，并且只能是永不可恕的社会和历史罪人。吕留良此论，恰恰是对先秦诸子的伦理精神传统的守护与播扬：先秦诸子们至伟文化功业和思想成就，均来自于这种以道义为准则的独立精神。这种独立精神的最早阐述者就是孔子：齐景公问政，孔子告诉他“君君，臣臣，父父，子子。”（《论语·颜渊》）即最大的政治，就是君主明确自己的身份并履行好自己的责任；最根本的治理，就是君主以自己的行动为榜样引导和规范所有人各自明确自己的社会角色和责任，并履行好各自的社会角色和责任。君臣上下关系本质上是责任关系、道义关系，是建立在道义、责任关系基础上的，如果道义、责任关系不存在了，君臣上下关系就可随之结束。这就是先秦仕/士大夫在政治、王权甚至暴力面前所终身必守的“善道”：“笃信好学，守死善道。危邦不入，乱邦不居，天下有道则见，无道则隐。邦有道，贫且贱焉，耻也。邦无道，富且贵焉，耻也。”（《论语·泰伯》）复兴这一终身必守的“善道”，再造文化人的政治责任和政治道义，弘扬先秦诸子的如上伦理精神，这是当代伦理复兴的根本。

三是真诚而虔敬的民本关怀精神。孔子对民至诚的同情与理解，孟子对民生主义仁政理想的奔走呼号，墨子以民生为第一要义所构建起来的颇具现代意义的“兼爱”“非攻”“尚同”“节俭”思想及其社会实践，以及法家们致力“富民富国”而以生命投入探索的法治改革，都体现了先秦诸子真诚而虔敬的民本关怀精神。先秦诸子各自所设计的拯救业已分裂的“道术”的行动方案，从不同角度切入了民本关怀的主题。正是这种真诚而虔敬的民本关怀意识和真情、民本关怀思考和探求精神，才坚强起诸子拯救时代的责任，并不断提升诸子传承和创新文化、学术、思想的使命。从根本上讲，孔子以及诸子终身“死守”的“善道”的完整含义有三：君臣“道义”准则及政治独立精神、真诚的民本关怀努力和文化、学术、思想的传创精神。先秦诸子“死守善道”之精神恰恰是今日之文化人们所根本缺乏者。对民的无视、对民本的无知、对民生状况的麻木，恰恰构成了今日文化人渴望堕落、追求堕落的内在动因。复兴先秦伦理，必要复兴诸子之真诚而虔敬的民本关怀情感和精神力量。

四是学而不缀的志业精神，这是先秦诸子“死守善道”、成就自己的最终动力和智慧源泉。“学而”精神，即是学而且不失时机地内省与践行的精神。“学而不辍”的志业精神，是指将学且不失时机地内省和践行（文化、学术、思想以及运用它来改变社会）作为人生事业。这种精神首先由孔子所阐发，随后由子思所系统总结而形成《大学》和《中庸》，孟子、荀子等人则从理论认知和实践操作两个方面予以播扬。先秦诸子学而不辍的志业精神，首先将学而与生活、人生联系起来，使之构成一个生成构建性的整体。“学而时习之，不亦说乎？有朋自远方来，不亦乐乎？人不知而不愠，不亦君子乎？”既揭示了学的视域范围，学知识、学知人（包括知他人和知自己）和学做人，也揭示了学有三乐（即知识之乐、知人之乐和做人之乐），更揭示了学与习的生成关系中所蕴含的志业原理，是为《中庸》所总结的博学、审问、慎思、明辨、笃行。进言之，博学，是志业精进的知识接受原理；审问，是志业精进的问题发现原理；慎思，是志业精进的自我反思原理；明辨，是志业精进的思想生成原理；笃行，是志业精进的身体力行原理。先秦诸子之志业大成，并对时代和后世产生巨大影响力，均遵循如上五大志业精进原理而学而不辍。先秦诸子以生命和热血、理想和人生铸造的学而不辍的志业精神，几乎被近代以来的实利主义和势利主义消解干净。正是在这样一个“学而”精神和“学而”伦理的荒野上，复兴先秦诸子所创构起来的学而不缀的志业精神，才成为复兴知识分子精神的前提性工作。从根本讲，伦理复兴的本质是人的复兴。人的复兴的可能性程度取决于知识分子伦理精神的复兴。所以，复兴知识分子的伦理精神构成了当代伦理复兴的最终希望所在。

伦理启蒙的形而上学基础

张新国 *

[内容提要]

启蒙作为本源于西方文明的哲学思潮与社会运动，具有普遍性的精神价值。这一普遍性价值在方法论和伦理学向度上的表征最为明显。这一点在近代中国对于启蒙思想的引进和诠释上表现尤甚。相对于西方文明宗教启蒙作为主要论域，中华传统文化与社会以伦理为中心，内在地要求伦理启蒙作为中国近代启蒙的民族文化特性。虽然近代中国启蒙先行者注意到在方法论和伦理学层面阐扬启蒙的普遍价值，但由于特定历史阶段对富强与主权的强劲要求，作为伦理启蒙的形而上学基础，个体主义被浓墨重彩的爱国主义、民族主义和国家主义涂抹得难以辨认。从地域性和时代性文化中抽离出来的普遍性启蒙精神，被中国人自身文化的地域性和时代性禁闭起来。

[关键词]

伦理启蒙　个体主义　自由主义　形而上学基础

* 张新国，清华大学哲学系博士研究生。

启蒙作为本源于西方文明的哲学思潮与社会运动，已然超越其作为特定地域与时期的观念范式，而成为具有普遍性意义的思想精神价值。近代中国有识之士在译介、引进启蒙思想的历程中，也认识到虽然都是以对于“人”的关注为内核，但自由主义作为一个思想体系与传统中国社会以关系伦理为中心的儒家文化相异质。在近代中国启蒙思想家看来，以个人主义为第一要义的自由主义是对治中国传统伦理思想旧范式的理论基础。这一点被予以足够的阐扬，但是由于近代中国社会对于民主与富强的现实民族主义要求，伦理启蒙的形而上学基础——个体主义（Individualism）最终被改造为伦理学与方法论层面的适用性学说，最终脱离了历史的、现实的面相，重新成为集体主义乃至整体主义的变相。既然中国伦理启蒙与世界启蒙的普遍性价值诉求相一致，要避免思想误区，就要不断回到伦理启蒙的形而上学基础——“个体主义”上来。

一、个体主义作为伦理启蒙的形而上学基础之贞定

借用近代中国文化主体性讨论中的“体用”话语，如果说方法论和伦理学意义上的诠释是“用”，那么形而上学意义层面的诠释就是“体”。遗憾的是，“体用一源”“体用一如”的思维模式往往在讨论引向深入的过程中被误解和曲解。对于个体主义作为伦理启蒙的形而上学基础之贞定的实质，在于对于个体主义、自由主义与伦理启蒙三者关系的客观厘定。

严复尝说：“自由之说，常闻于士大夫。顾旧者既惊怖其言，目为洪水猛兽之邪说。喜新者又恣肆泛滥，荡然不知其义之所归。”〔1〕近代伊始，无论文化保守主义者还是文化激进主义者，面对西学东渐而来的现代自由主义思潮，均曾有过比较激烈的反应。但是，无论是对于自由主义的基础个体主义，还是对于基于各个支柱理念关系的自由主义整个思想体系，显然近代中国学者尚未真正把握。立足当下反观这一思想历史，我们不难发现自由主义的全部理论基础在于个人主义。这里我们有必要注明，本文对于自由主义视域中“Individualism”的翻译一为“个体主义”，

---

〔1〕 王栻编：《严复集》第1册，中华书局1986年版，第131页。

一为“个人主义”。二者在叙述过程中各有不可替代的意义指谓。对此可详见本文第二部分，此不展开。上述严复所提到的对于自由主义的早期接触者，无论是“惊怖其言”的“顾旧者”还是“恣肆泛滥”的“喜新者”，其实质在于对于个人主义这一自由主义的第一要义。

研究当中，学者们无不感到“自由主义”的概念相对于“共产主义”“社会主义”“社群主义”更大的歧义性。尽管如此，个人主义作为自由主义的基石是自由主义各个流派共同认同的。约翰·格雷说：“自由主义传统中各种变体的共同之处在于：他们关于人与社会的确定观念具有独特的现代性。这一观念包括如下几个要素：它是个人主义的（individualist），因为它主张个人对于任何社会集体之要求的道德优先性。”〔1〕这一点在现代中国学者的认识亦然。徐嘉说：“自由主义的内容尽管庞杂，但必然包括两个基本要义：一是个人主义，即对于个人来说，都无一例外地享有‘自然权利’；个人的自由、私有财产等等权利是不可侵犯、不可剥夺的。在价值序列中，个人是高于国家、社会的最高存在。二是这种以个人主义为根本特征的价值观必然要求捍卫个人的‘自然权利’，国家不能干涉和侵犯个人权利，并通过相应的制度实现出来。”〔2〕这一对自由主义与个人主义关系的阐释可谓精当而全面。这一点被强调的意义会在下面的阐释中被不断揭示。所谓个人主义就是主张最高价值在于个体之中，而非整体。路易·迪蒙说：“要想观察我们的文化的总体及其特性，必须将它与其它文化相比，从远处观察。只有这样，我们才能意识到往常被视作理所当然的东西，即我们在普通论述中所熟悉的、不言而喻的基础。因此，当我们谈到“个体”时，我们同时指两个东西：我们身外的客体和一种价值。比较法迫使我们去分析和区分这两者：一方面是经验主体，它说话、思考，具有意志，即我们在一切社会里见到的人类的个体样本；另一方面是伦理生物，它独立自主，因此是非社会性的，它负载着我们的最高价值，首先存在于有关人和社会的现代意识形态中。从这个观点看，有两种社会。最高价值体现在个体中

---

〔1〕［英］约翰·格雷：《自由主义》，曹海军、刘训练译，吉林人民出版社2005年版，第2页。

〔2〕徐嘉：《中国近现代伦理启蒙》，中国社会科学出版社2014年版，第194页。

的，我称之为个体主义；相反，价值存在于整体社会的，我称之为整体主义。”[1]这一思想需要不断被强调。

此外，仍然需要强调的是，个体主义由于其合理利他主义的自我认同，也可能孕育社会责任感，并以此在外观上渐渐接近整体主义。此时个体主义应该自觉防范自我价值的迷失。李泽厚说：“当把这种本来建立在个体主义基础上的西方文化介绍输入，以抨击传统打倒孔子时，却不自觉地遇上自己本来就有的上述集体主义的意识和无意识，遇上了这种仍然异常关怀国事民瘼的社会政治的意识和无意识传统。”[2]所谓“自己本来就有的”“集体主义的意识和无意识”正表征着个体主义与集体主义或整体主义的相融性和可转变性。这种转变需要社会环境，而事实此类社会环境往往以各种变相存在，这对个体主义及其基础上的伦理启蒙的纯粹性构成相当重大的挑战。其具体转化逻辑将在下文详细展开。

形而上学关注的思想理念的存在根源于基础，没有这一基础，此思想事物的存在将不存在合法性。张志伟说：“作为西方哲学的一个主要或核心的部门或学科，形而上学通常意指哲学中关于宇宙万物之最普遍、最一般、最根本、最高的根据、本质或基础的知识或理论。”[3]在自由主义视域中对于个体主义作为伦理启蒙的形而上学基础之贞定，就是要为重新审视给予中国近代启蒙思想以思想合法性的“最普遍、最一般、最根本、最高的根据、本质或基础的知识或理论。”这一基础为方法论和伦理学提供根基，但自身不是方法论和伦理学而属于存在论范畴。存在的本义是为了论证根源其上的其它事物，自身是非空间性和非应用型的。近代中国伦理启蒙的形而上学基础即属于这样一种位格。

上文已阐述个人主义是自由主义的基础，但还需论证个人主义本身的伦理基础及其性状。这一点也往往为学者们所忽略。李强说：“个人主义的核心是本体论的个人主义。”[4]相对于后面的本体论的个人主义，前述“个人主义”指涉的是政

[1] [法] 路易·迪蒙：《论个体主义——人类学视域中的现代意识形态》，桂裕芳译，译林出版社2014年版，第22页。

[2] 李泽厚：《中国现代思想史论》，北京三联书店2008年版，第6页。

[3] 张志伟主编：《形而上学的历史演变》，中国人民大学出版社2010年版，第10页。

[4] 李强：《自由主义》，吉林出版集团有限责任公司2007年版，第149页。

治学与伦理学的个人主义。相对于后者的应用型，前者即本体论的个人主义是后者即应用科学的个人主义的理论基础。而本体论的个人主义即形而上学的个人主义。只不过表述为“本体论的个体主义”或“形而上学的个体主义”较少歧义。近代中国伦理启蒙在透过自由主义引进启蒙思想时，往往囿于现实社会历史原因，没有将启蒙的形而上学基础伦理个人主义坚持到底。李泽厚评述新文化运动时说：“扔弃传统（以儒学为代表的旧文化旧道德）、打碎偶像（孔子）、全盘西化、民主启蒙，都仍然是为了使中国富强起来，使中国社会进步起来，使中国不再受外国列强的欺侮压迫，使广大人民生活得更好一些……所有这些就并不是为了争个人的‘天赋权利’——纯然个体主义的自由、独立、平等。所以，当把这种本来建立在个体主义基础上的西方文化介绍输入，以抨击传统打倒孔子时，却不自觉地遇上自己本来就有的上述集体主义的意识和无意识，遇上了这种仍然异常关怀国事民瘼的社会政治的意识和无意识传统。”〔1〕这既与近代中国伦理启蒙知识分子对于自由主义的个人主义的认知把握的程度有关，更与近代中国救亡图存社会历史现实有关。主客观因素共同导致伦理启蒙思潮中对于自由主义的个人主义的背道，尽管其中不乏对于自由主义其它理念因素的承诺。

二、伦理启蒙的形而上学基础及其特性

中国近代启蒙思潮与社会运动中，自由主义的“自由”理念无疑给予国人最多的观念助益。徐嘉说：“西方启蒙运动以来的各种思潮都受到关注，其中，尤以自由主义思想对中国传统伦理的颠覆、对新伦理的奠基影响最为深远。”〔2〕不仅如此，中国伦理启蒙思潮对于自由主义的接纳包含对于个人主义作为第一要义的思想，即“自由”是个人主义的自由。而由于未能始终将个人主义把握自由主义视域中中国近代伦理启蒙的形而上学性，亦即本体性，近代中国启蒙思想家最终以自由主义的名义迷失在个体主义的变相——民族主义话语之中难以超拔。

---

〔1〕 李泽厚：《中国现代思想史论》，第6页。

〔2〕 徐嘉：《中国近现代伦理启蒙》，第192页。

柏林说："哲学难题之所以产生，是因为概念、词语、思想以及系统阐释和论证世界与自身的方式之间产生了某种特殊的冲突。"[1]近代中国伦理启蒙通过接引自由主义的个人主义吸纳西方启蒙思想的历程也印证了柏林的上述观点。上文已经就个体主义作为中国伦理启蒙的形而上学基础做了贞定和证明。这一点近代中国伦理启蒙思想家并非一开始没有意识到。我们此处描述的重点在于伦理启蒙思想家的认识如何潜在地发生了质的转换，并义无反顾地走到了自己反对的那一面。近代中国伦理启蒙思想家逐渐认识到，自由主义的个人主义不是"自我主义"，而是"个体主义"，并将这一思想加以推广。但随着自由主义的反对者群体对自由主义认知的深入，对于"自我主义"的并不切题的批评逐渐淡出观众的视野，自由主义阵营的内外都认识到自由主义是一种合理的利己主义。可惜的是，自由主义的自我叙述将自己表象为原子式的个人主义。近代中国伦理启蒙视域中的自由主义首要的是政治制度问题。李强说："自由主义关注的重点并不是个人行为的道德性问题，而是制度建构问题。"[2]此论断同样适用于对于启蒙时域中自由主义的理解。近代中国伦理启蒙时域中自由主义关注的制度建构问题，而非个人行为的道德性问题。启蒙的个人主义即诉诸社会政治道德的改良。这本身就规避了自我主义的理论趋向。马塞多认为："从自由主义的政治角度去考察人类事务，就是从一种道德视角去考察。自由主义正义要求我们尊重所有人的权利。在政治身份中，自由主义公民认为他人尽管与自己有着千万种差异，但在本质上，或者在某个决定性方面，与自己是一样的。因此，自由主义政治代表的是一种非个人的视角。从某种意义上说，这种视角要求我们能够推己及人，包括那些在几乎所有的根本志向方面都与我们不同的人。平等的自由主义尊重孕育了人与人的相互尊重。"[3]这表明自由主义在关注社会政治的同时，并非舍弃其道德性，而是自觉地将道德性隐藏在社会政治关怀的背后。与其说是道德性在自由主义中的减蚀，不如说道德性在自由主义观念机制中的深化。道德性不仅给予自由主义政治学说提供合法性，也借此为自由主义政治学说的普遍性提供担保。这种普遍性不仅在于个人主体间，还在于主体个人内在德性与外在德行的一致性。

---

〔1〕［英］以赛亚·柏林：《现实感》，潘荣荣、林茂译，译林出版社2004年版，第69页。
〔2〕李强：《自由主义》，第246页。
〔3〕［美］斯蒂芬·马塞多：《自由主义美德》，马万利译，译林出版社2012年版，第252页。

道德性为政治性在自由主义学说中可互为体用。道德性为政治性提供基础理由，政治性在展开过程中也涵养其道德性。李强说“充满悖论意味的是，恰恰由于强调道德是个人的选择，个人主义往往更倾向于孕育社会的道德感。”[1]其实这种所谓的悖论只是不真实的表象。但正是这种表象不止一次淆乱过近代中国启蒙思想家。其结果就是他们将个人主义的普遍性想象为并立于个人的个体主义实在，这种实在表征为相互勾连的民族主义、爱国主义或国家主义。陈来先生认为：“而梁启超的国家主义，是一种‘救国’的国家主义，其‘利群’是指利于国家。”[2]结合文献不难发现，此结论普遍适用于近代启蒙思想家的论述逻辑。我们认为个体主义是“体”，民族主义、爱国主义或是国家主义是“用”。“用”来自于“体”，但“用”不是外于“体”的另一个“体”，亦即爱国主义、国家主义和民族主义根源于个体主义，只有不断回到形而上学层面的个体主义，爱国主义、国家主义和民族主义才有才能在伦理学和政治学中具有合法性与合理性。

作为发源于西方的地方经验，启蒙运动已然超越其地方性和时代性，而成为普遍性的文化精神，而其形而上学或曰本体论根源是这种文化精神的存在论基础。张志伟说：“形而上学或本体论主要表现在两个方面，一是研究作为世界的逻辑结构的范畴体系，一是研究超验的实体的理论。”[3]值得注意的是，前者即作为世界的逻辑结构的范畴体系与后者即超验的实体并非全无关涉，毋宁说前者作为观念论是后者作为存在实体在人头脑中的投射。作为启蒙的形而上学基础，个体主义是作为形上本体的个体主义在人的观念中的先验投射。后者即人的观念投射不能舍“体”而运“用”，即不能舍却其形上本体而直接言说其应用科学层面的意义。具体地说，即上文所提及的，不能舍弃其形而上学性而述说其伦理学和政治学的意义。否则会招致诸如方法论的个体主义变相，此变相个体及其关系组成了民族、社会和国家。民族、社会与国家形成后，同时会生成与其根源的个体主义不同的、具有相对独立的特性。这种特性的独立性盲目地寻求其绝对独立性。其结果是爱国主义、民族主义与国家主义企图超越和脱离甚至取代其所根源的个体主义，进而导致“用”

---

〔1〕 李强：《自由主义》，第164页。
〔2〕 陈来：《梁启超的“私德”论及其儒学特质》，《清华大学学报（哲学社会科学版）》2013年第1期。
〔3〕 张志伟主编：《形而上学的历史演变》，第10页。

对“体”的僭越。问题在于爱国主义、民族主义与国家主义本质上是一种集体主义和整体主义，无论这种整体是“一”还是“多”，都与个体主义形成质的区别。至此，形而上学的或曰本体论的个人主义就隐秘地转换成了方法论个人主义。这种所谓的方法论的个人主义不是不强调个体主义，相反，方法论的个人主义极力强调个体主义，强调绝对的个人主义。这种“个人主义”往往标立舍弃关系的原子式的个人主义。但这种表面上的绝对化的个人主义早已走向个人主义的反面。它不但不支持个人主义的一切伦理和政治主张，而主张集体或整体对个体的优越性，主张个体服从集体或整体。

李泽厚在一次与刘再复就“个人主义在中国的浮沉”问题的谈话中说：“恰恰是那种原子式的个人主义，假个人主义。也就是说，那种绝对孤立的原子式的个人是不存在的。在社会上存在的每一个人都是与他人共生共在，因此，真正的个人主义，不仅尊重自我这一个体，也尊重社会的其他个体。”〔1〕真正的个人主义诉诸作为个体的自身，也同时注重作为个人的每一个他者。对于他人的深切关注也即对于人与人关系的关注。这就与所谓的原子式的虚假个人主义迥然不同。可惜的是，近代中国知识群体总体上对于个人主义的接引存在先天认识不足、后天社会条件缺失的情况。这是自由主义及其基础上的近代中国伦理启蒙失利的内在根源。李强说：“所谓单子式的个人在自由主义理论中主要是一种理论预设，是为了探究合法政府的渊源于形式而设想的理论状态，而不是对现实的描述。”〔2〕启蒙思想家与集权主义者或者忽视或者有意将所谓的原子式的个人主义绝对化和现实化，从而走向自由主义的对立面。质言之，我们认为，对于形而上学或曰本体论的个体主义的忽视不仅导致了只是作为集体主义或整体主义的手段和准备的方法论的虚假个人主义，并进而彻底抽空了自由主义及其自由主义基础上的近代中国伦理启蒙成功的一切可能。

个体主义在近代中国的沦落轨迹具体地表现在几乎每一位自由主义的积极接引者。对于他们后期思想的关注不仅有益于了解他们自身的理论体系，还有益于了解

〔1〕 李泽厚：《李泽厚对话集——与刘再复对谈》，中华书局2014年版，第36页。
〔2〕 李强：《自由主义》，第245页。

近代中国伦理启蒙演进的内在脉络。严复后来在《法意》的“按语”中说：“特观吾国今处之形，则小己自由，尚非所急，而所以祛异族之侵横，求有立于天地之间，斯真刻不容缓之事。故所急者，乃国群自由，非小己自由也。”〔1〕此“小己”即个人，“非小己”即非个人，“非小己自由”即先搁置个人自由。问题在于，搁置个人自由的自由主义已经背离了自由主义及其基础上的伦理启蒙的核心精神导向。“祛异族之侵横，求有立于天地之间”这一“刻不容缓之事”挤占了个人主义的自由主义的最后一点空间。梁启超后来认为自由应该是“团体之自由，非个人之自由也。”（《新民说·论自由》）所谓“团体自由”实质上指谓的“民族”“团体”之独立自存之权利。这种民族主义和爱国主义话语有益于增进国家认同和民族团结。但是，这种民族话语和国家话语的有效性诉诸稳定的社会秩序，而显然近代中国国际和国内的社会秩序几近缺失殆尽。这种自由主义的式微就是不可避免的了。陈来先生指出：“梁启超以爱国的民族主义出发，把个人对群体的自觉义务看成公德的核心，这是和中国近代民族国家受压迫而欲自强的时代要求——救亡图存密切相关的。”〔2〕救亡图存的社会现实深切地影响了启蒙思想家的思想逻辑，“把个人对群体的自觉义务看成公德的核心”符合其儒学思想，但对于其伦理启蒙的初衷却是渐行渐远了。

格里德在论述胡适自由主义思想时也说：“自由主义在中国的失败并不是因为自由主义者本身没有抓住为他们提供的机会，而是因为他们不能创造他们所需要的机会。自由主义之所以失败，是因为中国那时正处在混乱当中，而自由主义所需要的是秩序。自由主义的失败是因为，自由主义所假定应当存在的共同价值标准在中国却不存在，而自由主义又不能提供任何可以产生这类价值准则的手段。”〔3〕所谓“自由主义所假定应当存在的共同价值标准”，即诸如个体主义、平等主义、普遍主义、社会向善论之自由主义的基本思想因素。其中，个体主义是其它三者的共同基石。个体主义对于自由主义的背离导致其它三者即普遍主义、平等主义和社会向善论的畸形膨胀。而没有了个体主义规约的普遍主义、平等主义和社会向善论将直

〔1〕《严复集》第4册，第981页。
〔2〕陈来：《梁启超的“私德”论及其儒学特质》，《清华大学学报（哲学社会科学版）》2013年第1期。
〔3〕［美］J. B. 格里德：《胡适与中国的文艺复兴》，江苏人民出版社1989年版，第377页。

接衍变成集体主义和整体主义，并反过来压制一切以个体主义为核心的思想理念。格里德对于近代中国自由主义的分析本身包含着自由主义对虚假个人主义应有的警惕。约翰·格雷说："自由主义传统中各种变体的共同之处在于：他们关于人与社会的确定观念具有独特的现代性。这一观念包括如下几个要素：它是个人主义的，因为它主张个人对于任何社会集体之要求的道德优先性；它是平等主义的，因为它赋予所有人以同等的道德地位，否认人们之间在道德价值上的差异与法律秩序或政治秩序的相关性；它是普遍主义的，因为它肯定人类种属的道德统一性，而仅仅给予特殊的历史联合体与文化形式以次要的意义；它是社会向善论，因为它认为所有的社会制度和政治安排都是可以纠正和改善的。正是这一关于人与社会的观念赋予自由主义以一种确定的统一性，从而使之超越了其内部巨大的多样性和复杂性。"〔1〕此分析可谓详尽精当。个人主义作为自由主义的主要元素也得到了首要的关切和注重，即平等主义、普遍主义和社会向善论奠基于个人主义。个人主义是自由主义其它理念因素的基础和前提。

贡斯当对于古代人和现代人的自由观比较之后说："古代自由的危险在于，由于人们仅仅考虑维护他们在社会权利中的份额，他们可能会轻视个人权利与享受的价值。现代自由的危险在于，由于我们沉湎于享受个人的独立以及追求各自的利益，我们可能过分容易地放弃分享政治权力的权利。"〔2〕这可以看作贡斯当对于现代自由主义的反思，而事实往往是现代自由主义倡导者在追求个人合理利益的时候，需要切实考虑满足他人相应权利和要求，这与自由主义的核心精神个人主义是并行不悖和一体两面的。而在与同社会中他人利益关切和实现的互动过程本身就是政治权利的权利分享，并不存在个人与他人利益互动之外的其它的政治权利空间，只有完全个人意愿的行动才是自由的行动，才符合个人主义理念。霍奈特说："消极自由是现代人道德自我认识的一种原始的和不可放弃的要素；它所表达的是：每个人都应当享有权利，不受外界制约以及独立于外界对他动机的强制性考察，按自己的'喜好'去行动，只要他的行动不伤害其他公民的权利。相比之下，反思自

---

〔1〕［英］约翰·格雷：《自由主义》，曹海军、刘训练译，吉林人民出版社2005年版，第2页。
〔2〕［法］邦雅曼·贡斯当：《古代人的自由与现代人的自由》，阎克文、刘满贵译，上海人民出版社2005年版，第48页。

由的思想事实上最初只是把自己置放在主体的自我关系上；按这一思想，只有那些成功地按自己的意图行动的个人，才是自由的。”[1]霍奈特所谓消极的自由即上述贡斯当所论现代人的自由，其反思的自由相对于贡斯当所论的古代人的自由。后者诉诸积极的主体权利，哪怕这一主体是分享的而非独立的。相对于前者即消极的、现代人的自由，反思的、古代人的自由更强调集体和整体权利对于个人权利的优先性和优越性。

近代中国伦理启蒙的艰难历程印证了这一逻辑。人们为了自由而斗争，却最终因为自己思想因素的失衡而走向自由的反面。中外皆然。托克维尔在《旧制度与大革命》中说：“大革命的悲剧在于这样的事实：它的主要演员在为了自由而进行的出色斗争中，为一种比他们曾经推翻的政体更具有压迫性的政体创造了条件。”[2]托克维尔所谓“具有压迫性的政体”指的就是自由的追求者所最初反对的整体主义和集权主义。在救亡图存的洪流中，自由主义启蒙思想家其实是与集体主义政治家站在同一条战线上，只是后者对此自始至终保持足够的自觉和警觉，并在认为合适的时候铲除这位战友。当他们意识到危险的时候，已经深陷集体主义和新的自由主义者的双重反对。

康德认为：“也许，通过革命，可以推翻个人专制以及贪欲心或权势欲的压迫，但是，却不能实现思想方式上的真正革命。相反，新的偏见和旧的偏见一起成为广大缺乏思想的大众的枷锁。”[3]一套思想理念会形成相对封闭的范式系统。新旧范式之间有融合，但更多地表现为不可调节的冲突，只有新的范式占据主导地位，理念倡导的行动才可能付诸实现。相反，如果仍在旧的范式中，无论反抗上一个不合理集体的行动有多激烈，终将在行动上重蹈覆辙。相反，只有保持理性的充分自由，在思想理念上不断突破旧的理念范式。正像康德所说：“在每一场合都能公开地运用自己理性就是自由。”[4]在康德哲学中，理性的公开运用和私下运用是

---

〔1〕［德］阿克塞尔·霍耐特：《自由的权利》，王旭译，社会科学文献出版社2013年版，第49页。

〔2〕［法］阿勒克西·德·托克维尔：《旧制度与大革命》，胡勇、许雅译，吉林出版集团有限责任公司2013年版，第16页。

〔3〕［德］伊曼努尔·康德：《道德形而上学》附录，孙少伟译，中国社会科学出版社2009年版，第117页。

〔4〕［德］伊曼努尔·康德：《道德形而上学》附录，第120页。

一对反的词。这里的“公开地运用自己理性”是对启蒙意义上的自由的最好诠释。在上述托克维尔眼中法国大革命的失败就根源于人们携带着旧的思想范式前进，结果就难逃历史更迭的怪圈。但公允地说，包括近代中国伦理启蒙在内的一切启蒙运动，实质上都是一个持续性的过程。启蒙思想家的思想史功绩也是不可忽略的。只是每一次回顾，都需要重新强调形而上学的个体主义对于自由主义及其基础上的伦理启蒙的前提意义，需要重新强调理性的独立自主性。

三、德性论传统下的中国伦理启蒙如何可能

前文已集中就个体主义作为近代中国伦理启蒙的形而上学基础及其特征，做了详细描述。本节重点就受儒家传统儒家德性论影响的中国，近代伦理型启蒙何以可能展开论述。我们认为，虽然近代中国，启蒙之路从来都是浮沉坎坷，在自由主义基础上接引西方启蒙思想者多为广泛意义上的儒家学者，他们倡导与西方宗教启蒙不同的伦理型启蒙。伦理学上的德性论一直以来是儒家的重要思想。近代中国伦理启蒙的波折并非宣告儒家德性论传统影响下的伦理型启蒙已然不可能。相反，正是特定社会历史环境现实使得其思想家对于个体主义的自由主义和德性论的儒家一度双重背离，而非结合，导致了伦理启蒙的波折。

陈独秀所提倡的伦理的觉醒是最后的觉醒，深刻表达了近代中国伦理启蒙的特质。在救亡图存的民族主义运动的裹挟中，伦理启蒙最终被搁置。而实际上，同时被搁置的还有儒家注重成就个体德性的为己之学。陈来认为：“要用动态和发展的观点理解‘儒家’，特别是‘近代新儒家’，而避免用一个单一的本质主义的儒家概念去判断儒家的多元体现和历史发展。传统儒家的体现形态本身就是多元的，不是单一的。而无论近代或现代、当代的新儒家学者，都不再与传统儒家完全一致。他们大都批判地肯定工业文明、民主政治、科学发展、现代化社会组织，并广泛吸收现代价值观；但在基本道德价值、基本人生理念，及基本修身方法上，以及文化认同上，仍坚持肯定儒家的基本观念。”〔1〕我们并非认为近代中国伦理启蒙思想家

〔1〕 陈来：《梁启超的“私德”论及其儒学特质》，《清华大学学报（哲学社会科学版）》2013年第1期。

可以全部被儒家德性论这一理念涵括。相反，我们认为他们反思、批判儒家的立场依旧可以是儒家的。这是这一“儒家”的概念不是固定不变的，而是会随着社会历史文化境遇的变化而相应变化。而在这一变化的历程中，并没有逾越儒家德性论这一根本立场。我们认为，正是儒家德性论的基本精神构成接引西方现代自由主义思想的契合点。具体来讲，就是用儒家先验德性论的成就个体德性接引形而上学的个体主义思想。将提倡个体主义对于传统儒家伦理的批判看作是儒家德性论自身的创造性转换。徐嘉认为：“新文化运动时期推崇个人主义，维护个人的自由权利与幸福追求，这是和反对封建伦理道德相辅相成的。”〔1〕所谓“封建伦理道德”就是新文化运动指向的旧文化和旧道德。而旧文化旧道德具体是指私德生活领域的极端利己主义和公德生活领域的集权主义。结构这一旧的思想文化范式的关键就是在现代自由主义的个人主义基础上，重新回到儒家德性论的成就个体德性的文化精神上去。成就个体德性之“德性”既是伦理学的，也是本体论的。只有这样的儒家德性论才是自我批判的儒家，才是能担负起理性自由和更新民族文化生命的儒家。

余英时曾指出“个体主义”和“集体主义”是中国现代思想史上的两个循环，并指出“以原始的教义而言，儒家可以说是择中而处，即居于集体与个体的两极之间。从消极方面说，儒家既反对极端的集体主义，也排斥极端的个体主义”。〔2〕我们认为，这一认识无疑颇富洞见。只是由于说儒家是在个体主义和集体主义之间“择中而处”并非正面阐释，其核心论点显得语焉不详。承认个体主义与集体主义是中国现代思想史上的两个循环本身没有问题，需要注意的是，此处的个体主义与集体主义并非绝对地彼此外在。打破此类认识的局限是理性自由的表现，儒家德性论需要经过时代化的诠释和调试，并以此开启伦理启蒙的新征程。李明辉在论及以自由主义政治哲学解读儒家学说时说：“如果我们将儒学置于当代西方自由主义与社群主义之争论的脉络中来为他定位，我们会发现：传统儒学在伦理学的基础和自我观方面与自由主义有可以接榫之处，而在个人与群体的关系及对传统的态度方面又与社群主义同调。个人主义着重个人对社会和历史的超越性，社群主义则强调自

〔1〕 徐嘉：《中国近现代伦理启蒙》，第336页。
〔2〕 余英时：《现代儒学论》，上海人民出版社2010年版，第190页。

我之形成必须内在于社会与历史的脉络；双方似乎都将‘超越’与‘内在’对立起来。儒家‘内在超越’的思想特色为自由主义与社群主义争论提出了一个可能的化解之道：或许双方的争执是一种可以化解的‘背反’，而非无法调停的‘矛盾’。”〔1〕这一论断可谓相当精当。“将儒学置于当代西方自由主义与社群主义之争论的脉络中来为他定位”本身就是一种新的研究视域，而与将儒学与自由主义、社群主义先验地加以切割和对立的传统的偏见相区别。“传统儒学在伦理学的基础和自我观方面与自由主义有可以接榫之处”，实质是指倡导成就个体美德的儒家德性论。伦理启蒙就发生在理性和德性融合为一并成为个体行动的价值和知识范导的进程中。“个人主义着重个人对社会和历史的超越性”之“超越性”意义包含个体主义的形而上学性。此形而上学性为儒家德性论基础上的伦理启蒙提供了担保。戴兆国论述儒家德性论时认为：“德治主义的理论主张就是通过个别主体的德性行为达到其所应显的德行素质，在此基础上，整体的社会人伦原则就可以得到贯彻、融通，而无障碍。”〔2〕此“个别主体的德性行为达到其所应显的德行素质”是社会整体人伦原则实现的前提和关键。林宏星认为：“人的道德行为和道德抉择的确不是普遍规则直接演绎的结果，离开了个人的德性以及这种德性赖以存在的特定的传统和共同体的生活方式，那么，这种普遍规则对于具体的个人行为就难于发挥实际的作用和影响。”〔3〕这种对于“个人的德性”的强调和推尊与上述几位作者的论述逻辑相一致。这种思想类似体用论。陈来描述梁启明的公德私德关系时认为：“公德是私德的进一步推广。那些有私德而公德不备的人，主要是缺少在私德基础上的进一步推扩；而如果私德不立，则用以推扩的基础也无以成立。可见，私德是公德的基础。”〔4〕私德实际上就是个体人格所实际具有的德性，只有个体人格美德的实现，公德才有强有力的基础。

简言之，在儒家德性论传统影响下，人们要不断赢得启蒙的不朽财产，需要个

〔1〕 李明辉：《儒家视野下的政治思想》，北京大学出版社 2005 年版，第 157 页。
〔2〕 戴兆国：《从郭店楚简看原始儒家德性论》，《华东师范大学学报（哲学社会科学版）》2002 年第 3 期。
〔3〕 林宏星：《德性论与儒家伦理》，《第二届上海市社会科学界学术年会文集》下，2004 年编印。
〔4〕 陈来：《梁启超的“私德”论及其儒学特质》，《清华大学学报（哲学社会科学版）》2013 年第 1 期。

体主义的自由。康德说："公众要启蒙自己确是很有可能的；事实上，只要赋予了自由，启蒙就会几乎无疑地随之而来。"[1]需要注意的是，康德此处的"赋予"不是行动主体对于外在于自身的品德的被动接受，而是与儒家德性论意义上的"修其在我者"的主体觉醒和自主。康德在其《实践理性批判》序言中说："自由的概念，一旦其实在性通过实践理性的一条无可置疑的规律而被证明了，它现在就构成了纯粹理性的、甚至思辨理性的体系的整个大厦的拱顶石，而一切其他的、作为一些单纯理念在思辨理性中始终没有支撑的概念（上帝和不朽的概念），现在就与这个概念相连接，同它一起并通过它得到了持存和客观实在性，就是说，他们的可能性由于自由是现实的而得到了证明；因为这个理念通过道德律而启示出来了。"[2]此时的自由类似先验范畴先天地置于人的头脑，人应该回复到对自己此本性的明晰上来。桑德尔说："通过将自我置于政治学的领域之外，自由主义使人类行为主体成了一件信仰品，而非持续关注和关切的对象；成了一种政治的前提，而非政治之不确定的成就。"[3]我们认为，桑德尔此论已经触及伦理启蒙的形而上学基础个体主义观念。所谓"置于政治学的领域之外"不是一个时空概念，而是理论的层次和维度。自由赋予人自身，不是说个体行动主体因此多了什么品德，而是清除我们认识自己德性的障碍。这一过程本身就是伦理启蒙。柯林伍德即认为："当康德写作《纯粹理性批判》的时候，他想要呈献给公众的不是一部建构性的形而上学，而是要去清除那些过去侵蚀了、现在仍然侵蚀着形而上学思想的错误。"[4]这些所谓的"错误"不是别的，正是人们在特定阶段所信仰的观念，他们或者是没能始终坚持自己的学说精神，或者僭越地将相对性的理念绝对化和普遍化而迷失其正当性。

康德说："哪些限制是对启蒙的阻碍。哪些限制不是对启蒙的阻碍而是对启蒙的推动？我的回答是：公开运用自己的理性必须是自由的，只有自由才能把启蒙带

---

〔1〕［德］伊曼努尔·康德：《道德形而上学》附录，第119页。

〔2〕［德］伊曼努尔·康德：《纯粹理性批判》，邓晓芒译，人民出版社2003年版，第2页。

〔3〕［美］迈克尔·J. 桑德尔：《自由主义与正义的局限》，万俊人等译，译林出版社2001年版，第222页。

〔4〕［英］柯林伍德：《形而上学论》，宫睿译，北京大学出版社2007年版，第175页。

给人类。而另一方面，理性的私下运用，虽然没有特别地阻碍启蒙的进步，却常常可能被很严格地限制。就公开运用自己的理性来说，我的理解是，作为一个学者，他的读书界面前对自己的理性所作的那种运用。我所称之为的理性的私下运用是指，一个人在其受委托的公共岗位或职务上对自己理性的运用。”〔1〕那些观念错误名目繁多且不断衍生，中国思想文化启蒙就要不断诉诸在儒家德性论影响下对于成就个体德行的诠释和重建。在社群主义、集体主义、整体主义、爱国主义、国家主义、民族主义等等名目下，现代自由主义的个体主义应该始终成为道德行动的唯一理由。只有这种个体主义，才是平等主义、可普遍化和能够孕育社会美德的，才不会在各种社会现实环境之中失去立场而最终沦落为方法论的个人主义即虚假的个人主义，才能不断主导道德行动者在康德所言理性的私下运用即社会角色扮演中依然能够成为伦理启蒙的推动者。这正是在儒家德性论传统影响下伦理启蒙如何可能的内在历史逻辑。

〔1〕［德］伊曼努尔·康德：《道德形而上学》附录，第120页。

伦理复兴视域下的人伦关系理论形态研究

商增涛 *

[内容提要]

人伦关系是中国传统社会中基本的伦理关系，人伦思想支撑了人们的生活世界和精神世界。“五伦”是人伦关系的范型和原初形态，它既是理解中国传统文化和参透儒家思想的密匙甚至是不二法门，更是儒家思想的重要内容且贯穿于中国传统伦理思想史的始终。随着时代的变迁，伦理传统的嬗变和伦理观念的不断涤荡，人伦关系在不同的历史阶段具体抽象为“五伦”“三纲”“天理人欲”和“第六伦”四个具体的理论形态，是人伦思想具体理论形态的呈现方式。对人伦关系诸理论形态的研究能为实现伦理复兴提供可借鉴的伦理道德资源。

[关键词]

人伦　五伦　三纲　天理人欲　第六伦

中国传统文化里，儒道墨法诸家思想内容都是以伦理思想为主，这就决定了中国文化是伦理型文化的特征，人伦思想是中国传统伦理思想的核心内容。在漫长的

* 商增涛，东南大学人文学院博士研究生。

华夏文明的历史思想长河中，人伦思想以人伦关系为具体表现形式，历史地逻辑地演绎出四种理论形态：五伦，三纲，天理人欲，第六伦。四种理论形态统摄于人伦关系之中，以“五伦”肇始，异化为“三纲”，升华为形而上的“天理人欲”，在新时期创新发展出“第六伦”。人们对人伦关系的普遍认识，存在着“熟知”而未必“真知”的情况，往往知其有“人”未必深知其有“伦”，只知人与人的伦理关系未必知“人”与“伦”的关系。因此，对“伦”的真实含义的充分理解，有助于真正理解传统人伦思想的真谛，进而有助于当代伦理复兴。

一、说“伦”

“伦”是中国传统文化里既有趣又有意义的一个字，在传统伦理思想中有着画龙点睛的作用，是传统人伦关系的精义所在。

(一)“伦”字疏议

“伦”是什么意思？《说文》曰：“辈也，一曰道也。”郑玄注：“伦，犹类也。”“辈”字亦有类别与序次之义，伦可谓之类别。《礼记·曲礼》：“拟人必于其伦。”《战国策·宋策》：“功大名美，内临其伦。”《孟子·离娄上》：“圣人，人伦之至也。”《荀子·富国》：“人伦并处，同求而异道，同欲而异知。”可见“伦”字第一义为类别。第二义则指关系，《春秋穀梁传·隐公元年》：“兄弟，天伦也”。《孟子·公孙丑下》说“内则父子，外泽君臣，人之大伦也”，又说“设为庠序学校以教之……皆所以明人伦也。人伦明于上，小民亲于下。”又曰：“男女居室，人之大伦；如告，则废人之大伦。”人与人虽同属人类，然有男女、长幼之分别，彼此间又有往来，便产生关系。所谓“五伦”或“五达道”者，即五种最基本的人伦关系。君臣、父子、兄弟、夫妇、朋友之间的关系都是伦，即关系。此外，伦还有道、理之义。如《诗·小雅·正月》：“维号斯言，有伦有脊。”《论语·微子》：“言中伦”，“预洁其身，而乱大伦”。

“伦”字的三种意义都很有价值，但三种意义的境遇却不同。第一义“变晦”了，未能引起足够的重视和传承。相反，第二、三义却历史地承延下来。殊不知，

"伦"字之价值、之有趣、之重要，关键在其第一义。"伦"字既具体而又概括。伦犹类。"类"是一个既具体又抽象的"整体性"的概念。《荀子·非十二子》："壹统类。"《列子·仲尼》："其负类反伦，不可胜言也。"《孟子·梁惠王上》："王之不王，是折枝之类也。"故"伦"通"类"，是一个"整体性"的概念。

(二)"伦"之实体

"伦"字既是一个对社会关系的"整体性"具有很强表达力的现实性概念，又是一个对伦理精神的"实体性"具有很强解释力的抽象性概念。

伦通社会。中国传统文化中对社会事实的形象表达与其说是"社会"不如说是"伦"。传统文献中虽有"社会"一词，却无现代"社会"之义。"以前没有'社会这个名词'"，潘光旦说，"但并不是没有社会这一宗事实……一个群字与一个伦字指的就是这宗事实。"先秦文献特别是儒家经常讲到"伦"字。潘先生甚至认为："社会学未尝不可以叫做伦学或伦理学。社会学所应付的对象，笼统的说是人群，比较清切的说，更未尝不是'伦'字所代表的种切，而笼统的说自不如清切的说好。"[1]潘先生的意思非常之明确，传统文化中的"伦"字具有现代"社会"的属性和意义。在此意义上，既可延伸证明"伦"字与"社会"的共通性，又可说明"伦"字具有共同体或群体的社会现实性。

伦与伦理实体。伦在日常的伦理道德生活中就是整体伦理秩序的表征。伦起源于血缘关系，并以血缘关系为中心，向外推开来去形成严密的清晰的伦理秩序和伦理关系网络和逻辑结构。伦所代表的是伦理秩序和伦理格局，犹如"把一块石头丢在水面上所发生的一圈圈推出去的波纹。"伦就是丢块石头形成的同心圆波纹的性质，"每个人都是他社会影响所推出去的圈子的中心。被圈子的波纹所推及的就发生联系。每个人在某一时间某一地点所动用的圈子是不一定相同的"，就是说每个人在"伦"中获得各自的伦理分位，成为不同的伦理角色。[2]伦之理念和精神在于，"个别性的人与人间的关系，透过'伦'的实体获得现实性"，即伦理关系

---

〔1〕《说"伦"字》，《潘光旦文集》第10卷，北京大学出版社1993年版，第132~134页。
〔2〕《差序格局》，《费孝通散文集》，浙江文艺出版社1999年版，第197页。

不是个体与个体之间的关系，是个体与“伦”之间的关系。伦由诸多内在的伦理关系所构成，不是单个个体成员之间的关系，而是一个整体性实体性的概念，黑格尔称之为“整个的个体”，家庭和民族则是两大天然的伦理实体。[1]

因此，伦是中国传统道德哲学中最具实体性的概念，是本性上普遍的伦理最凝练的诠释和体现。伦以“本性上普遍的东西”的伦理本质作为其内核。因此，樊浩先生认为：“以实体性和‘本性上普遍的东西’为概念规定的‘伦’构成了中国道德哲学和中国伦理精神最基本和最重要的文化气质和民族特质。”然而，随着伦理传统的不断被涤荡和摧廓，伦的本质规定性逐渐被“消解”“退隐”“变晦”，甚至在相当意义上被“终结”了。[2]

二、人伦关系的诸理论形态

中国传统文化既是伦理型的文化，亦是以伦为核心的整体性或实体性的文化；伦理的传统毋庸说是伦的传统。传统伦理以“伦”为历史起点与逻辑始点，历史地和逻辑地演绎呈现出四种理论形态：五伦、三纲、天理人欲和第六伦。

（一）五伦

“五伦”是先秦以孔孟为代表的儒家伦理学说，是轴心时代人伦思想和伦理精神的代表和结晶。五伦之定型和建构的价值和意义在于，孟子把现实伦理生活中已经早已实质性存在的复杂多样的人伦关系归结和凝练地概况为五种基本的人伦关系，以此作为伦理关系的范型和模式建立起了以伦为基点的人伦坐标体系，从而开启了中国道德哲学史和伦理思想史上“伦”的传统。五伦者何？《孟子·滕文公上》：“饱食、暖衣、逸居而无教，则近于禽兽。圣人有忧之，使契为司徒，教以人伦：父子有亲，君臣有义，夫妇有别，长幼有序，朋友有信。”父子、君臣、夫妇、长幼（兄弟）、朋友，谓之五伦。五种伦理关系的内在二维结构为：一维，上

---

〔1〕 樊浩：《“伦理”—“道德”的历史哲学形态》，《学习与探索》2011 年第 1 期。

〔2〕 樊浩：《“伦”的传统及其“终结”与“后伦理时代”》，《哲学研究》2007 年第 6 期。

下关系、前后关系、左右关系。其上下关系，内则父子，外则君臣；其前后关系，内则兄弟，外则朋友；其左右关系，夫妇关系也。二维，天伦、人伦、天人之间。父子、兄弟是天伦；君臣、朋友是人伦；夫妇则介于天人之间。在这一伦理坐标体系和伦之实体中，人人要安其伦尽其分，要“安伦尽份”须得遵守“仁义礼智之”之“四德”规范。在伦的实体中持守自己的份位，安分守己，践行自己的道德规范，方能安身立命。“五伦”是“伦”，“四德”是“常”，有“伦”且“常”，伦常并称，建立起了传统伦理最基本的社会伦理生活秩序和个体道德生命秩序，成为了中国伦理传统之一端。

（二）三纲

秦汉改制，社会文明转型，“五伦”历史地、逻辑地演化为“三纲”。由“五伦”到“三纲”既是一种伦理精神的异化，又是人伦思想为了适应时代需要而进行的创造性转换，是人伦之传统的延续强化而非终结。“三刚”之于“五伦”之意义价值，诚如韦政通先生言：“离开三纲而言五伦，五伦仅是一种伦理学，五伦说发展为三纲，才使它具备正统礼教的权威性和束缚性。”[1]三纲是对五伦结构逻辑地发展和提升，使得人伦关系结构更加趋于稳固，保持伦之实体的优先性和强制性。汉代以后，“三纲”成为了支配所有人的道德律令，它的效力带有强制性和道德约束力，是一个具有内在强制性的伦理道德结构体系。从而，“三纲”解决了“五伦”相对性的、不稳定的内在结构关系；把以“相对待”为特征的伦理关系转换成为了“绝对的”伦理关系；把相对之爱、差等之爱演化成了绝对之爱。同时，“五常”亦丰富“四德”，使得人伦关系的德性规范体系更加完备。由“三纲”升华“五伦”之核心是把人对人的关系，转换为人对理、人对分位、人对常德的单方面的绝对关系；是对“纲”和“常”的恪守。“三纲五常”被加以权威化、制度化便成为了中国传统礼教的核心，从而建立起了绝对的伦理秩序，这就成为了传统中国特有的、也是最为今人所诟病的“礼教”。

---

〔1〕 韦政通：《现代伦理的新突破》，中国人民大学出版社2005年版，第10~13页。

（三）天理人欲

在经历了社会繁荣衰败的跌宕起伏和魏晋以降佛老的思想激荡之后，经由仁人儒士恢复“道统”的学术努力，一种新的理论形态——宋明理学——诞生了。宋明理学被称为“新儒学”，旨在恢复儒家“纲常”的正统地位，重树“纲常”的绝对性与至上性，重建伦理秩序和价值体系。“天理人欲”的精神体系是宋明理学的核心。“天理人欲”的人伦理论形态是以超验性的天理（天）为伦理的本体论根据、以三纲五常为核心内容。其相应的伦理道德规范以天理为形上根据，无形中使得纲常名教具有了不言自明的至上权威性和理所当然的存在超验根基，从而为个体设定了“应该”恪守的道德行为规范和不得不服从的客观外在秩序。“天理”的超验性使得纲常名教成为了人们行为的“应然之则”和“必然之则”。天理之核心就是由“五伦”异化而来的纲常名教，具体表现为人性论、心性论、理欲论、义利论等理论形态。性和理，是这一人伦思想体系的关键所在。性即人性问题，理即天理或天道。“性即理”，沟通人与天，人道与天道，人理与天理的关系，达到“天人合一”，把人间的伦理秩序上升到天道的高度，使得“三纲五常”的伦理秩序具有先验神圣的性质，“纲常”与天道齐，成为人们效法的绝对准则和母本。这种纲常名教虽然依靠本体的超验性赋予自身以强制的刚性力量，但是亦束缚了人的身心，扼杀了道德主体的内在意愿和自主权利，并极端化为“天下无不是的父母”“君要臣死，臣不得不死；父要子亡，子不得不亡”“饿死事极小，失节事极大”等“以理杀人”的要求，愚忠愚孝愚节成为其最大的弊端。而“理一分殊”命题的提出消解了个体认同的差异性，人人可分享获得天道或天理，人人皆可“存天理灭人欲”，成贤成圣。理者，义也、公也；欲者，利也、私也。去欲存理，去利存义，去私秉公。强调“天理”与“人欲”的矛盾、公与私对立、义与利对立，其实质就是存公灭私，舍利取义，绝对的整体至上主义。它为一贯重整体、轻个体，重整体秩序、轻个体欲望的中国伦理奠定了基调，并与封建专制主义相结合，直接导致了伦理精神的专制倾向。

（四）第六伦

“第六伦”是相对传统“五伦”而言，是近代学人对传统“五伦”的创新与发展。近代学人中，何永佶先生最早撰文提倡“第六伦”，主张挣脱传统“五伦”的思维桎梏。何先生对中国传统社会道德的伦理特征——重私德，轻公德——已有了清楚的认识，指出这种私德是家族亲属熟人之间的私德；即使有涉及到国和群之公德时，其道德规范依然是属于“忠”“孝”的私德道德范畴，因其“忠”“孝”的对象不是一个抽象性的国之实体，仍是具体的君父之个体；“五伦”是建筑于以“孝”为道德规范的家庭基础之上，同时又囿于家庭；“五伦”中有三伦——父子、夫妻、兄弟——属于家庭，其他两伦不是附属于家庭就是家庭伦理关系的外扩；家庭伦理道德在传统农耕时代尽显其优势，在近代社会则不适应了；“第六伦”应时而生，即人与“人”的伦理关系，后者的“人”非具体指个人，而是之完成抽象的具有社会公共性的“人类”群体。〔1〕“第六伦”这种新伦理关系提出的价值在于，把伦理关系场域由“五伦”之家庭拓展到了“公共社会”，把家庭亲人熟人之间的伦理关系延伸到了社会陌生的人与“人”之间的伦理关系，把道德规范在“私德”之外丰富了“公德”。何先生的“第六伦”思想虽然在近代伦理思想史上未被重视和过多提及，但它在传统人伦思想向现代转型中所起的作用和意义是不容忽视和质疑的，对建构新型的人伦关系具有重要的启蒙意义。

20世纪80年代，李国鼎先生在发表题为“80年代社会学面临的挑战”的演讲时，主张在传统五伦的基础上增加“第六伦”，以尝弥补个人与陌生社会大众之间的伦理关系缺失。继而，李先生又发表题为“经济发展与伦理建设——国家现代化过程中群己关系的建立”的专门文章来具体阐述“第六伦”。“第六伦”就是指人与社会陌生大众的伦理关系，即群己关系。群己关系顾名思义，就是个人与社会大众群体的关系，与其他“人”的关系，是人与“人”（抽象的人类）的关系。李国鼎先生把“第六伦”（“群己关系”）与传统五伦的关系运用图形做了形象的说明。传统五伦以“己”为中心，周围交织着错综复杂的五种伦理关系，此五种伦理关系之间是基于“己”这个中心形成的、彼此之间存在联系的熟人之间的伦理关系。而最外层的则是完全陌生的人与人，人与“人”之间的关系，这一伦的关系就是所谓的“群己”关系，即第六伦。〔2〕基于中国传统社会结构的基本特征，

〔1〕 何永佶：《提倡第六伦道德》，《民声周报》1932年第18期。

〔2〕 李国鼎：《经济发展与伦理建设》，台北《工作与信仰》杂志2001年6月号。

人与“人”之间的人伦关系结构特征是以“己”为中心，向外推及，犹如石子投入水中的波纹一般，一圈圈推出去，愈推愈远，伦理关系愈推愈薄；“己”和“人”所联系成的社会关系，费孝通先生说它“不像团体中的分子一般大家立在一个平面上的”，而是“从自己推出去的和自己发生社会关系的那一群人里所发生的一轮轮波纹的差序。”这就是中国传统社会人伦关系结构的基本特征——差序格局。[1]紧紧围绕在“己”中心的，离它最近的五种伦理关系是基本的五伦，那么最外围的“群—己”未尝不是重要的一伦，即第六伦。传统社会重五伦，轻群己，直接的后果是重私德，轻公德。大致的原因可能是，五伦关系较为密切，关系的好坏关乎个体最直接的道德评价和福祉；第六伦群己关系的福报和道德评价则较之来得间接迂回，以致未被足够地重视和发扬。

在社会伦理关系日益复杂的当下，如何处理好五伦和第六伦的关系，显然没有一个绝对的标准。若只重视五伦不重视群己关系则依然是传统道德模式，只重视群己关系不注重五伦同样不行，二者必须各赋予适当合理的地位和规范。至于如何才能适当，则是一个有待详细论述的重大课题。李国鼎先生曾言：“一个健全的、合理的社会，在正常的情形之下，并不要求其社会成员牺牲自身的利益。不要忘记社会的功能原在为其构成分子谋长期的福利，社会是达到目的的工具，不是目的本身。我们不能完全依赖社会大众的道德心，如果遵守社会规范者长期受到损害，不遵守者并不受到制裁，甚至得到利益，则社会规范无法树立，这个社会也不是一个合理、有效的社会。我们所呼吁建立的第六伦，不是要求人人为圣贤，只是要求人人守本分；不是要求牺牲自身的利益，只是要求不侵犯别人的利益，不论此别人和我们有特殊关系的对象，抑或是陌生的社会大众。”[2]

无论是何永佶先生提倡的“新六伦”，抑或李国鼎先生的“新六伦运动”，二者共同的思想特质在于：突出强调“五伦”之外“公共”性。在此意义上，“群己关系”或“公共伦理关系”彰显了“伦”字本义中抽象的“整体性”“实体性”的类属性概念。诚然，“群”字本身就具有公共实体性的特征。

---

〔1〕《差序格局》，《费孝通散文集》，浙江文艺出版社1999年版，第197页。
〔2〕李国鼎：《经济发展与伦理建设》，台北《工作与信仰》杂志2001年6月号。

三、人伦关系建构的原理

人伦关系随着社会的变迁虽然经历了四个不同理论形态的演进与变化，其内在逻辑地遵循着基本的文化原理和价值体系，人伦本于天伦而立和社会道德本于自然道德是人伦关系建立的基本文化原理。和谐的人伦关系是社会伦理秩序、道德规范的根本保障；人伦本于天伦而立和社会道德本于自然道德则是人伦关系挺立的文化原理和价值根据。人伦关系之和谐规范，人伦关系文化原理之建构，既是社会的历史现实理论的需要又是一种顶层的伦理文化设计。

传统人伦关系设计的基本文化原理是人伦本于天伦而立，人伦关系本于天伦关系；社会道德本于自然道德。孟子奠定了中国传统伦理的人伦始基，规范了中国传统社会基本的人伦关系。中国传统文化是一种以血缘为本位的血缘文化，血缘关系是社会的基本关系，血缘人伦决定社会人伦，即天伦决定人伦。血缘关系作为最基本的人伦关系，具有自然性和社会性的二元性特征，它具有天经地义的性质和绝对的意义，属于天伦范畴。调节家庭伦理关系和社会伦理关系的五伦范型是血缘文化的产物，它是奠基在血缘关系的基础上以血缘关系为原型外推扩充而形成的一种伦理实体，其基本原理是把家族血缘的原理运用到社会伦理领域并与之合而为一。作为自然伦理实体的家庭或家族以血缘为基础形成家族血缘关系，它是伦理的根源所在，是伦理存在的基础和元点。家族血缘关系是人伦范型的出发点，整个社会伦理关系的原理便是家族式的，社会伦理关系从家族伦理实体中脱胎而来。五伦关系是基本的人伦关系，其中父子兄弟关系是先天的血缘关系，具有先验性和不可选择性，属天伦；君臣朋友关系是后天形成和建构的社会伦理关系，属人伦；父子关系是君臣关系的原理，兄弟关系是朋友关系的原理；夫妇则是生理性的男女关系与生物性的血缘关系的同一，介于天伦与人伦之间，是一切男女关系的准则和范型。因此，家族血缘伦理关系是整个社会伦理关系的范型和原型，社会伦理关系是家族血缘伦理关系的延伸与扩展，这是人伦范型的重要文化原理之一，即人伦本于天伦而立。[1]

---

〔1〕 商增涛：《五伦范型及其文化原理》，《东南大学学报（哲学社会科学版）》2013年第1期。

社会伦理关系本于家族血缘伦理关系。这是一种与家国一体的社会结构相适应和匹配的人伦模式，是家国一体的社会结构在伦理上的体现。人伦的文化设计是血缘文化的产物，其根本的特征是把血缘家族的原理运用到社会伦理领域并与之合二为一。家族主义伦理精神是人伦设计的根本精神。“这种家族主义的特点，一方面表现为它的出发点和原型是家族血缘关系，整个社会是从家族中脱胎而来的。另一方面表现为整个社会关系和结构原理是家族式的，父子关系是君臣关系的原理，兄弟关系是朋友关系的原理，各种人伦关系按照血缘家族关系的模式拓展成整个社会伦理关系的网络。第三，人伦设计体现出的价值理想，社会理想也是家族式的。”〔1〕按照父子的模式建立君臣，按照兄弟关系的模式建立朋友。于是建立起来的就是“天下一家”的虚幻表象，严酷的政治关系徜徉于温情脉脉的家族气息中，从而掩盖了政治关系，阶级关系以及一般社会伦理的实质。

人伦设定于家族血缘的基础之上，其最大的特点，便是自然性。家族血缘关系是自然形成的既具有生物性又具有社会性的伦理关系，是最基本的伦理关系，在长期的生活积淀中，这种关系以及处理这种关系的某些准则，具有天经地义的性质。尤其在中国这样的以家族为基础和范型的社会结构，以及农业性的生产方式中，家族伦理更是具有绝对的意义，家族血缘的存在往往先于个体生命的存在。正因如此，以孔孟为代表的儒家伦理在日后中国社会的发展中具有不可动摇的支配地位，成为中国伦理的主流与正宗。

四、人伦关系的批判与建构

儒学是中国传统伦理型文化的主流文化，人伦思想又在儒家伦理思想中占据重要地位，传统人伦思想的建构和历史展开是中国古代社会伦理秩序与道德教化的缩影。虽然经过千年的时代变迁，直至今日，中国文化的伦理文化属性依然未改变，五伦思想仍然支配着我们的现在伦理生活世界，我们在现实生活中仍然要面对五种基本的伦理关系，只是时代特征赋予五伦以新的内容。

---

〔1〕 樊浩：《儒家人伦关系设计的特点与内在矛盾》，《社会科学家》1990 年第 3 期。

作为人伦思想核心的“五伦”术语，在很长的一段时期内只是一个通俗的说法，虽然早有五种甚至六种以上的伦理关系实际存在，而五伦术语大概在宋代才开始出现，至明末清初的时候才最终成为中国传统伦理的主要范型，即社会伦理生活中全部复杂丰富的伦理关系，全部规范于五伦之中。[1]当五伦异化为三纲，进而升华为天理人欲的宋明理学，传统伦理思想的主流理论形态则日益僵化，禁锢人们的思想和行为，阻碍社会的发展，成为人们现实伦理世界一把精神枷锁，亟待启蒙主义者们来冲破纲常的网罗。因此，明清以降一直到新文化运动，五伦、三纲等思想受到启蒙伦理思想家的质疑和批判。

三纲之中首先受到猛烈批判的是五伦中的“君臣”一伦，或三纲中之“君为臣纲”。君臣一伦为五伦之首，君为臣纲为三纲之首，是伦理权威的重中之重，是君主道德权威的绝对律令。在先秦时期，儒家对君臣一伦的伦理要求和道德规范是双向相对待的“君惠臣忠”，“君之视臣如手足，则臣视君如腹心；君之视臣如犬马，则臣视君如国人。”（《孟子·离娄下》）“三纲”确立后，“君为臣纲”，君对臣的道德权威愈发绝对，以至到了宋明理学，就有了“君要臣死，臣不得不死”的单方面的、专制性的要求。明代君为臣纲被专制主义者强化到无以复加的程度。明朝中期以后，随着个体意识的苏醒和提升，一批思想家开始对君臣一伦或君为臣纲的神圣性和权威性进行批评。顾炎武、黄宗羲、王夫之是他们之中最杰出的代表人物。顾炎武的“为民立君”观，“天下”与“国家”之辩等思想对君臣关系、臣民关系作了重新的阐释和论证，对“君为臣纲”的合法性形成了有力地冲击。黄宗羲的“民为主君为客论”接续阐发了孟子的“民为重，社稷次之，君为轻”的政治伦理主张，重新厘定君臣关系，给予“臣”以全新的道德地位和政治伦理使命；改变了“君为臣纲”中臣对君的那种卑微维诺的伦理地位，而赋予臣以“君之师友”的地位而非主仆的关系。

到了新文化运动时期的“道德革命”阶段，以谭嗣同、梁启超、陈独秀等为代表的一干启蒙众将对“君为臣纲”进行了无情地批判。谭嗣同主张“以仁黜礼”，冲决“重重网罗”为思想特色，认为三纲既非“天理”，亦非来源于良知，

---

〔1〕 潘光旦：《说“五伦”的由来》，《潘光旦文集》第10卷，第181~241页。

仅是维护封建专制的“钳心制身之器”矣。传统社会本以为是“天经地义”“敬若天命而不敢渝”的三纲只不过是“腐儒之旧说”；对待君臣关系、君民关系，谭氏主张“民本君末”的朴素民本思想，“君为臣纲”“民为君属”不是天理昭昭之应然，只为达到纲常名教教化民众以维护专制权威的效果。在抨击“君为臣纲”之愚忠的同时，启蒙思想家们也对“父为子纲”“夫为妻纲”之愚孝和愚节进行了有限度地批判。如对“父为子纲”的批判只是由平等观念出发来反对不平等、扼杀个体性、束缚个体自由、父尊子卑的家长专制和等级森严的宗法家族制度，因为父子关系本是天经地义、亘古如一的伦理关系。针对“夫为妻纲”“夫尊妻卑”的观念，主张自由平等自愿之婚嫁观念，反对违反人性的强制性的贞节观念，主张一夫一妻制反对封建的一夫多妻制。众人对“三纲”持一致批判的态度，而对“五伦”则不是全部否定之。

五伦之中有其合理的内容和价值。五伦者五，除去“君臣、父子、夫妻”尚有“兄弟、朋友”二伦。“君臣、父子、夫妻”之三纲虽为五伦的核心内容，五伦在封建纲常礼教中权威之立以三纲说之功为最。时移世易，三纲说不适应时代的发展需要理应革新，阻碍社会发展理应受到批判，不能因此而全部否定五伦的全部内容和价值。新时代的今天，我们依然要面对处理这些基本的伦理关系，“父子有亲”“父慈子孝”“长幼有序”“兄友弟恭”“朋友有信”等道德规范依然有其合理之处。对待五伦应以理性之态度，不能笼统地视其为专制时代的产物，在新时代亦有价值。诚然，五伦也有其不合理之处，过分强调家族亲属关系的等差之爱，重家庭亲属之间的私德，忽视了家庭之外社会公德。重私德，而轻公德，是中国千年伦理道德的一大文化特征，亦是于传统自闭的农耕社会文明相适应的。在时代转型的时期，这也是革新道德所面临的困境，若简单地把“偏于私德，而公德阙如”的主要原因完全归咎于五伦思想本身也是有失公允和值得商榷的。五伦思想作为中国传统伦理思想的重要组成部分，其包含着重要的价值：一是注重人与人的伦理关系；二是维系人与人之间的恒常永久性的伦理关系；三是以等差之爱为本而推己及人的准则。[1]

---

〔1〕 徐嘉：《中国近现代伦理启蒙》，中国社会科学出版社2014年版，第316页。

现世之中，我们在破除传统伦理之弊尝试重新建构新的人伦关系，实现伦理复兴的过程中破易而立难。近代以来的伦理启蒙思想家们为了实现伦理复兴无不以革新旧伦理，提倡新道德为历史使命，为此都做了许多有益的尝试并为之付出了种种艰辛的学术努力，提出了诸如“道德革命”“新民说”“伦理的觉悟”等具有划时代意义的伦理复兴的思想观念和主张。它们们对礼教的冲击有其积极的历史意义，三纲思想已然退出了中国的意识主流，平等自由的伦理观念取而代之。但是，旧的道德观念完全剔除于人们的思想意识之外只是一种理想状态，仍有一些旧有的道德观念残留于人们的思想意识之中。新旧交织是实现伦理复兴的过程中的常态；复兴实是“从旧中出新”，是需在“有传统、有历史、有渊源”的伦理道德资源基础之上实现，才是真正的复兴。因此，伦理复兴之路依然任重而道远，人伦思想的重构仍需学界学仁之共同努力。

先秦儒家伦理性宗教特点及其对当代法国的启示

[法] Yvés Vende *

[内容提要]

法国当代社会面临着一个新的危机，即价值观危机。在当代社会，每个人都有自己的价值等级，问题在于如何在一个主张多元价值的社会里，建立共同的价值框架。对此而言，中国的传统资源，特别是儒家思想，能提供很多借鉴和启发。在中国，有不少哲学家或哲学史研究者讨论了宗教在中国传统文化中扮演的角色。无论是徐复观还是陈来，都认为中国古代思想经历了一个特别重要的过程，即儒家思想脱离传统宗教的迷信色彩而转变为一个成熟的、伦理性的宗教。在分析中国古代思想发展历程的过程中，他们建立了一些范畴来讨论宗教问题，而由此产生的伦理性价值框架也会对当代法国社会提供一些启示。

[关键词]

先秦儒家　现代化　伦理学　宗教模型　当代法国

* [法] Yvés Vende，中山大学哲学系博士研究生。

一、问题的提出

对于研究中国哲学的目的是什么这个问题，中外学者一直存在着分歧。这里，我们首先需要澄清：一位外国汉学家研究中国古代哲学不仅仅是为了去解释中国文化和经典，而是为了他自己。[1]在面对一个新时代带来的挑战时，我们去观察在不同地方，使用不同语言的人如何解决一些相同的问题，这不失为解决问题的最好方式。在历史上，中国的儒家传统曾给了欧洲人很多启发。比如，17～18世纪的法国哲学家就曾受到了中国文化的影响。在法国大革命以前，路易十四曾派人来到中国，把他们在中国的生活经历整理成书，载于史册。后来，基于法国和中国在法律制度、中央集权、维护国家安全等方面的相似性，一些哲学家，如伏尔泰和孟德斯鸠，就援引这些资料来介绍中国，并借此论证他们自己的思想，他们的观点对其后的法国文明产生了很大影响。然而，中国也因此变成了法国人想象中的主角。现在很多学者注意到，这些17世纪的欧洲人描述的中国与当时中国的现实之间有很大差距。这说明，他们描述中国的目的不是仅仅为了解释中国的文化，而是为了面对当时欧洲的一些问题（特别是关于宗教内战的问题）。[2]

现在，欧洲当代社会面临着一个新的危机，即价值观危机（这和17世纪的情况颇为相似）。也就是说，在当代社会，每个人都有自己的价值等级，那么，如何在一个主张多元价值的社会里，建立共同的价值框架？从17～18世纪开始，为了避免个人的宗教信仰与公共政治领域（包括学术领域、国家身份）之间的冲突，法国人把私人空间与公共空间完全分开。但即便如此，他们还是有一个显著相同的文化基础：他们都属于同一民族，使用同一种语言，拥有共同的文化背景。当时，法国社会不需要依靠宗教或伦理的价值来维系一个共同的国家意识。但是，随着外来移民人数的扩张以及现代化浪潮的冲击，现在的法国几乎没有了共同的伦理基础。因此，在法国，如何确保个体在私人信念方面享有自由的同时，又能建立一个维系共同体的价值体系，这就成了一个问题。就这个问题而言，中国的传统资源，

〔1〕 参考刘笑敢：《诠释与定向——中国哲学研究方法之探究》，商务印书馆2009年版，第14～15页。
〔2〕 Jonathan D. Spence, *The Chan's Great Continent: China in Western Minds*, Paperback, 1999.

特别是儒家思想，能提供很多借鉴和启发。

西方学者大都注意到，在如何对待宗教与伦理之间的关系这一问题上，中国与西方有很大区别。《论语》就体现了关于这两个领域之间关系的中国式思考方式。在《述而》篇里有这样的记载："子不语怪，力，乱，神。""子以四教：文，行，忠，信。"这两句话表明，儒家思想重视教授伦理性的条目，而一些宗教性的东西是不适宜被讨论的。即便如此，在中国仍有不少哲学家或哲学史研究者讨论了宗教在中国传统文化中扮演的角色。无论是徐复观，还是陈来，都在著作中认为中国古代文化经历了一个特别重要的过程，即儒家思想脱离传统宗教的迷信色彩转而走向了一个成熟的、伦理性的宗教。通过对古代中国文化历程的分析，他们建立了一些范畴来讨论宗教问题。本文第二部分将立足于他们的论述来讨论古代中国如何在这个过程中建立了一个伦理性价值的框架。最后，我们会提出中国古代思想史对当代法国社会的一些启示。

二、一个讨论中国古代宗教道德性的进化框架

（一）"轴心时代"与文化模型

在20世纪，随着人类学、考古学和其他人文科学的发展，无论在西方还是在中国，很多研究者都尝试建立一种关于宗教发展的理论。[1]

在《古代宗教与伦理——儒家思想的根源》一书中，陈来基于雅斯贝斯的"轴心时代"概念来讨论这一问题。按照雅斯贝斯的观点，几大文明都经历了一个"超越的突破"，即"意识到人类自身的有限性，在对超越存在的探询中体验绝对"。[2]不过，在雅斯贝斯的思想里，"轴心时代"是对"神话时代"的突破，轴心时代的文化与前轴心时代是对立的、反抗的关系，而陈来则认为中国文明的特征在于它的连续性，从夏、商到西周时代，宗教逐渐完成了伦理化的过程，同时这个过程又意味着承认神的限制。陈来常常借用尼采、弗雷泽与卡西尔所建立的不同文

---

〔1〕 在西方，这个趋向以 Robert Bellah 为代表。参考 Robert Bellah，*Religion in Human Evolution From the Paleolithic to the Axial Age*，The belknap press ondon，England，2011.

〔2〕 陈来：《古代宗教与伦理——儒家思想的根源》，上海三联书店1996年版，第3页。

化模型来讨论中国古代宗教的发展历程。他用尼采的 Dionysos 的文化模型来描述殷人，用 Apollos 的模型来讨论周人，[1]并指出周人的气质“经过轴心时代的发展，演变成为中国文化的基本人格。这种文化气质集中表现为重孝，亲人，贵民，崇德”。[2]因此，陈来认为，中国文化比较重视民众的现实需求，而超越性的一面则被忽视。正是由于这个原因，西周的天命观把“德”确立为政治合法性的终极要求，随后这也成为儒家伦理思想的重要特征。

陈来还借用了韦伯的两个概念：“祛除巫魅”和“理性化”。韦伯相信人的思想是渐趋理性的，陈来也认为在西周思想中也可以看到“理性化”的进步，这表现在“天”这个概念变成了一个绝对存在，禁欲主义与神秘主义思想脱离原始巫术的盲目形态，渐渐发展出一种有理性的“高级宗教”。他认为儒家重视文化教养，而其产生一共经历了三个阶段：夏以前的巫觋时代，商殷时期的祭祀时代，以及周代的礼乐时代。从巫觋文化发展为祭祀文化，进而发展为周代的礼乐文化，儒家文化也是在经历了这样一个漫长的文化“理性化”过程后产生的。陈来强调，在中国，这种理性化是一种“实践理性”化。

陈来在其《古代宗教与伦理——儒家思想的根源》一书的引言中，使用了诸如“轴心时代”“小传统”“大传统”“理性化”这些概念，它们都是为了说明在中国古代思想史中宗教经历了一个进化的过程。这些概念和他所提出的宗教历史三阶段（原始宗教—自然宗教—伦理宗教）是完全一致的。

（二）一般宗教与原始宗教

从关联性的角度来看待儒家的发展，这也是徐复观的立场。徐复观在《中国人性论史》一书中，不仅专门讨论了古代中国思想的进化，也常常谈及宗教问题。他将“一般的宗教”或“原始的宗教”同儒家或道家的思想进行了比较。徐复观指出，一个民族的精神与其宗教密切相关。他认为，殷代的宗教还是很原始的，这种宗教引起的是恐怖情绪。不过从周代开始有所进步，周人在殷代的宗教中注入了

---

〔1〕 陈来：《古代宗教与伦理》，第 145～146 页。
〔2〕 陈来：《古代宗教与伦理》，第 7 页。

一种自觉的精神，由此激发了中国人的道德精神。他也强调这种观念不是在历史中突然出现的，而是通过缓慢的变化、长期的积累而成的。但即便如此，周代的宗教还是在继承殷代宗教的基础上发展起来的。

在讨论“天”与“帝”的意义时，徐复观强调概念的连续性。[1]由于在周朝发生的新变化，传统宗教因而有了一个新的转向。当时，周人开始具有了反省意识，“敬德”“明德”就是从人们反省自己的行为而来。按照徐复观的观点，敬德是周人的美德，这种美德是一种明智，是对自己行为的责任，由此出现了中国最早的人文精神。在“敬德”的基础上，周人改造了殷人的宗教。这个变化有四个方面：1. 天命成为一个很理性的东西；2. 政治领导力变成一个宗教的领导力（就是祖宗神也变成了和政治有关的事；3. 礼仪的方法也改变；4. 人民对领导也有权力，因为领导不是为了自己而是为了人民。[2]

在分析周代宗教的过程中，徐复观对宗教的角色进行了界定：“任何宗教假使它要继续存在于人间世，势必对人间世的人文生活予以承认。但人文在智能方面的活动，从宗教的本质言，只能在消极方面承认其分途并进而互不相妨”。[3]因此，周初的特点是把宗教或信仰的神同人的主体性相结合。按照徐复观的论述，这是最高级的宗教。后来传统的“天”转化为天命（有意志的）与命运（盲目的）。周朝创造了中国思想的两个特色：第一是从古代开始宗教就与政治纠缠在一起。第二是在中国人的宗教意识中没有另外一个世界的“冥报”。在徐复观看来，“此岸”“彼岸”“今生”“来世”之说，都是一般宗教的词汇，而是不是中国周代宗教的词汇。具有宗教仪式意味的“礼”在周初也已开始酝酿，但要观察以礼为中心的人文世纪，还需要等到春秋时代，而“春秋时代说明礼的内容时，已没有一点宗教的味道；很明显地是以周初彝的观念为主”。[4]

这里我们可以注意到，在徐复观看来，连续性与道德性是中国古代思想的两个典型特征。这一观点在陈来的思想中更加明显。

---

[1] 参考徐复观：《中国人性论史·先秦篇》，上海三联书店2001年版，第17页。

[2] 徐复观：《中国人性论史·先秦篇》，第27页。

[3] 徐复观：《中国人性论史·先秦篇》，第32页。

[4] 徐复观：《中国人性论史·先秦篇》，第41页。

（三）陈来与外国学者的对话

徐复观与陈来都借用不同学科领域的研究成果来讨论中国古代思想的进化问题。陈来较多使用宗教社会学与人类学的框架，比如，当他讨论巫术问题的时候，他借鉴了弗雷泽的思想来描述中国的传统。

陈来认为，在中国历史上，可以肯定的是："第一，中国上古曾有一个'家为巫史'即人人作巫，家家作巫的巫觋时代；第二，上古巫觋的职能是促使天地的沟通；第三，中国历史上的巫觋曾经历了一个专业分化的过程。这样一个过程，在其他文明中也不乏见"。[1]按照陈来的论述，这个过程的结果是实现了事神权力的集中和垄断。弗雷泽认为，"巫术与宗教对自然进程的看法不同，……巫术要强迫，压制自然和神灵，而宗教是邀宠，讨好神灵"。[2]弗雷泽特别强调了巫术与宗教信仰的内容不同。在历史上，祭司普遍会迫害巫师，这也表明，理性化实现从上层开始。这个问题与小传统与大传统的张力有关。"简言之，殷商时虽有巫术史，而且大行占卜，但其主导的宗教信仰一行为形态"。[3]虽然陈来借鉴了弗雷泽的理论，但他也注意到这些人类学家的理论与中国的巫术并不是"十分吻合"：中国巫术以神灵观念为基础（和自然巫术是不同的），尝试取悦神灵；中国巫术以降神，祭神为主。[4]陈来指出，"巫，祝也"，先秦文献上"巫祝"常常连用。与"巫祝"的意义相同，"巫史""祝史"的连用也很多。在陈来看来，"商周的'巫'已经祭祀化了，不再是人类学上所说的巫师，不再是龙山文化以前未绝地天通的巫觋，而已成为商周祭祀体系中祭司阶段的一部分"。[5]这个司祭化的过程是中国古代宗教的特征，即祝祷与祠祭神灵。陈来注意到："占卜是中国上古'巫管文化'……的主要内涵之一，在商代蔚然演出浩多的甲骨文卜辞，到周代的史卜手中，更形成《周易》的体系，在巫史文化演现了某种理性化的行程"。[6]他认为这些习

---

〔1〕 陈来：《古代宗教与伦理》，第26页。
〔2〕 陈来：《古代宗教与伦理》，第96页。
〔3〕 陈来：《古代宗教与伦理》，第98页。
〔4〕 陈来：《古代宗教与伦理》，第42页。
〔5〕 陈来：《古代宗教与伦理》，第54页。
〔6〕 陈来：《古代宗教与伦理》，第63页。

俗都是为了帮助人们在实际生活中做决定，因而是一个有实用价值的东西。[1]《周易》的内容不仅包括周代的也包括了殷代的东西，卦辞用于占卜吉凶。《周易》影响了周人的思维与信仰，每一卦和每一爻都作为一类经验的象征，这体现了一种理性化的进步，它表示周人已经知道预测人与事物之间的稳定联系。陈来以此作为中国文明不同于其他文明发展道路的又一个证据。

在讨论周代的祭祀文化时，陈来又引用了卡西尔的观点："祭祀的重要特性在于，在祭祀中人对他所崇拜的超自然力量的态度比在神话人物的形象中得到更清晰的显示"。[2]陈来希望"借助周人的祭祀体系以了解殷商的信仰状态和礼仪体系。以此了解殷周文化连续性的一面"。[3]虽然周代的文化是一种"礼乐文化"，不同于殷商的"祭祀文化"，但它们之间有一种"包容连续性"。按照陈来的论述，祭祀的对象有三种，即天神，祖先，地示。关于天，陈来认为："人们可以通过占卜知道某个时间上帝是否令风令雨，但却不能对帝施加影响使其改变"，[4]天帝是自然的控制者。在周人的理解中，"天"与"天命"已经有了确定的道德内涵。因此，根据卡西尔的理论，我们可以说在周代中国的文化已经变成了成熟宗教。从殷代到周代，最主要的变化即是人的行为开始介入历史，周人强调用敬德来保持他们的政治统治。但周人继承了殷人的不少价值观，例如对祖先的崇拜，他们也继续用占卜来理解天命的意志。

在此，我们可以注意到，陈来讨论国外社会家或历史学家的概念时，他会强调这些人建立的框架和中国古代的历史并不是完全吻合。然而，无论是尼采、弗雷泽还是卡西尔，他们显然都把全世界的传统当作自己思想的一个阶段，从这个立场来看，他们都是各种各样的黑格尔门徒。现在，我们只需要注意到，无论是徐复观还是陈来，他们都强调一个有连续性的进化过程。陈来认为，这是一个理性化和祭祀化过程。徐复观则强调这样两个特征：从古代开始，中国的宗教和政治就密不可分；第二是在中国没有另外一个世界的"冥报"。

---

〔1〕 陈来：《古代宗教与伦理》，第 70 页。
〔2〕 陈来：《古代宗教与伦理》，第 118 页。
〔3〕 陈来：《古代宗教与伦理》，第 119 页。
〔4〕 陈来：《古代宗教与伦理》，第 162 页。

三、一个理性化过程带来几个伦理性价值

我们前面讨论了为何陈来与徐复观认为中国的原始宗教是有道德性的，这个道德性又如何通过一个理性化和祭祀化的过程，最后变成一个“熟悉的宗教”，从而排除迷信的向度，建立了精神性的内涵。现在我们要继续讨论的是，先秦儒家的思想家又如何在此基础上建立了人文价值。

（一）“仁”作为孔子最重要的价值准则

徐复观指出，春秋时代发生了“宗教的人文化”。随着思想的发展，宗教的精神虽被取消，但在生活习惯上宗教仍被人们保持，“所以春秋时代以礼为中心的人文精神的发展，并非将宗教完全取消，而是将宗教也加以人文化”。〔1〕“神是道德性格的神，命是道德性的命，这一方面说明宗教已经是被道德的人文精神化掉了；同时也说明由道德的人文精神的上升，而渐渐地开出后来人论中性与命结合的道路”。〔2〕徐复观认为，中国人性论的发展是以这一被人文化了的宗教观念为真正起点的。因此徐复观在介绍孔子的思想时，注意到孔子对传统宗教的态度：“［孔子］对传统意义的鬼神，是采取非常合理的态度：即是他即未共开反对鬼神，但却很明显地把鬼神问题，贬斥于他的学问教化范围之外，而是要以‘义’来代替一般人对鬼神的依赖。义是人事之所当为，亦即礼之所自出。”〔3〕

在《论语》里，孔子以“阙疑”的态度面对鬼神的问题，但依旧重视祭祀祖先，因为他将对先人的孝扩及到鬼神身上。徐复观将“普通的宗教”和孔子对祭祀的态度加以区分。〔4〕孔子提出的祭祀不是宗教性的，“知天命”只是成为君子的第一步功夫，这恰恰是宗教最高级的形态。孔子的道德理想是内在的，这就是“仁”的概念。对孔子而言，最重要的价值观是“仁”。“仁”是什么？“一方面是对自己人格的建立及知识的追求，发出无限的要求。另一方面，是对他人毫无条件

---

〔1〕 徐复观：《中国人性论史·先秦篇》，第44页。
〔2〕 徐复观：《中国人性论史·先秦篇》，第49页。
〔3〕 徐复观：《中国人性论史·先秦篇》，第71页。
〔4〕 徐复观：《中国人性论史·先秦篇》，第72、79页。

地感到有应尽的无限的责任。”[1]仁是无限的，因为责任是无限的。仁需要践行，它不是抽象的东西。并且，在孔子看来，提高自己的修养不只是单个人的事，而是大家都要承担的责任。后来，徐复观指出，为“仁”的“功夫”就是要“克己”，而“克己”就是按照“礼”的要求来践行自己的生活。从一个伦理性的立场来看，徐复观较强调“仁”的重要性，陈来较强调“礼”。

（二）“礼”在先秦儒家思想中的重要性

陈来认为，在中国古代宗教经历的理性化过程当中，“礼”变成了中国文化的一个精神特征。陈来指出：“文化的进步不仅体现为抽象思维提高，更要体现为价值伦理的贞定”。[2]他用“自然宗教/理论宗教”这一对概念来区分宗教的发展形态，认为殷人所具有的宗教信仰本质上是属于“自然宗教”的形态，而尚未进化至“理论宗教”形态。而一些历史学家、神学家把宗教的发展形态分为：单→神教→多神教→唯一神教。如果从这种区分的角度来看，殷人的宗教算是第二阶段，而周人的宗教信仰虽然和殷商时有很多共同的特点，但突出了“天”的地位。[3]在这个过程中，祖先神的地位也上升了，但帝廷减弱了。因此，在中国历史上有一个从自然宗教到理论宗教的过程。按照陈来的立场，“成熟的宗教必须克服原始的禁忌主义体系”。[4]周代文化的特色是它融合了礼乐的文化与德性的追求，建立了德礼的文化。而中国政治思想的进化也与从自然宗教到成熟宗教这种宗教发展形态有关：“以周公为卓越代表的西周思想，以宗教观念和政治思想为主要内容，取得了殷商所不能比的积极进展，这些进展就宗教观念的角度来说，可以概括为：第一，天命无常；第二，天命惟德；第三，天意在民”。[5]在这个过程中，周代建立的民意论与天命观都是为了理解自己的历史。

与从自然宗教到理论宗教的发展形态相似，“礼”也经过了一个进化过程。在

---

[1] 徐复观：《中国人性论史·先秦篇》，第 81 页。
[2] 陈来：《古代宗教与伦理》，第 89 页。
[3] 陈来：《古代宗教与伦理》，第 139 页。
[4] 陈来：《古代宗教与伦理》，第 148 页。
[5] 陈来：《古代宗教与伦理》，第 191 页。

原始社会中祭祀是团体的活动，有一定的秩序。[1]礼乐文化对人文有不同的作用：首先具有政治功能（对天与鬼神的祭祀），其次具有道德功能，第三是节制情感的功能，第四是消费资源的等级分配，亦可谓之社会功能。在周代时，礼俗、法律和宗教、道德区分变得模糊。[2]陈来分析了“德”的两个概念：明德与敬德。“敬”表达一种努力性，“明”表达修明。因此在中国的政治传统中，关注点在于行政和政治运行的性质。中国的传统思想重视“统治者（君王）与被统治者（民众）间紧张关系这一永久性的政治学原理。“孝”可以作为三代的德行代表，中国古代最早最突出的伦理规范。这说明从内容上看，“德”有两大类：“一类是立基于家庭和家族乃至宗族关系的人伦规范，主要是家庭道德。一类是作为个人主要是向统治者提出的个人的品格的要求”。[3]后来这两个方面被儒家继承，这些价值观是社会共同体得以维系的基础。[4]周代强调的家庭道德是与宗法制度对应的，德性人格的观念，本来属于政治的领域。[5]因此，儒家的根源与基础在于西周的文化，而孔子所说的“儒”已经不是本来的意思，陈来指出：“按照孔子所说，春秋末期世俗的用法中，确有以‘儒’为贬义而妄相诟病的情况，但这已不是‘儒’之命名的本来意义；而儒家则以大丈夫的君子儒自命”。[6]

因此，陈来讨论祭祀化主要是为了描述周代如何融合礼乐与德性的要求，使得祭祀变成一种政治与道德的实践而不再属于迷信的自然宗教。这也反映在周代之后对“天”的态度发生了改变。因此，从春秋阶段开始，古代中国人所讲的“神”这一概念不同于一般宗教对“神”的界定。徐复观先生在讨论孔子以后的儒家思想时特别重视这一点。

（三）孔子之后：一种精神性文化

徐复观在解释儒家的传统时，详细地说明了“儒教”和“一般宗教”之间

---

〔1〕 陈来：《古代宗教与伦理》，第225页。

〔2〕 陈来：《古代宗教与伦理》，第285页。

〔3〕 陈来：《古代宗教与伦理》，第308页。

〔4〕 陈来：《古代宗教与伦理》，第315页。

〔5〕 陈来：《古代宗教与伦理》，第325页。

〔6〕 陈来：《古代宗教与伦理》，第315页。

的区别。他对“宗教”给出了自己的定义：“有如人种植许多生物，但这些生物，并不与人有什么内在的关连。所以在世界各宗教中，都会认为人是由神所造”。[1]

徐复观之所以会将儒家思想与一般宗教加以比较，是为了解释儒家如何对待生理欲望。但事实上，他对宗教的这种创造性理解以及对孟子的解读，并非能够为其他思想家所认同。徐复观认为人成熟之前，宗教是生命的一种支撑，正如马克思所言，“宗教是人民的鸦片”。根据徐复观对孟子思想的解读，他认为“神”在内涵上经历了从宗教意义向人文意义的转化：“在这以前，说到神，都指的是某种神秘实体的存在；至此完全转化为心德扩充后的形容词。此一名词的转化，即表现从宗教向人文的转化的完成。经此一转化，尽是任何原始宗教的神话，迷信，皆不能在中国人的理智光辉之下成立”。[2]

虽然宗教作为“精神鸦片”可以麻痹人的痛苦，但人成熟之后却不需要这样的逃避。因此，徐复观认春秋时期的儒家思想已经脱离了原始”宗教的精神：“先秦儒家思想，是由古代的原始宗教，逐步脱化，落实，而为以人的道德理性为中心，所发展，所建立起来的。从神意性质的天命，脱化而为春秋时代的道德法则性质的天命；从外在地道德法则性质的天命，落实而为孔子的内在于命之中，成为人生命本质的性；从作为生命本质的性，落实而为孟子的在人生命之内，为人的生命作主，并由每一个人当下可以把握得到的心；心有德性与知性的两面。德性乃人的道德主体；孟子在这一方面显发得特为著明。知性是人的知识主体，这一方面，由荀子显发得相当的清楚。所以先秦儒家的人性论，到了孟荀而已大体分别发展成熟；由《大学》一篇而得到了一个富有深度的综合。也可以说是先秦儒家人性论的完成”。[3]

在此，我们可以看到徐复观对儒家思想发展的理解。在他来看，《大学》是先秦儒家思想的综合，完全没有原始宗教的渣滓。但徐复观批评墨子说，“墨子忽视

---

〔1〕 徐复观：《中国人性论史·先秦篇》，第103页。
〔2〕 徐复观：《中国人性论史·先秦篇》，第158页。
〔3〕 徐复观：《中国人性论史·先秦篇》，第231页。

人类精神上之要求，忽视精神上之要求对于解决现实问题中之重大意义”。[1]这说明，中国传统的主流思想，还是比较重视精神性的要求。儒家如是，道家亦是如此，但道家对于精神要求的处理与儒家不同。徐复观认为，道家也经历了同儒家思想相似的蜕变过程。按照徐复观的观点，老子提出了中国宇宙论上的第一种合理形而上学，解答了人与自己的根源之间的关系问题。但“老子对政治社会由变动而来的危机，不是向前的克服而是向后的退避”。[2]老子对宗教的态度也是如此。总结起来，徐复观强调中国的文化是一种精神性文化，而不是一种宗教性文化。在结论里，他指出《洪范》尽管是半神话半政治经验性质的，但这个文本建立了一个处理社会关系的新系统，“这类的解释，完全摆脱了宗教的要求”。[3]因此，中华文化传统的一个特点就是原始宗教里已经包含了理性的精神。

四、中国传统伦理文化对当代法国的启示

在第一个部分我们分析古代中国的宗教如何从一个原始的状态到了一个成熟的阶段。在这个部分我们看到这个过程带来了一个伦理性的价值体系：“仁”“礼”以及一个精神性的文化背景。现在，我们可以探究这个历史的过程对当代法国社会有什么启发。

（一）知识论的问题：人文科学的功能与哲学的功能

首先，我们需要澄清一个知识论问题。历史学、人类学、考古学等人文社会科学的目标是描述社会和历史。因此，这些人文社会科学都带有自己的无意识形而上学，也就是说，每种社会科学的方法、理论和结果背后都有得以产生的前提。而哲学也有自己的取向，一位哲学家使用历史学方法建立一种思想有其自身的目的性。在上文中，我们提到陈来使用尼采、弗雷泽或者卡西尔的思想来描述中国的古代宗

[1] 徐复观：《中国人性论史·先秦篇》，第283页。
[2] 徐复观：《中国人性论史·先秦篇》，第290页。
[3] 徐复观：《中国人性论史·先秦篇》，第406页。

教，但他明确指出，有时候这些“宗教、文化的模型”的功能不是为了准确描述一个对象，而只是为了借以思考自己想要解决的问题。因此，站在哲学的立场上，我们需要批判每种社会科学所带有的这种无意识形而上学。

除了前面提及的尼采与弗雷泽外，许多思想家为了思考自己文化的状态都会建立文化与宗教的模型。的确，我们在比较一些宗教或文明时，需要建立这类的模型来当作思想的工具。但是，我们在建立宗教或文明模型的时候不能忽略这些模型本身的局限：首先，模型是静态的，而一个文化系统是动态的：因此一种观念的现实不等同于生命的现实，这是文化实体论的限制；其次，我们建立一个文化模型的时候总是伴随有这样的危险：把一种文化当作一个成系统的体系，但在世界上，没有一种文化是一个完全同质的统一体。[1]文化模型只是一种后验地重构，是一种思想工具。我们不能忘记之所以建立模型，本来是因为我们有自己的想法和论据。因此，在探究中国古代文化的过程中，我们可以发现人文科学与哲学有不同的功能。前者是描述性的，后者是批判性的，以激发新思想的产生。前者是一个较被动的角色，哲学则是一个较主动的角色：改变世界，柏拉图或马克思代表这个立场。这是为什么哲学的功能不仅是给人一些符号工具来解释自己的生命，它还要进行价值评估和选择，即批判一种思想的价值等级。

从这个角度来看，陈来与徐复观对中国古代思想史的描述有很多值得注意的方面。他们都强调中国古代思想史的连续性，主张周代发生的不是一种断裂，而是一种演变。因此，在中国传统中，轴心时代的现象和在其他文明不一样：在中国这个阶段是一个逐渐进化的过程，也即，从原始/自然宗教到一个成熟/伦理/最高级宗教的演进。在这个过程中，他们都把儒家学说视为一种宗教。虽然陈来特别强调“祭祀化”的过程，徐复观比较强调“理性化”的过程，但他们都强调这个过程的可能性在于中国原始宗教里已经有理性精神，并且都认为到了孔子的时代，儒家（徐复观认为道家也如此）脱离宗教本质的迷信，也就是说，这个宗教已经没有教义宗教的味道。为了解释这个过程，他们都去解释天、德、仁、礼、神这些观念的

〔1〕 Benjamin Schwarz, In Search of Wealth and Power——Yen Fu and the West, Harvard University press, p. 1. 转引自陈少明：《论比较哲学——从现代中国学术的经验看》，《浙江学刊》2002 年第 2 期。

进化。在这里我们可以注意到：陈来讲中国传统的时候，他一般把儒家作为中国传统的代表，而徐复观还会讲道家。[1]陈来选择儒家学说作为中国的“大传统”，这是解释历史的一个角度，当代人类学家也讨论过这个问题。[2]

（二）中国古代文化对法国当代社会的启示

鉴于每一种文明或思想观念都具有承继性，而且一种文明的传统对这种文明的外来研究者而言终归是一片陌生的土壤，因此，当一个外国学者接触中国古代文化时，他的目的不是要解决中国人自身的问题，而是为了观察在另外一个传统里，人们如何面对一些相似的问题。因为当我们在考虑一个问题或建立一个新的概念时，获得进步的最好方式就是观察在不同地方、使用不同语言的人是如何解决一些相同的问题。这就是为什么中国古代的思想能助益于我们当代的欧洲人。如若我们相信哲学不仅是为了描述人的生活，也是为了改善生活的话，那么我们现在需要考虑：中国的历史能为我们提供哪些借鉴与启发。

当今欧洲社会是一个价值多元的社会，在这种主张多元主义的社会中，具有不同宗教和意识形态背景的个体在如何理解生命方面存在一些不同的价值取向。因此，如何通过建立某种基本的价值体系让来自不同传统的个体维系在同一个国家共同体中，这正是法国当代社会所面临的一道重要难题。为解决这道难题，法国人尝试了对私人空间与公共空间加以严格的限定和区分，当个体处于私人空间时，他可以任意选择和表达自己的价值与信仰，但在公共空间，个体必须遵循和维护必要的共同秩序。从法国大革命开始，世俗化的进程已经使法国人分开私人空间与公共空间的构连。然而，这样一种通过区分私人空间与公共空间的方法并不能确保共同体的稳定，因为一种主张价值多元主义的社会始终潜伏着取消价值的危险。一个和谐的共同体要得以维系就必须存在某些共同的基本价值，而不能只依靠法律的强制或

[1] 在2012年，笔者在 Frontiers of Philosophy in China 杂志上发表了一篇关于陈来《传统与现代》这本书的书评。在这本书里陈来也把儒家作为中国传统的唯一代表。

[2] Vincent Goossaert & David Palmer, *The religious question in Modern China*, The university of Chicago Press, 2011. 在这本书里，两位学者做一个相反的选择，也就是说，他们选择描述中国近代的小传统。

者某些政治权贵的利益。“人是文化的动物”，人类社会需要一些共同的符号现象或文化来维系，“生物学家发现，任何生物体均有两套系统——感受器系统和效应器系统。……二者构成了动物的功能圈。卡西尔认为，人类作为生物的一个种属，对此也毫不例外。然而，……在人那里还可以发现存在于这两个系统之间的第三个系统——‘符号系统’”。〔1〕

所谓“符号系统”包含各种文化现象，包括语言、神话、宗教、艺术和科学等。人是一种“符号的动物”，也就是说人能用自己的理性为自己的选择提供一些理由。用卡西尔的话来说，符号是“人的本性之提示”；文化则是“人的本性之依据”。这说明，在卡西尔的思想里，社会性本身并不是人的唯一特性。其实，卡西尔不是以一种实用主义或者某种形而上学来定义人的本质。卡西尔认为：“人的‘劳作’是人性的基础。通过劳作，人类创造了文化，同时也塑造了自己作为‘文化人’的本质。卡西尔认为，作为一个整体的人类文化，可以称之为人类不断自我解放的历程。语言、艺术、宗教、科学，是这一历程中的不同阶段”。〔2〕

无论卡西尔的目的是什么，对我们来说，最重要的是：人是一个文化的动物，是需要一些价值观的、符号象征的动物。就是说，在一个社会中，符号资源为人们提供一些工具来理解自己的生活、制约自己的暴力以及做一些选择。如果在一个社会中，完全没有任何可能性来回应这个符号需求的话，那么，这个空白是很危险的，因为它很有可能会促使一些人用宗教的狂热来弥补这个空白。如何避免这个困境？由于现在每个人的背景都不一样，我们不能天真地假设人们之间存在一个共同的基础。这个共同的基础不是自动出现的。在一个多元的社会中，我们需要阐释清楚自己的价值等级是什么。这也意味着法国人要改变自己的框架：私人空间与公共空间之间的区别不够明显。为了构建一个和谐的共同体，我们还需要建立一种社会性的“宗教”来帮助我们处理人际关系的问题。换句话说，中国古代思想史能提供给我们的一些启发，我们可以利用它提供的符号资源来批判和反思我们自己的问

---

〔1〕 黎红雷：《“文化人”假设及其管理理念——知识社会的管理哲学》，《中山大学学报（哲学社会科学版）》1999年第6期。

〔2〕 黎红雷：《“文化人”假设及其管理理念——知识社会的管理哲学》，《中山大学学报（哲学社会科学版）》1999年第6期。

题。我们可以对这些符号资源作不同的使用（包括宗教在内所有的思想体系都有不同的方法来使用这些符号工具）：运用于表达存在的私人空间；运用于整合秩序的公共空间（这也是“仁”与“礼”的用法）；还有一个科学的用法（在大学里，我们研究哲学或宗教的时候，以学术的要求为标准）。因此，儒家思想作为一种已经经过诠释学批判的符号资源，对我们而言，它不失为一个良好的参考模型。

民族主义在“战国策派”构建民族国家中的伦理地位

李 超*

[内容提要]

“战国策派”是在抗日救亡的时代背景下产生，具有强烈的民族主义情绪和爱国主义情怀，以复兴民族文化为宗旨，以救亡图存、建立强大统一的民族国家为伦理目标。忠于国家，孝于民族，是他们呼吁国民树立适应“战国时代”的国民伦理与民族伦理。在抗日御侮的现实情境下，他们以“民族至上，国家至上”为主旨，高举民族主义的大旗，挽救民族危亡，重建民族文化，进而建立民族国家，表达其对国家和民族命运的深切关注。“国家至上，民族至上”是“战国策派”构建民族国家的伦理核心主张，由此彰显的民族主义则是他们构建民族国家的伦理原则，但其民族主义却游离在政治与文化之间。

[关键词]

战国策派　民族国家　民族主义　伦理原则

* 李超，南京医科大学医政学院讲师，哲学博士。

一、“战国策派”出现的背景及其思想宏旨

20世纪40年代中国学界和舆论界出现的“战国策派”，既是对百年来启蒙与救亡伦理主题的延续，也是被近现代中西与古今文化论争所催生。换言之，“战国策派”的产生是基于民族危机的现实救亡需要、出于知识分子的淑世启蒙情怀，是救亡压倒启蒙的时代选择，是在中西与古今文化论争的催生下，吸取文化激进主义批判传统伦理的西化论调，同时主张借鉴国外强盛民族优秀文化，坚持文化保守主义捍卫传统伦理的本位思想，强调发挥自有文化中的“列国酵素”，以“战国时代重演”的文化命题而对时下的“全盘西化”与“中国本位”之纠缠的历史超越。在民族危亡形势下，“战国策派”学人倡导“民族至上，国家至上”，力图探讨如何尽快祛除民族传统文化中懦弱、颓萎、苟安现状的国民劣根性，从中华民族独立、自强的意义层面，思考重构中华民族的伦理精神体系。

“抗战建国”成为时人的共同追求与伦理目标，随着国民民族意识的高涨，特别是民族意识危机最为突出的知识分子，他们对此空前的民族大灾难自有深刻地切肤之痛。此战与中国命运的关系，恰如林同济在《战国策》半月刊创刊号中所指出的：“这次日本对我们侵略，……不但被侵略的国家（中国）生死在此一举，即是侵略者（日本）的命运也孤注在这一掷中！此所以日本对我们更非全部歼灭不可，而我们的对策，舍‘抗战到底’再没有第二途。”[1]也就是说，此战关系民族、国家的生死存亡。此战更是将中华民族推倒了“最危险的时候”，中国近代民族主义思潮也发展到了顶峰。陈铨在抗战胜利后的1947年指出：“在抗战期间，凭借了这个民族主义，我们战胜了日本，现在变相的日本侵略主义又蠢蠢欲动了。我们仍然相信，中国的民族主义仍然能够再度拯救中国的。”[2]可见，他们对民族主义的钟情已非一时之冲动，而是一种基本的伦理主张。

“战国策派”以深重的危机意识不断地警醒世人，希望唤起国人的战斗精神，

---

〔1〕 林同济：《战国时代的重演》，《战国策》1940年4月1日，总第1期。

〔2〕 陈铨：《民族主义的呼声》，《智慧》1947年第26期。

救亡图存，实现建立民族国家的伦理目标。他们鉴于国势危殆，抱定民族至上、国家至上之主旨而肩负起民族救亡的重担。在这一过程中，他们的民族主义色彩耀眼异常。1940 年 4 月 15 日，《战国策》第 2 期发表“本刊启事”：“本社同人，鉴于国势危殆，非提倡及研讨战国时代之大政治无以自存自强。……本刊有如一‘交响曲’，以大政治为‘力母题’，抱定非红非白，非左非右，民族至上，国家至上之主旨，向吾国在世界上政治角逐中取得胜利之途迈进。”[1]也就是说，民族至上、国家至上的主旨是“战国策派”学人的共识，而民族救亡、自存自强是“战国策派”提出的伦理要求，建立民族国家是其伦理目标，民族主义在“战国策派”民族国家的构建中占据了极为重要的地位。

增进民族认同、建立民族国家、守护民族文化是中国近代民族主义最为重要的三个问题。胡适认为，民族主义“最浅的是排外，其次是拥护本国固有的文化，最高又最艰难的是努力建立一个民族的国家。因为最后一步是最艰难的，所以一切民族主义运动往往最容易先走上前面的两步”。[2]“战国策派”的诞生正是为解决这三个问题。民族主义三个方面的问题，“不但构成了中国近代民族主义思潮的主流，而且强烈地推动了近代伦理思想的转型”。[3]“国家至上，民族至上”其实是一种时代道德要求。因为在“战国策派”看来，“没有民族，没有国家，个人根本就不能存在。国家不是人民组织成的，人民乃是靠国家存在的。而且国家是永久的，人民是暂时的，个别的人民，可以死亡，国家永远要继续存在。个人可以牺牲，国家不能牺牲。国家不是人民的契约，乃是人民的根本。”其哲学依据就是柏拉图的理念说。“拿柏拉图的哲学，应用在政治思想方面，就是民族主义，国家主义。”[4]这种承袭了柏拉图政治哲学而以德国为代表的国家主义、民族主义，也就自然而然地成了“战国策派”构建民族国家的伦理原则。

---

〔1〕《本刊启事》，《战国策》1940 年总第 2 期。

〔2〕《个人自由与社会进步》，《胡适文集》第 11 册，北京大学出版社 1998 年版，第 587 ~ 588 页。

〔3〕徐嘉：《中国近代民族主义思潮下的伦理嬗变》，《哲学动态》2008 年第 12 期。

〔4〕陈铨：《德国民族的性格和思想》，《战国策》1940 年总第 6 期。

二、民族国家构建的伦理原则：民族主义

在近代中国，民族主义思潮是最能激动人心的现代化思想，一切与民族主义相对立的运动，几乎都失去了动力与合理性依据。清末民初以来的不少思潮背后都有民族主义基调，特别是由传统家国形态到民族国家形态转变的历史要求，使得民族主义几乎成为全民的意识形态情结。毋庸置疑，民族主义思想深刻地影响了传统伦理的嬗变，推动了中国近代伦理转型的进程，也成为民族国家构建新型伦理的原则，自然也成为“战国策派”构建民族国家伦理原则的不二选择。“战国策派”学人在文化形态史观与战国重演论的前提下，虽然在某些方面有着学术观点和思想表达的差异，但民族主义却是他们共同的主张。在民族危机深重的局面下，他们构建民族国家伦理，即“大政治时代的伦理”的原则无疑是20世纪的金科玉律——民族主义，不过其民族主义却在政治与文化之间游离。

柏林指出：“第一批真正的民族主义者——德国人——为我们提供了一个例证：受伤害的文化自豪感与一种哲学和历史幻象结合在一起，试图消弭伤痛并创造一个反抗的内在中心。”〔1〕也既是说，民族主义是饱受压迫屈辱的弱小民族对外族侵凌压迫的反抗，其发生的原因通常是创伤感，是某种形式的集体耻辱。压弯的树枝是对民族主义最形象、最深刻的概括说明。那么，对德国思想文化极为偏爱的“战国策派”怎样言说其民族主义伦理原则的总体价值取向呢？

中国近现代百年来的民族危机，为民族主义的勃发与兴盛提供了绝佳的条件。民族本质上是一个文化共同体，国家是一个政治共同体，两者在表层上虽易于统一，但在深层上要使各族人民对国家具有一致的认同水平则比较困难。民族与国家完全契合并不容易。中国诸多民族千百年来共处一个政治文化共同体中，这是中国近代建立民族认同的宝贵条件。“对于中国人来说，认同问题不仅仅是文化问题，它还有现实的政治意义。民族文化认同是建立民族国家的基本合法性依据。”〔2〕

---

〔1〕以赛亚·柏林：《民族主义》，《反潮流：观念史论文集》，冯克利译，译林出版社2002年版，第423页。

〔2〕王春风：《文化民族主义与自由主义之比较——以近代中国为例》，《贵州民族研究》2010年第5期。

“中华民族”概念的提出，意味着某种新伦理观念的形成，为新伦理体系的产生提供了一个新的理论支撑点，在一定程度上推动了中国近代伦理转型的进程。“中华民族”凝聚了民族共识，并以民族共识取代了家国意识，而以中华民族的提出为标志，时代重心已经转向民族国家。“战国策派”也已经深刻地认识到这种转向的重要性及其必要性。

林同济主张用一种文化综合的观点来认识民族主义，并且一再强调民族主义“还是一个历史形态问题”。根据文化形态史观，一切文化都要经过封建时代、列国时代和大一统时代三个阶段。列国时代一切价值的基础在于内外之分，社会意识最注重国与国间的区别。民族主义作为任何文化体系发展到列国时代的产品，被正经历列国时代的西洋文化发挥得特别坚强而显著，已然成为时代精神的中心。“战国策派”学人也正是“抱定非红非白，非左非右，民族至上，国家至上的主旨”，将民族主义作为其构建民族国家伦理的基本原则，这也是其伦理思想的总体价值取向。在林同济看来，种族观念是民族主义的原始雏形，民族主义是以种族认同为基础的。但现代的民族主义不仅仅是产生于种族的集体认同这样简单，还包含着民族文化历史传统与政治共同体建构的内容。林同济想要确立的，“与其说是民族国家的绝对价值，倒不如说是如何在激烈竞争的战国时代，使得中国的民众有一个公共的集体认同，并以此建立团结有效的政治共同体。”〔1〕然而，“无论是民族还是国家，都是世俗创制的产物，它缺乏超越性，无法与神圣之物相关，因而难以成为信仰的对象。当民族国家与信仰无关的时候，它就无法成为平民百姓的普世性意识形态。”〔2〕于是林同济提出用革创民族宗教生活的办法解决这一问题，即通过一套传统的祭天礼仪将近现代意义上的国与民的世俗关系，纳入到个人与天、自我与无穷的神圣网络中，从而使民族国家这一世俗的共同体具有神圣与超越的意义，以解决民族的共同认同问题。〔3〕但是，这里实际上“内含着一个民族主义的自我否定的可能性：既然‘自我’有可能通过个人的信仰与‘无穷’沟通，在逻辑上就不必

〔1〕 许纪霖：《林同济的三种境界》，《历史研究》2003年第4期。
〔2〕 许纪霖：《林同济的三种境界》，《历史研究》2003年第4期。
〔3〕 林同济：《民族宗教生活的革创——议礼声中的一建议》，《时代之波》，在创出版社1944年版，第97页。

再需要民族国家这样的中介物，从而民族主义的集体目标被个人主义的自我价值所颠覆”。[1]

民族与个人之间的紧张关系进一步突出，林同济也清醒地认识到了这种张力。他将这种“张力”表述为列国时代的两个伟大潮流：“个性的焕发”和“国命的整合”，即个人意识的伸张与政治组织的加强。个人意识的伸张是一种离心的运动，政治组织的加强是一种向心的运动，一散一集，一离一合。两个潮流大有相克相反之处。如何平衡、调剂协合就成了西洋文化社会重建和心灵重建的重大问题。纵观西洋文化的六幕热剧，尽管打出了文艺、宗教、地理、科学、政治、经济等不同的符号和旗帜，但只有两个中心母题：伸张个人意识与加强政治组织。个人意识所培植的观念，是个人感觉自我特立独在，有独特的价值，不与人同，也不要与人同；政治组织要加强所需要的基本观念，是要个人否认自我，承认自我也只不过是一个集体的零星片段，不能离集体而独立，只有在集体中才能发挥作用。在欧洲历史上，这两个潮流并非同时发生，而有时间上的先后序列。他们花费数百年的工夫去解放个性，现在正好加紧群体的组织。但在近现代中国，“个性的焕发”尚未完成，在民族危机的压迫下又产生“国命的整合”的迫切要求。两者并举，自然艰难。正如张灏先生在反思“五四”时所指出的：“一方面我们的社会需要群体的凝合，另一方面，需要个人的解放；一方面我们的国家需要对外提高防范和警觉，强调群体的自我意识；另一方面文化发展需要排除畛域，增强群体对外的开放性和涵融性，谁能否认这些不同方面的要求，在现代中国现实环境中，是一种两难困境?”[2]林同济也有着清醒的认识：“我们却要同一时间内，两者并行，一面赶造强有力的个人，一面赶造有力的社会与国家。这两个目标，最容易冲突不过，但平行推进，并不是不可能。”[3]这就构成了个人与民族国家间某种内在的紧张与冲突。那么这种紧张与冲突该如何化解呢?

在“战国策派”看来，民族主义是解决此问题的不二药方，因为它能够给独立的个人提供一个可供超越个人之上的认同目标，即“同源的集体”，也就是民

---

[1] 许纪霖：《林同济的三种境界》，《历史研究》2003年第4期。

[2] 《重访五四：论五四思想的两歧性》，《张灏自选集》，上海教育出版社2002年版，第277页。

[3] 林同济：《阿物，超我，与中国文化》，《大公报》“战国”副刊，1942年1月28日。

族。换言之，“民族主义颇能够在这两个矛盾观念之间，搭起来一座桥梁，使之融合于一体。”[1]正如江沛先生所指出的：“民族主义是保存民族文化传统、强化民族自尊、自强和自信心态的有力工具，可以为维护国家主权和领土完整而唤起人们的英雄主义与牺牲精神，可以在社会上造就一种同仇敌忾的民族情感与民族凝聚力。”[2]陈铨也以其敏锐的时代眼光指出：“中国是一个半殖民地的国家，外来政治军事经济三方面的侵略，重重压迫，整个民族都失掉了自由。中国最迫切的问题，是怎样内部团结一致，对外求解放，而不是互相争斗，使全国四分五裂，给敌人长期侵略的机会。”[3]两个潮流越是发达，就越需要民族主义来调剂。在另一方面，民族主义也会受这两个潮流的影响。受了个人主义的刺激，民族主义就成为一种富于自觉性自动性的东西；受了政治组织加强化的影响，就会成为一种富于组织性、实力性的东西。尽管欧洲在经过数百年的发展后，民族主义开始出现衰微，甚至动摇，但我们“却不容错认欧洲民族主义之动摇，而抛弃中山先生的遗训而‘积极’地过度忘形于‘大同’的蜜梦”![4]实际上，“战国时代”就是一个民族主义高昂的时代。在“战国策派”看来，当下的问题是必须继续发展强烈的民族意识，树立坚定的民族主义信念。

在中国从传统走向近现代的过程中，民族主义成了适应现代化的时代选择。基于民族主义的立场，对传统伦理文化弊端的批判以及对现代伦理的构建，是一场自我批判的伦理觉悟运动，它蕴含着深厚的关怀民族命运与国家前途的爱国情感。林同济指出：“本来中国的问题，由内面的各角度看，也许所见各异；但由整个国家在世界大政治中的情势看去，则远自鸦片战争以来，就始终是一个彻头彻尾的民族生存问题。说到底，一切是手段，民族生存才是目标。在民族生存的大前提下，一切都可谈，都可做。”他还一再强调：“一切是工具，民族生存必须是目标!”[5]因此，他们主张在民族主义的前提下，“个人主义、社会主义，都要听它支配。凡

[1] 林同济：《民族主义与二十世纪》下，《大公报》“战国”副刊，1942年6月24日。
[2] 江沛：《战国策派思潮研究》，天津人民出版社2001年版，第220页。
[3] 陈铨：《民族文学运动》，《大公报》“战国”副刊，1942年5月13日。
[4] 林同济：《民族主义与二十世纪》下，《大公报》“战国”副刊，1942年6月24日。
[5] 林同济：《廿年来中国思想的转变》，《战国策》1941年总第17期。

是对民族光荣生存有利益的，就应当保存，有损害的，就应当消灭。”[1]可见“战国策派”所强调的是民族生存的现实需要及伦理构建的原则与立场，强调民族至上、国家至上的理念，体现了鲜明的民族主义诉求与特征。

“战国策派”所倡导的民族主义从源头上根于德国民族主义。中国的民族主义面临着与德国相似的历史问题。但一般人习于英美思想而激烈反对德国思想，所以有必要指出英法式的民族主义和德国民族主义因不同的历史背景而存在的深刻差异。高力克先生认为，英法的民族主义建基于自由主义，这种崇尚人民主权的自由民族主义是西欧先进的支配性的主权国家的产物。德国民族主义则是一种落后国家的防卫型的民族主义，其追求民族国家的独立统一富强的目标与西欧自由主义具有深刻的张力。而德国式的国家民族主义与启蒙运动传播的西欧自由主义有着天然的紧张，这在“战国策派”以狂飙运动和浪漫主义批判启蒙运动中表露无遗。只是在“战国策派”那里，建立民族国家的目标完全压倒了自由民主的价值。[2]事实上，民族主义是一把双刃：作为一种非理性思潮，它是造成许多冲突与动荡的滥觞；另一方面，民族主义要求为了民族国家利益而牺牲个人利益的民族主义情绪，在某种程度上阻碍了自由主义的伸张与民主政治的推行。

从现代民族主义理论来看，“战国策派”的伦理思想中带有鲜明的民族主义色彩。江沛先生指出：“战国策派学人格外强调‘民族至上’、‘国家至上’观念的培养与中华民族生存、文化发展间休戚与共的关系。这种观念的形成，既是他们运用‘文化形态史观’对世界语中国历史考察的结果，也是近代以来中国文化危机压力的逻辑产物。”[3]这也是近现代伦理转型与道德革命的时代要求。贺麟曾经指出：“中国的民族主义运动确是一种革命运动，不应当把它与沙文主义式的和法西斯主义的民族主义相混淆，中国的民族主义运动的外观上是反抗帝国主义势力在经济上、政治上和军事上的压迫；其内在意义是反抗保守的军阀和封建主义；文化理智

[1] 陈铨：《民族文学运动》，《大公报》“战国”副刊，1942年5月13日。

[2] 高力克：《中国现代国家主义思潮的德国谱系》，《华东师范大学学报（哲学社会科学版）》2010年第5期。

[3] 江沛：《战国策派思潮研究》，第221页。

方面，它是对过去的传统和习俗的反抗。”〔1〕纵观“战国策派”民族主义思想，我们发现，它在政治与文化之间处于某种游离状态。即是说，理解其民族主义伦理思想，不能抛开政治与文化两个维度。

三、政治与文化：民族主义伦理的两维度

“战国策派”宣扬的民族主义，在抗战建国的层面是为实现民族独立、国家进步的目标，通过建立现代民族国家，一方面反帝国侵略，一方面反专制思想，由此全面否定忠君伦理与专制制度，并着力提倡新型的爱国主义伦理观，主张政治民族主义；而在复兴民族文化层面则是为保持民族精神的独立性，坚守与民主制度不相悖的道德精神，力图展现传统伦理超越时空的现代价值，主张文化民族主义。所以，政治与文化是理解“战国策派”民族主义的两个重要维度。

政治民族主义是民族主义思想体系中最重要的形态，它强调民族主义的政治属性与追求“民族国家”的政治实践紧密联系在一起，其基本目标就是建立一个属于特定民族的国家和政府。“战国策派”对政治民族主义的认识遵循这样一个逻辑：其伦理内涵是由个体转向集体，其伦理指向是建立民族一国家，其伦理目的是倡导与现代民族国家相适应的新伦理观。近代民族国家不能建立，这一中国近代社会的根本困境，在相当程度上是与国民缺乏近代民族国家意识有关的。政治民族主义提供了关于民族建国的理念，这一理念的实现过程即是建立民族国家的进程，它进而促进中国近代伦理形态的转型，“进一步瓦解了封建伦理的核心价值，并倡导了一种与现代民族国家相适应的新伦理观”，〔2〕即“大政治时代的伦理”。但当中国进入世界民族国家体系后，必须成为民族国家，才有可能维护每个人的基本权益。而国民作为民族国家共同体的成员，不仅拥有政治法律上的权利，而且也有对共同体忠诚的义务。也就是说，必须具备相应的伦理道德，才能成为合格的国民。新国民也是“战国策派”的伦理目标之一，刚道的人格、力的人生观、战士式精

---

〔1〕 贺麟：《基督教与中国的民族主义运动》，《文化与人生》，商务印书馆1988年版，第149页。

〔2〕 徐嘉：《中国近代民族主义思潮下的伦理嬗变》，《哲学动态》2008年第12期。

神等都是新国民所当具备的新伦理道德的主体内容。新国民在民族国家中既享有法律规定的权利，也应该尽自己应尽的社会责任与道德义务，其中最基本的道德要求就是爱国和公德。

“战国策派”将爱国的社会责任与道德义务称为“忠”，即“忠于国”。强调公德的原因在于，民族国家间最主要的竞争是国力的竞争。正如学者所说：“民族—国家只存在于与其它民族—国家的体系性关系之中。”〔1〕首先是必须国家存在，然后才谈得与他国的关系，而与他国发生关系后，就自然提出了爱国的要求。只有在民族国家观念形成、国家主权被侵犯之后，才能唤起人们的耻辱感，激发出爱国心。爱国属公德范畴。公德是个人对社会公共利益、对群体利益应承担的责任与应尽的义务。为此，必须通过伦理启蒙来改变国民意识中的旧道德观念，以塑造新的国民性，养成公德意识。在民族国家时代，培养公德观念，使个人承担对社会、国家的责任和义务，是一种新的时代精神。林同济认为：“在此时代中，必须树立‘忠为第一’主义，必须以忠为中心以建立我们全民族思想系统，以忠为基础建造我们国家的社会制度。”〔2〕在个人与国家关系问题上，“战国策派”强调：“没有民族，没有国家，个人根本就不能存在。国家不是人民组织成的，人民乃是靠国家存在的。而且国家是永久的，人民是暂时的，个别的人民，可以死亡，国家永远要继续存在。个人可以牺牲，国家不能牺牲。国家不是人民的契约，乃是人民的根本。”〔3〕从根本上说，这是将国家权益置于个人利益之上，尤其是面对外敌入侵更是如此。在半殖民地的近代中国，民族的独立、国家的主权始终高于个人的权利，不能否认这种历史合理性。中国的传统伦理，最主要的就是“五伦”，其中没有涉及个人与民族、个人与国家的伦理要求。与此相对，近代中国民族主义所要建立的民族国家则是维护每个人的权利的。这种新的政治制度也需要“新伦理”的支撑，要求国民具有爱国与公德观念。这是中国近代思想史上由民族主义而衍生的一个崭新的伦理观念。

---

〔1〕［英］安东尼·吉登斯：《民族—国家与暴力》，胡宗泽、赵力涛译，北京三联书店1998年版，第5页。

〔2〕林同济：《大政治时代的伦理——一个关于忠孝问题的讨论》，《今论衡》1938年6月15日。

〔3〕陈铨：《德国民族的性格和思想》，《战国策》1940年6月25日。

在近代民族国家体系中，与爱国相联系是破除忠君观念的必然要求。国家作为一个主权主体，其责任是维护人民权利，若无民权，国家就失去其意义和价值。摧毁封建伦理体系是建立一个以保障民权为己任的、“谋公益”的民主国家的必然要求。近代民族主义在否定专制政体的合法性的同时，必然要求否定为“家国”效力的愚忠。在近代中国，爱国主义的对象是作为民族国家的中国和中华民族，在这个意义上，爱国主义也是民族主义。孙中山指出：“如果再不留心提倡民族主义，结合四万万人成一个坚固的民族，中国便有亡国灭种之忧。我们要挽救这种危亡，便要提倡民族主义，用民族精神来救国。”[1]建立民族国家要有相应的新伦理作支撑，而民族主义者在民族危机下建立民族国家时，爱国就有了新的内涵，那就是“忠于国家和民族”。对此，“战国策派”有明确的表达。“所谓忠者，不是古代忠于君或忠与朋友的忠。忠于君或忠于朋友的忠不免含有五分私德意。大政治时代的忠，绝对忠于国。惟其人人能绝对忠于国，然后可化个个国民之力而成为全体化的国力。忠是国力形成的基础，形成的先决条件。”[2]显而易见，爱国与忠君分别是现代民族国家与传统封建帝国两种不同形态的伦理体系的核心内容。摒弃狭隘的忠君观念、愚忠思想，是建立民族国家的伦理要求。

有学者认为，现代政治民族主义虽基于民族，但更重制度，在“民主”与“民族”的排序中，民主优先，民主比民族更重要。“民族的爱国，是‘血缘’的爱国，发于自然之情；民主的爱国，是制度的爱国，发于理性。国家因为民主制度而必须爱护国民，这样国家才会成为爱国者的精神家园，才能在精神上把我们连结在一起。”[3]爱国主义绝不会盲目肯定一切民族性中糟粕的东西，理性的民族主义者必然要批判民族自身的弊病。政治民族主义是以建立民族国家的方式，以民主政治的形式来保障国家自主、个体自由、民族自治。因此，它不仅要求建立一个独立自主、自由统一的民族国家，还要建立一套有别于传统专制体制的近现代政治制度。民族国家既是一个政治共同体，又不限于政治共同体。因为对民主政治的制度性认同，并不意味着可以忽视一个民族的历史、语言与伦理传统。当代德国哲学家

---

〔1〕《三民主义·民族主义》，《孙中山全集》第9卷，中华书局1986年版，第189页。

〔2〕林同济：《大政治时代的伦理——一个关于忠孝问题的讨论》，《今论衡》1938年6月15日。

〔3〕徐嘉：《中国近代民族主义思潮下的伦理嬗变》，《哲学动态》2008年第12期。

哈贝马斯看到了政治认同与文化认同之间的关联，即政治民族主义要建立自由平等的民族国家，而生来便同源同宗的人们，原本就生活于由共同的语言和历史而铸就的这一共同体之中。一方面，政治民族主义必须以文化共同体（民族）为基础，另一方面，文化民族主义的诉求也必须通过政治方式才能达到。所以，每个公民在民族国家的形成过程中其实具有双重特征，“一种是由公民权利确立的身份，另一种是文化民族的归属感。”〔1〕就是说，缺乏对民族传统文化的认同与共识，民族国家共同体是难以形成的。

事实上，在中国文化传统之中，近现代意义上的民族国家观念不是自明的。过去只有“天下”的概念，而没有民族国家观念。如果说传统中国有民族主义的话，那也仅仅是一种文化民族主义，因为“每个人要负责卫护的，既不是国家，亦不是种族，却是一种文化”。〔2〕即是说，是否认同中华文化是区别我族与他族的根本标准。儒家文化作为中华文化的主体，是一种伦理型文化。在对待传统伦理文化的态度上，政治民族主义以批判与否定为主，文化民族主义则以坚守和继承为特色。贺麟指出：“就个人言，如一个人能自由自主，有理性、有精神，他便能以自己的人格为主体，以古今中外的文化为用具，以发挥其本性，扩展其人格。就民族言，如果中华民族是自由自主、有理性有精神的民族，是能够继承先人遗产，应付文化危机的民族，则儒化西洋文化，华化西洋文化也是可能的。如果中华民族不能以儒家思想或民族精神为主体去儒化或华化西洋文化，则中国将失掉文化上的自主权，而陷于文化上的殖民地。”〔3〕也即是说，中华民族真正实现由传统向现代转化的重要基础，在于保持自身民族文化传统的认同。从发生学的意义说，原生形态的文化民族主义源于拿破仑入侵时的德意志，其目的就是使德意志民族在精神文化上统一起来，抵御外来文化冲击。此论于20世纪40年代的“战国策派”学人所秉持的文化民族主义同样具有有效性。

复兴民族文化是一项长期而复杂的任务，在借镜国外先进文化的同时，也要着力发掘发扬本国的优秀传统文化。既不能妄自菲薄，亦不能妄自尊大。在吸收外来

〔1〕［德］哈贝马斯：《包容他者》，曹卫东译，上海人民出版社2002年版，第133页。
〔2〕《中国文化要义》，《梁漱溟全集》第3卷，山东人民出版社1990年版，第162页。
〔3〕贺麟：《儒家思想的新开展》，《文化与人生》，商务印书馆1988年版，第6页。

文化的态度上，“战国策派”有着清醒的认识。文化的吸收有其自然趋向，“一个新兴的民族，发展到某一阶段，它的情绪心灵的基本体相，似乎都尽可以由外来的文化势力加以有机体的揉造。但是过了这一阶段，这个民族宗教，思想，社会……各方面的表现已经凑合起来而铸成了一个自成系统的‘宇宙感’，那么，就有了外来文化的侵入，初期接触也许要掀起一段波澜，最后结局无形中仍保持了原来体相的大致。就好像小支流之于大河，外来文化当然要增长了原有文化的容量，复杂了原有文化的因素，但是原来的河道，大体仍是不变更的。……必定有一番适应的工作与历程。但是这个适应的工作，无形中始终以原有的体相为主。新的同化于旧的，而不是旧的同化于新的。”〔1〕这种认识从本质上说是一种文化民族主义的立场，他们往往会旗帜鲜明地强调民族传统文化认同对于中国社会与文化现代转型的基础性意义。这也是“战国策派”的文化立场。

文化民族主义萌生和发展的内因是民族自我意识，民族自我认同意识的凸显与强化意味着民族主义的高涨。论者指出，文化民族主义有三层涵义：第一，它是民族与文化双重危机和困境下的产物；第二，它根植于民族传统文化，并以此作为民族和国家认同的核心依据，激发民族成员的自豪感和群体归属感，以增强民族凝聚力；第三，它期许以复兴民族文化来实现民族国家的振兴。即，文化民族主义是民族成员缘于民族国家内外交迫的生存困境而发的对本民族历史和文化传统的深层忧患思想，为民族、国家的观念意识或情绪在文化上的集中表达。〔2〕“战国策派”诞生于中国近代以来立国之本与强国之路的两难选择中，其强烈的民族主义文化关怀实为一种文化思潮。其出发点或终极价值追求是倡导民族文化重建或复兴，其核心理念在于重建中国新的文化认同，克服民族化与现代化的内在紧张，建立一套技能避免中国文化传统断裂，又能成功回应西方挑战，进而获得广泛认同的文化价值系统。因此将“战国策派”归属于文化民族主义。〔3〕

文化民族主义既服从于政治民族主义的国家理想，又坚守民族的文化特征与精神属性，渴望以此为近代中国找到一块立国之基石，彰显与其它民族的不同。他们

〔1〕 岱西：《隐逸风与山水画》，《战国策》1940年5月1日，总第3期。

〔2〕 郑大华、邹小站主编：《中国近代史上的民族主义》，社会科学文献出版社2007年版，第235页。

〔3〕 郑大华、邹小站主编：《中国近代史上的民族主义》，第238页。

一般都有意识地承继其光荣的历史传统和曾经灿烂辉煌的文明，以增强人们对本民族的自豪感和自信心。“战国策派”要求中国必须倒走两千年，再建战国七雄时代的意识与立场，将大一统时代的颓萎文化转化成列国时代的活力文化。如何转化就成了“战国策派”学人苦苦思索的问题。陈铨认为，“应当发扬中华民族固有的精神”。第一是战斗的精神，我们今后要恢复先民英勇善战的战斗精神，这样才可以在现今战国时代达到光荣生存的目的；此外还要恢复祖先的道德精神。一个民族没有道德，互相欺诈，互相压迫，互相争斗，就一定不能坚固团结。〔1〕尽管这些精神是旧时代、旧文化中的精神，但它却孕育了新的时代精神。所以，对待传统伦理文化必须树立正确的立场与态度。

事实上，我们也可以把传统伦理分为两部分：一部分是与封建体制紧密相连的纲常礼教，一部分则是具有超越性的道德精神。扬弃前者以及弘扬后者是文化民族主义的基本对策和立场。“战国策派”的文化民族主义也遵循这一对策。他们抨击扬弃封建专制统治的忠君思想与大家族制，反对孝为百行先的伦理观，重新检讨五伦观念。对于具有超越性的道德精神，诸如敬爱父母的孝伦理、英勇的战斗精神等，他们则大加弘扬。“文化民族主义对待传统伦理的这种态度，有其理性而深刻的一面。伦理具有时代性与民族性，政治民族主义强调伦理的时代性，对主体属于封建时代的传统伦理基本上持否定态度，主张革故鼎新。文化民族主义看重的则是传统伦理的民族性，强调继承与开新。”〔2〕但这种传统文化与民族性的是否保存，衡量的标准在于能否提升生产力、国家竞争力以及民智。倘若有利，那么就应该加以保存、发扬。反之，就应当加以抛弃。

文化民族主义者试图从思想文化途径上谋求中国问题的解决，具有文化决定论的倾向。尽管如此，文化救亡论对于民族救亡仍具有特殊意义与合理性。民族主义者看重文化救亡的现实功用与深层价值，一般说来也并无大错。但将文化置于政治、经济等决定性因素之上，从根本上看则是混淆了它们之间的辩证关系。然而，“问题的关键在于，在近代中国，脱离政治革命与经济变革而只强调文化的作用，

〔1〕 陈铨：《民族文学运动的意义》，《大公报》“战国”副刊，1942年5月20日。
〔2〕 徐嘉：《中国近代民族主义思潮下的伦理嬗变》，《哲学动态》2008年第12期。

往往缺乏现实针对性，其对民族建国和社会发展所起的推动作用也是极其有限的。”[1]对于政治民族主义来说，近现代民族国家必须通过合理的政治制度使公民达到一种政治认同。为了达到这个目标，中国近代的政治民族主义必须否定封建政体，并反对与此相关联的传统伦理，这无疑是极富革命性、进步性的。政治民族主义为了政治目标，对于传统伦理文化，特别是对于儒学中与封建政治相关的内容，予以特别的关注，既进行了颠覆性的批判，又作了推陈出新的改造。提倡新道德，高扬爱国主义，既是政治的需要，更是伦理觉悟之体现。

站在中国近现代的时代主题下，在抗日年代，救亡压倒启蒙，并进一步加剧中国的民族意识高涨，民族主义思潮的勃发，特别是政治民族主义。“战国策派”对政治民族主义的认识遵循这样一个逻辑：其伦理内涵是由个体转向集体，其伦理指向是建立民族—国家，不论是伦理内涵还是伦理指向，都是基于政治民族主义的伦理形态，即救亡压倒启蒙。“战国策派”在面对民族救亡危机时偏向的是政治民族主义，渴望建立的是一种适应“大政治时代”的“政治化伦理”。但在面对民族文化复兴、战时文化重建的伦理启蒙时，则又偏向了文化民族主义。事实上，他们从未放弃、也从未间断民族文化复兴、伦理启蒙的传统知识分子的淑世意识和伦理情怀，只是他们的表达有些偏激而已。所以，在面对民族救亡与伦理启蒙的两难选择时，他们所做的选择虽然是救亡压倒启蒙，同时又是救亡不忘启蒙，他们还深刻地认识到，启蒙深于救亡，在面对民族文化复兴时，他们的立场是文化民族主义的。从“战国策派”重建中国文化的立场上来看，他们所坚持的是一种文化民族主义的伦理形态，旨在弘扬传统伦理文化精神的伦理价值、建设第三周伦理文化的伦理指向，凸显的是一种启蒙深于救亡的伦理心态。

四、结语

总之，“政治民族主义看到了伦理传统整体上的封建性，纲常积弊之深，使得政治变革之难，民族建国之不易；文化民族主义看到了文化是民族的根，伦理精神

[1] 王春风：《文化民族主义与自由主义之比较——以近代中国为例》，《贵州民族研究》2010 年第 5 期。

是民族的魂，既必须抛弃与封建政治体制相关的纲常礼教，以及与现代自由、民主观念相悖的伦理观念，又必须保留人伦常理、心性之学、个体道德修养等精华，并且在此基础上用与民主政体相适应的新伦理丰富之，使之成为走向现代社会的源头活水。"[1]从文化与政治的互动关系来说，不论是政治民族主义者，还是文化民族主义者，他们作为生活于一定社会中的"人"，既是"文化人"又是"政治人"。他们谈政治、救亡都采取迂回或迂远的方法，都是借文化以解决政治的问题。"战国策派学人强调的'民族至上'、'国家至上'，是以中华民族能否在现实世界生存并求发展为指归的，并没有民族主义常常难以避免的排外情绪，也没有文化保守主义的固步自封，而是以开放的胸襟融合先进文化以图进步的现实主义态度。"[2]即是说，他们的民族主义在很大程度上是与爱国主义相重叠的，它是爱国主义的一种激情表达。由于受德国民族主义的影响，加之中国现实的国情，使得"战国策派"所宣扬的民族主义在政治与文化间处于游离状态。

---

〔1〕 徐嘉：《中国近代民族主义思潮下的伦理嬗变》，《哲学动态》2008年第12期。
〔2〕 江沛：《战国策派思潮研究》，第225页。

近代中国文化民族主义的兴起及其思想基础

刘胜梅 *

[内容提要]

近代中国文化民族主义是近代国人在救亡图存的时代要求下，历经从器物到制度，最终到文化的艰难探索，而实施的力求从文化变革的角度来应对民族危机和文化危机的救国路径。它以西方的进化论和功利主义为思想基础，通过国人在世界观和价值观上的转变，实现国人思想观念上的革命和民族精神的重塑，最终实现现代意义上的民族国家的构建。

[关键词]

文化　民族主义　文化民族主义　近代中国　国家建构

对近代中国文化民族主义的研究已越来越引起学界的关注，作为近代仁人志士在寻求救亡图存路径过程中所形成的诸多思潮中的一种，文化民族主义也曾发挥过重要作用，在中国近代史上留下了浓墨重彩的一笔。时至今日，在强调文化软实力、加强文化建设的呼声已越来越成为共识的当今社会，恐怕无人会否认文化民族

* 刘胜梅，泰山学院思想政治教育学院讲师，哲学博士。本文系泰山学院人文社会科学科研启动基金项目“中国近代‘新民’思想研究”（项目编号 Y-02-2014010）的阶段性成果。

主义在富国强民、推动国家步入现代化的进程中所起的重要作用。可以说，文化民族主义从来都未脱离民族国家的构建及其繁荣昌盛这一主旨。因而，理清近代中国文化民族主义兴起的时代背景，把握其在近代中西文化交流荟萃的时代语境中所得以催化产生的思想根源，对于推动这一研究走向深入不无裨益。

一、危机与变革：近代中国文化民族主义兴起的时代背景

“文化是民族的血脉”，是民族发展的印记。文化因民族的承载而存在和发展，民族因文化的存在和积淀而日益稳固。尽管“民族”概念尚未有定论，但民族成员依靠文化内容来维持和保证并在此基础上形成的认同感，仍被学者们认为是民族最显著的标志。文化与民族间的这种相互依存的共生关系，决定了民族主义所具有的特有的文化情结。总的来说，“现代意义上的民族主义，尽管有各种各样不同的定义，但往往都被界定为一种以民族感情、民族意识为基础的纲领、理想、学说或运动”。[1]民族主义诸种定义中相同之处在于其所追求的目标都是本民族的利益，最核心之处就在于其以民族成员所认同的共同文化为基础，致力于建立民族国家和维护民族独立进而追求相对于其他国家的更加强盛。

近代中国民族主义形成于20世纪初，由梁启超最早提出。它的提出既是传统民族主义在近代的发展和延续，又契合了当时国人渴望救亡图存的社会现实，由此激起国人心中强烈的思想共鸣，继而引发了民族主义思潮在中国的勃然兴起。郑师渠认为：民族主义有两种范式，一是以法国大革命为代表，强调民权论的政治民族主义；一是以德国为代表，强调民族精神和文化传统的文化民族主义。而近代中国民族主义，则是由于其救亡图存的需要，而集政治民族主义与文化民族主义于一身。[2]从近代民族主义的产生和发展来看，民族危机和文化危机并存的现实状况是导致这种情况出现的直接原因。换言之，作为近代中国民族主义次元系统的近代中国文化民族主义，不仅表征着民族主义的文化取向，而且在某种程度上也是一个

[1] 王联主编：《世界民族主义论》，北京大学出版社2002年版，第18页。

[2] 郑师渠：《近代中国的文化民族主义》，《历史研究》1995年第5期。

民族在应对文化危机时的必然反映和应然策略。因而，文化民族主义并非是要无条件地保留一切民族和传统的东西，而是要通过文化的变革实现建立一个现代民族国家的理论构想，即要通过汲取西方文化中的合理的价值理念实现对中国传统文化的改造，并以此唤醒国人，实现对国人民族精神的重塑。

近代国人的民族反省是按照从器物到制度，再到文化的三个阶段不断递进、不断深入的。梁启超在《五十年中国进化概论》中全面地总结和概括了鸦片战争之后国人思想发展的历程。他把中国近代救亡图强和学习西方的运动概括为三个时期：第一期，先从器物上感觉不足。第二期，是从制度上感觉不足，第三期，是从文化根本上感觉不足。[1]鸦片战争的失败，开启了近代中国全面接触、学习和引进西方文明的历史进程。败于蕞尔小国的屈辱以及西方先进的器物文明震撼着国人，因此，以重塑强国之志为目的，曾国藩、李鸿章等人开展了以“练兵制器”为核心的“洋务运动”，试图通过技术、器物层面的现代变革而实现强国之梦。然而，甲午战役的惨败，无疑宣告了这一轰轰烈烈的救国运动的破产。

洋务派的失败，促使康有为、梁启超等维新派进一步从制度层面思考救亡图存的道路。他们认为废科举、开学校、变官制乃救弊之法，比起“兵学之末”来说，是更为根本的东西。这一制度层面的思考体现在行动中就是当时旨在变革政治、经济、教育制度的“戊戌变法”。但是，这一自上而下的改良运动，最终也以六君子喋血京师、康梁流亡海外而告失败。

戊戌变法的失败在宣告制度救国无望的同时，也为思想家们从精神层面开辟新的救国道路提供了契机。在对失败根源进行深刻反思的基础上，他们开始认识到：东西文化的差异以及由此而引发的思想价值观念的不同，正是导致中西贫弱和富强差异的深层原因。可以说，正是维新变法运动所倡导的制度变革的失败，才使得先进的中国人把目光投向制度背后的思想文化领域，认识到近代中国的社会危机不仅是政治危机，更是精神的危机，文化的危机。正如费正清、刘广京所评价的：“这一思想变化开创了中国文化的新阶段，即新的思想意识时代……引起了原有的世界观和制度化了的价值观两者的崩溃，从而揭开了20世纪文化危机的帷幕。从一开

〔1〕《五十年中国进化概论》，《饮冰室文集》之三十九，中华书局1989年版，第43～45页。

始，文化危机便伴随着狂热的探索，使得许多中国知识分子深刻地观察过去，并且超越他们的文化局限去重新寻找思想的新方向。”[1]有着五千年文明史的中国，其思想价值体系由于兼具道德伦理的社会世俗性和文化的优美和谐性以及强烈的民族性而具有强大的内在力量，从而以其独特的魅力备受推崇，令无数异质文化顶礼膜拜。“天不变，道亦不变”可以说是历次朝代更替中不变的思想元素。而近代的“三千年未有之大变局”，则彻底改变了这一切。

尽管辛亥革命在制度改革层面曾一度取得成功，也燃起了国人新的希望，但国家和民族的命运依然如故的残酷现实使得国人的强国之梦再次破碎。一代知识精英开始认识到以往的变革都未曾触及伦理道德等思想观念的文化堡垒。当传统的思想价值体系已然无法适应近代社会多变的状况之时，反思传统文化的弊端，更新和改变传统的思想和价值观念的问题就迫在眉睫。由此，“文化意识的改造，国民价值观念、道德理想、知识结构、精神风貌、生活方式和人格素质的更新与重构，被视为救亡强国的逻辑起点和中心环节”。[2]于是，政治变革居于次要地位，文化救国则成为当时救国的主题。文化救国论在把当时中国社会的危机归结为精神和文化危机的基础上，试图通过引进西方文化以重塑传统文化，构建起全新的思想价值观念，并以此来塑造国人，进而实现人的近代化。从这个意义上说，文化救国论就是文化民族主义者所提出的思想主张。在他们看来，人的近代化是中国近代化之基础，没有人的近代化，中国近代化就成了无源之水。而实现人的近代化之所以要以全新的思想价值观念来重新塑造国人，则是因为人们在数千年来传统文化的濡染和熏陶下所形成的道德状况已经无法适应近代社会。

当思想家们认识到人的近代化问题的时候，对传统文化的反思和改造就浮出水面，成为一个首当其冲需要解决的问题。因为清末所出现的大变局，使得中国延续了数千年的儒家纲常名教维持下的礼治秩序遭到了严重的冲击，中国出现了自春秋战国以来的又一次的大规模的礼崩乐坏。而这种礼崩乐坏所代表的是原有的社会政治结构的解体，这种解体所撼动的正是其赖以建立的、处在深层的思想文化。这

[1] 费正清、刘广京主编：《剑桥中国晚清史》下卷，中国社会科学出版社1985年版，第382页。
[2] 方红梅：《梁启超趣味论研究》，人民出版社2009年版，第256页。

样，文化取向危机就产生了。文化取向危机意味着文化深层的裂变，张灏先生从价值取向危机、精神取向危机和文化认同危机三个方面来解读文化取向危机，认为文化取向危机首先是基本的道德与社会价值取向的动摇，是作为传统文化主流的以礼为基础的规范伦理与以仁为基础的德性伦理所代表的儒家的基本道德价值在近代所遭遇的冲击、动摇，甚至是解体。而精神文化危机则是文化取向危机的另一个表现层面，是以儒家文化为代表的传统文化中的宇宙观与价值观遭遇危机和挑战，中国人失去了赖以安身立命的基础，其生命和生存的意义世界受到了质疑。而文化认同危机，则是当国人认识到中国只是作为世界众多国家中的一员而存在的时候，其内心所产生的强烈的文化失重感及其对西方爱恨交加的矛盾心理。[1]而文化取向危机的产生，无疑孕育着文化变革的可能。

文化变革的方向何在？应该说，文化变革与中国近代启蒙的任务不谋而合，都是要解除封建传统思想文化的精神禁锢。在这里，思想家们由于其自身的不同人生经历，以及不同的西学和中学背景，选择了不同的道路。尽管近代思想家们采取的路径不同，但都是在对作为传统文化主流的儒家思想的固有价值体系进行深刻反思和批判的基础上进行的，而且这些反思和批判也不只是单纯地以新易旧，而是一个不断地改造、重建的过程。正是在这个过程中，儒家传统文化才能获得新的生命力，并以其强大的力量重铸民族心理意识，从而使人的近代化成为可能。可以说，传统文化正是在这样的一个变革中而得以延续和发展，成为作为人的近代化之社会和心理根基的新文化。

二、进化论：近代中国文化民族主义兴起的世界观基础

文化民族主义要实现传统文化的创造性转化，通过文化的变革来应对文化危机，必然要对传统的世界观和价值观予以颠覆，代之以积极进取的进化论和功利主义，并以此为理论根基，实现人的思想、价值、伦理、道德观念的全面转化。

---

〔1〕 张灏：《中国近代思想史的转型时代》，《幽暗意识与民主传统》，新星出版社2006年版，第149页。

进化论原本是产生于19世纪欧洲的自然科学理论，它把事物的发展归结为基于量的积累基础之上的由低级到高级、由简单到复杂的渐进过程。对进化论思想的系统引进，要归功于严复的译书《天演论》。《天演论》译自英国生物学家赫胥黎的《进化论与伦理学》一书。在此书中，严复创造性地把达尔文“物竞”“天择”的“生物学”法则、斯宾塞“优胜劣汰”“适者生存”的生物学和社会学法则纳入中国传统的“天道”，从而使得“进化”“物竞”“天择”成为普遍的公理，成为具有普遍意义的世界观，这样，遵循着“天道”的“人道”或“人类社会”，就必须通过不断的“竞争”和“适应”的过程来达到自强保种，而这正是处于被“淘汰”危机中的中国的出路。严复所构建的进化论世界观，旨在通过唤起国人的忧患意识与竞争意识来促使国人的觉醒，使国人认识到处于激烈国际竞争之中的中国，只有遵循天演法则，采取与天争胜的积极态度来自强保种，才能焕发出竞争的活力，才能挽救民族于危亡之中。若不奋发有为，改变传统的大一统、相安相养的缺乏竞争和活力的状态，则必将面临着亡国、亡种的危机。

《天演论》的出版，向国人展示了一种全新的世界观，也迎合了当时中国自强保种的现实需要，因而在思想界迅速地引起轰动，并掀起了一股围绕进化论问题而进行的思考和讨论的热潮，其影响范围之大，涉及人数之多，为历史上所罕见，20世纪初的几乎所有的重要思想家都参与其中。不仅如此，当时社会上层出叠现的各种新思潮，无不受进化论的影响和支配。正如杜亚泉所说：“生存竞争之学说，输入吾国之后，其流行速于置邮传命，十余年来，社会事物之变迁，几无一不受此学说之影响”。〔1〕正是在进化论的影响下，自强、保种、竞争成为当时的主流话语，成为号召人们自强有为的强有力的思想武器。而严复，作为中国引进和传播进化论的第一人，无疑开创了人心风俗改变之先河。正如时人所说：“自严氏书出，而物竞天择之理，厘然当于人心，而中国民气为之一变”。〔2〕

更为重要的是，进化论在为国人构建起一种全新的世界观的同时，也使其领略

---

〔1〕《静的文明与动的文明》，《杜亚泉文存》，许纪霖、田建业编，上海教育出版社2003年版，第343页。

〔2〕胡汉民：《述侯官严氏最近政见》，张丹、王忍之编：《辛亥革命前十年间时论选集》第2卷，北京三联书店2009年版，第146页。

到西方文化的魅力，从而从文化意义上促进了人们价值观念的现代转换，在伦理上实现了从传统到现代的过渡。

首先，进化论的引入在人的本质上实现了由具有伦常道德的社会本性到自然本质的过渡。传统儒家思想是以“仁”为核心而构建起来的一套伦理道德学说。“仁者，人也，亲亲为大。”即认为人的本质就是“仁”，而“仁”就是体现在伦常关系之中的“爱人”，这种“爱人”是由己及人，强调爱有差等，由近及远，由家及国。并继而通过实行仁政、礼治、德教，而构建起一个上下有分、尊卑有别、长幼有序，人人各守其礼、各尽其责，不僭越、不逾矩的理想社会。因此，作为人的本质的“仁”，既是人与动物相区分的根本标志，也是人所具有的伦常道德的社会本性之所在。而进化论则把人与动物同样都置于自然的演化之中，认为“人之先远矣，其始禽兽也”。[1]由动物进化而来的人，不过是处于动物系列的最高一级，属于高级动物而已。儒家文化把人视为具有仁义礼智等道德伦常的万物之灵，而进化论却展示了人类从爬行动物进化而来的历史，从而剥掉了千百年来附着在人身上的道德外衣，揭开了人的自然本性。

其次，进化论的引入在个体标准上实现了由自我完善到自我保存的过渡。传统儒家文化肯定每个个体的存在价值，认为“人人有贵于己者”，并由此提出“为己”“成己”“成人”之说，把自我完善看成是人的行为的前提，“为仁由己”“君子求诸己”等言说方式无不体现了个体在德性上的自我修养和自我完善的诉求，而《大学》“三纲领八条目”强调由“正心、诚意、修身”而达至的“齐家、治国、平天下”路径，也明确指出了个体的修养途径。这种个体的修养途径以外王为终极目的，在由内圣而达至外王的过程中，儒家的“为己”“成己”的自我完善同样也尊重他人的自我完善，孔子的“己欲立而立人，己欲达而达人”体现出个体自我完善与他人自我完善的和谐统一。孔子提出的“修己以安人”，就把作为个人修养的“修己”与作为社会整体的安定和发展的“安人”有机地联系在一起，这样，道德上的自我完善不仅是自我实现即外王的手段，也是个体作为群体的一员对他人、对社会所应该承担的责任。儒家文化的这

〔1〕《天演论·导言十二·人群》，《严复集》第5册，王栻编，中华书局1986年版，第1345页。

种注重自我完善的伦理原则，必然注重礼治，否定竞争。而这种注重自我修养和完善的“内圣外王、修己安人”之说在近代面临困境，“修己、内圣”已经无法实现“安人、外王”，这就需要实现原有理论的近代转化。而进化论则承担了这个功能。既然动物性是人的自然本性，那么“自我保存”则是人的自然本性和感性欲求的首要基础和重要原则。在物竞天择、适者生存的进化论机制中，人和自然界所有生物一样，面临着“自我保存”这样一个现实的问题。在资源有限的条件下，要保存自己，就必须要参与竞争，而竞争的结果，势必会出现优胜劣汰的局面。进化论显然是把人的存在置于一场异常严峻而残酷的弱肉强食的较量之中。应该说，从儒家文化中的注重个体的自我完善，到进化论中对自我保存的强调，人的自然本性被进一步凸显，人的能力发展程度而不是人的自我修养境界成为衡量具有竞争性的个体标准的尺度，而这种自存、自强、自主的个体正是现代国家存在的前提和基础。

再次，进化论的引入在人性论上实现了由性善论到性恶论的过渡。人性善恶论是根据特定社会中人的行为感知、观察和思考后所形成的对人性的观念性认识。中国古代哲学中对人性论有各种各样的争论。孔子说：“性相近也，习相远也。”肯定了人性的大体趋同。孟子明确提出“性善论”，而荀子则提出“性恶论”。此外还有主张性有善有恶，性无善恶，性善恶混等观点。但从儒家思想发展的总体倾向来看，孟子的性善论已成为人性论的主流，他把仁义礼智作为“四端和四德”，同时将人性本存的“四德”看成人与动物相区分的根本标准。荀子虽然主张人性为“生之所以然”的性恶，但是他又强调“善”为后天人为之“伪”，把“善”作为性恶论的最高目的和终极指向，从这个意义上说，荀子的性恶论以及其他各种人性论与孟子的性善论在其终极意义上有着相同的旨归。也正是基于对人性的肯定和信任，儒家伦理试图通过自我完善之“内圣”来实现对自身的欲望、利己、自私等思想中恶的部分的克服和抑制。而进化论则以性恶论颠覆了性善的人性预设。人的自然本质决定了人性是恶的，为了满足自我的生存需要，人与人之间就势必充满了无休止的竞争。而这种竞争又势必激发个体的潜力，从而使其最大限度地发挥和提高自己的能力。而每个个体的自强最终又能促进国家的强盛和社会整体的发展。因为作为国家这个整体正是由一个个个体所组成。这样，以性恶论为其人性预设的进化论，就肯定了欲望等感性需求在激发个体活力方面的能动作用，并肯定了个体为实现自我保存而进行的生存斗争。个体通过生存竞争而获得的能力，又成为人类自身进化的动力和社会进步的内在动力。

三、功利主义：近代中国文化民族主义兴起的价值观基础

如果说进化论的引入为文化民族主义奠定了新的世界观基础，实现了人性论上的转化，从而为新的价值观的确立得以可能提供了条件的话，那么功利主义思想则奠定了文化民族主义的价值观基础。

近代功利主义在继承中国历史上已有的功利主义思想基础上，吸取了西方近代功利主义思想的积极因素，在唤醒被封建纲常伦理压抑已久的人的自利观念的同时，实现了对儒家传统重义轻利的义利观的变革，从而在为利益的获得提供了合法性的同时，也为自由、权利等新的价值观的确立奠定了基础。功利主义思想在中国早已有之，只是从未在传统思想文化中占据主流地位，因而也从未成为社会的主流思想。近代中国内忧外患、动荡不安的特殊历史境遇，为近代功利主义思想的形成提供了深厚的土壤，而进化论的引入以及西方近代功利主义思想与中国传统功利主义思想的有机结合，使得近代中国功利主义思想得以产生和形成。值得一提的是，近代功利主义思想把自由、平等等新的思想观念注入其中，因而其与传统功利主义思想相比，已经彻底摆脱了道义论的思维框架和思想局限。它的形成，颠覆了千百年来国人心目中早已根深蒂固的传统义利观，昭示了作为儒家伦理突出特征的泛道德主义的非功利主义的解体和功利主义思想的兴起。

作为融合东西的近代功利主义，其理论上的特色主要体现在以下几个方面：

首先，在作为其理论思维逻辑起点的人性论上，近代功利主义思想继承了中国传统的自然人性论，对人欲以及追求人欲的合理性予以肯定，同时也把西方近代的功利主义人性论纳入其中，把追求幸福、快乐视人性所固有的内在要求。这样，趋乐避苦的自然人性论就成为近代功利主义的人性论基础。

康有为正是以自然人性论为基点，建构起他的功利主义理论。他说：“人性之

自然，食色也，是无待于学也；人情之自然，喜怒哀乐无节也，是不待学也。”〔1〕康有为认为人所具有的情感、欲望，它们并不是通过学习而得来的，而是人的固有本性，是无所谓善恶的。正因为如此，对于人欲要予以满足，因为其正是人伦之理、善恶之性、喜怒之情所由以产生的根据。人的欲望一旦得到满足，就会产生喜悦之情，而欲望得不到满足，人就会感到非常痛苦。这样，人自然就会趋乐避苦，追求欲望的满足。而且他在《大同书》中，也明确把求乐免苦作为普天之下人们的共同追求。严复对功利主义的讨论，也是在传统自然人性论的基础上进行阐发的。他说：“赫胥黎尝云：天有理而无善。此与周子所谓‘诚无为’，陆子所称‘性无善无恶’同意。荀子‘性恶而善伪’之语，诚为过当，不知其善，安知其恶耶。”〔2〕严复认为赫胥黎与周敦颐、陆九渊在人性问题上有着相似的看法，都把无善无恶作为人性的本质，而且，那些如孟子或荀子等主张性善或性恶的人，在理论上不免失之偏颇，因为善与恶，总是相对待而出现的，善离不开恶，恶也离不开善，善与恶的不可须臾而离，正如乐与忧的不可分离一样。“又谓世间不能有善无恶，有乐无忧，二语亦无以易。盖善乐皆对待意境，以有恶忧而后见。使无后二，则前二亦不可见。”〔3〕在严复看来，既然人的善恶行为完全是后天所形成的，那么依据它所能给人带来的快乐的程度就可以区分和判断善恶。这样，他就把苦乐与善恶联系起来，在肯定人所共有的去恶向善的本性的同时，也肯定了人性情中所具有的背苦求乐的自然倾向。

其次，在义与利的关系上，近代功利主义继承传统功利主义的义利观，不仅肯定了人的合理欲望的满足和正当利益的追求，而且通过援引西方功利主义的相关思想和理论，把利己与利群有机地统一在一起，继而提出了“义利合”的观点，真正实现了对传统道义论的突破。

严复在《天演论》的按语中，以及在翻译英国古典经济学奠基人亚当·斯密的巨著《原富》的过程中，系统地阐述了功利与道义、利己与利人这两对伦理学

---

〔1〕《康子内外篇·性学篇》，《康有为全集》第1册，姜义华、张荣华编校，中国人民大学出版社2007年版，第102页。

〔2〕《天演论·论十六·群治按语》，《严复集》第5册，第1395～1396页。

〔3〕《天演论·导言十八·新反按语》，《严复集》第5册，第1359页。

上重要范畴，并在把中国传统的重义轻利的思想与亚当·斯密开明自营的观点相结合的基础上，提出并阐明了他自己的观点。他首先肯定了“开明自营”的思想，认为它“为近世最有功生民之学”，接着他以西方经济学的原理为根据，来论证个人“自营”的合理性和正当性。他认为追求个人利益不仅符合经济发展规律，而且是人们从事生产的基本动力：“夫民之所以盻盻勤动者，为利进耳，使靡所利，谁则为之?”〔1〕人们在利益的驱动下从事生产，而生产的进行又进一步使财富得到积累和增长，这势必促使人们追求享受，这种享受反过来又会成为人们进行物质生产的动力。因为“今使一国之民，举孜孜于求富。既富矣，又不愿为享用之隆，则亦敝民而已。况无享用则物产丰盈之后，民将缦然止足。而所以励其求益之情者，不其废乎?”〔2〕在生产发展，物质财富不断积累的情况下，要对人们的消费和享受进行鼓励，只有这样，才能更进一步地发展生产和增加财富。

严复在肯定个体“自营”的基础上，从人的本性出发，肯定了功利与道义之间的有机结合，从而把传统的道义观与西方近代功利主义有机地结合在一起。〔3〕也就是说，功利的获得，其行为的前提就是符合道义，而道义的行为也会带来功利的结果。“唯义乃可以为利”〔4〕并把“义”的实现建立在“利”的满足基础之上。“实且以多为贵，而后其国之文物声明，可以日盛，民生乐而教化行也。夫求财所以足用，生民之品量，与夫相生相养之事，有必财而后能尽其美善者”。〔5〕严复还从社会进步和发展的角度出发，认为对个人利益的追求从根本上来说，与兼顾他人和国家的利益是一致的，即所谓“两利为利，独利必不利”；“大利所存，必其两益，损人利己非也，损己利人亦非，损下益上非也，损上益下亦非”，因为“未有不自损而能损人者，亦未有徒益人而无益于己者”。〔6〕

严复的功利主义理论把中西文化有机地结合在一起，是西方功利主义在近代中国的直接回应，而之后的梁启超进一步论证和阐发了功利主义理论。梁启超在严复

---

〔1〕 亚当·斯密：《原富》，严复译，商务印书馆1981年版，第550页。
〔2〕《原富》按语，《严复集》第4册，第880页。
〔3〕《原富》按语，《严复集》第4册，第859页。
〔4〕《原富》按语，《严复集》第4册，第897页。
〔5〕《原富》按语，《严复集》第4册，第859页。
〔6〕《原富》按语，《严复集》第4、5册，第1395、1349、892~893页。

“义利合”的基础上，进一步阐述了道德对利益的依赖关系，明确指出了道德的起源是要维护群体利益，道德的作用在于对群体利益发展的促进，由此，是否有益于增进或促进群体利益就成为判断善恶的标准。梁启超比严复的高明之处，就在于他更为深刻地把握了功利主义的本质，并且把道德与利益的关系放在一个更为广阔的人们交往实践的角度来考虑，且进一步界定出了公德和私德的范畴。梁启超指出：“德之所由起，起于人与人之有交涉。（原注：使如《鲁敏逊漂流记》所称，以孑身独立于荒岛，则无所谓德，亦无所谓不德）而对于少数之交涉，与对于多数之交涉，对于私人之交涉，与对于公人之交涉，其客体虽异，其主体则同，故无论泰东、泰西之所谓道德，皆谓其有赞于公安公益者云尔。其所谓不德，皆谓其有戕于公安公益者云尔。”〔1〕

梁启超把道德看作是人们在相互交往的过程中形成的处理相互之间利益关系的行为准则。而人们在相互交往过程中所形成的关系，无非是个人与个人以及个人与群体的交往所形成的关系。这样，处理个人与个人交往关系所依据的道德准则就是私德，处理个人与群体交往所形成的关系依据的道德准则就是公德。他说：“人人独善其身者谓之私德，人人相善其群者谓之公德。”〔2〕并把公德看成是“人类生存之基本哉”，是事关群体兴亡的关键。正是基于这样的思想，梁启超认为公德是重于私德的尤为紧要之事。由此可见，对个人与群体利益的关系的处理被梁启超放在一个突出的位置上。而处理其关系应该把握的原则就是个体利益服从群体或团体利益，这是因为个人为了生存和发展的需要，而结成团体，“独力必不足以自立，则必互相提携，互相防卫，互相救恤，互相联合，分劳协力，联为团体以保治安”。而个人利益和团体利益必然有时会发生冲突，“然团体之公益，与个人之私利，时相枘凿而不可得兼也，则不可不牺牲个人之私利，以保持团体之公益。”〔3〕在梁启超看来，个体利益的牺牲正是为了促进团体利益的发展，而团体利益，又有小群和大群之分，大群，正是国家。小群利益服从于大群利益，正是为了养成爱国主义。

〔1〕《新民说·论私德》，《饮冰室专集》之四，第119页。
〔2〕《新民说·论公德》，《饮冰室专集》之四，第12页。
〔3〕《论中国国民之品格》，《饮冰室专集》之四，第3页。

他说："群者，天下之公理也"，[1]"以一身对于一群，常肯绌身而就群，以小群对于大群，常肯绌小群而就大群"。[2]这样，爱国主义思想就会逐步形成，而个体的利益也最终能够得到保证。梁启超功利思想的特色体现在他设计了一个从利己到利群，然后到爱国这样一个逻辑顺序，这也是中国近代功利主义思潮的特色。

总体上来说，进化论以及功利主义价值观在近代中国的传播，标志着近代中国伦理文化在理论上的重建，它使得个体在注重"自我保存"的基础上，在个体与群体、感性欲求与理性精神之间建立起平衡和统一。不仅如此，功利主义的传播，在使个体价值得到彰显的同时，也使得个体的合理的欲望得到肯定，个体的自由、权利等意识也在人们被专制主义禁锢已久的头脑中开始萌发。正是在此基础上，文化民族主义开始了其在中国的兴起和发展。

---

〔1〕《说群一·群理一》，《饮冰室文集》之二，第4页。

〔2〕《十种德性相反相成义》，《饮冰室文集》之五，第44页。

民族主义·类民族主义·文化民族主义

——1922年中国非基督教运动中民族主义话语反思

平　瑶*

[内容提要]

1922年的非基督教思潮是一次以民族主义话语作为主要运作方式的运动，展现出民族主义在历史语境中的复杂面相。民族主义话语使得本不确定的民族国家，显得确定无疑；它在危机中产生，因而充满紧迫感，并以此拒绝反思；它是人以共同体形式对求生意志的表达，是必需性暴力的延伸。类民族主义话语以强烈的民族主义色彩为科学主义、共产主义话语提供了支持，转换篡改了自由主义话语。梁启超、蔡元培、陈独秀、周作人、吴虞等知识分子在宗教民族问题上出现分歧和争论，类民族主义话语促成了20年代历史语境下，时势权力与政治权力的重新分配。《学衡》文章以民族立场发言，在珍视本民族宗教文化的同时，对外来文化持同情之理解，并对非教运动的消极影响提出批评，展现出文化民族主义（文化保守主义）在国族问题上的务实品格、宽容态度、批判精神，提示出国族建构的另一种极具价值的路径和可能。

[关键词]

非基督教　非宗教　民族主义　学衡　周作人　陈独秀

---

* 平瑶，南开大学文学院博士研究生。

1922年3月，上海、北京学生发起非基督教运动，非基督教运动很快席卷全国，在全国知识界引起轩然大波。这成为当时“思想界之大问题”，〔1〕“中国思想界的重要人物几乎无人能对此不作表态”。〔2〕外界描述这次运动，却往往认为它与义和团运动类似。〔3〕非基督教—非宗教运动在当时可谓声势浩大，颇具波谲云诡之处。民族主义话语在当时具体历史语境中的复杂面相，值得深思。

一、民族主义话语作为现象

此次运动旨在反对世界基督教学生同盟第十一次大会在北京清华学校召开。该大会的主题是“基督教与世界改造”，“是一次致力于战后世界改造、维护世界和平的大会。这次大会的宗旨与中国知识界与日俱增的民族主义并不构成冲突”。〔4〕然而，基督教外来宗教的身份，成为与日俱增的民族主义思潮攻击的理由。

（一）确定感：作为共识进入历史

1922年的非基督教运动多以民族立场表达对基督教的反对，其中对于民族的表述无一例外地充满确定感：“吾人所以反对基督教，因其为国际帝国资本主义用来侵略中国之一种工具”。〔5〕“世界基督教学生同盟，无端集合于我国之首都；吾爱国青年之血泪未干，焉能强颜以颂上帝……此而不拒，中国无人矣!”〔6〕“他底正义人道是弱肉强食的正义人道，他底使徒是强大民族征服弱小民族的先锋队。”〔7〕这些话语以一种毋庸置疑的陈述方式，掩盖了民族国家自身具有的不确定

〔1〕 一苇：《再论宗教问题》，《学衡》1922年第6期。

〔2〕 吴小龙：《理性追求与非理性心态——20年代中国非基督教运动平议》，《浙江社会科学》2003年第3期。

〔3〕 山本达郎：《中国的反基督教运动（1922～1927）》，《远东季刊》1953年第12卷第2号。

〔4〕 详见杨天宏：《基督教与民国知识分子》，人民出版社2005年版，第104页。

〔5〕《时事汇报：非基督教同盟大会纪》，《回光》1925年第2卷第1期。

〔6〕《非基督教学生同盟通电》，《先驱》1922年3月15日。

〔7〕《中华心理学会》，《非宗教同盟之东电及应声》，《晨报》1922年4月2日。

性：作为民族国家，“中国”或“中华民族”的概念是否不证自明？作为宗教团体，世界基督教学生同盟是否包含中国基督教学生？少数民族的基督教徒又如何看待他们的国族身份？……“民族”概念在1922非基督教运动中一直被当做透明的能指符号，用以塑造并指涉一个“同一的、在时间中不断演化的民族主体，为本有争议的、偶然的民族建构一种虚假的统一性”。[1]无论民族国家概念存在着多少问题，“中国”“中华”“中华民族”在强弱二元对立的表述方式下，显得不可置疑而充满感召力。“弱”者的角色为人们进行民族国家的自我想象提供了清晰的定位，民族国家的宏大想象满足了“弱者”对于力量感的急切需要，以弱者抗衡强者的文学性修辞更使得这一表述充满了张力和悲壮感。民族国家概念本身充满问题，却为1922年的非基督教思潮提供了坚实不可撼动的基础。

“共同意识（或常识）是一整个阶级、一整个人民集体、一整个民族乃至整个人类所共有不假思索的判断。”[2]共同体的形成，需要以一些无需置疑的共识作为基础。而民族主义话语恰逢其时的扮演了这个角色，以言之凿凿的口吻为反教运动提供确定性和价值感。然而，“在一个真正的共同体中，没有任何反思、批判或试验的动力。”[3]民族主义话语被广泛接受、产生影响的前提，即在于它是作为一种常识进入历史，而非被审视思考的对象。

（二）紧迫感：拒绝反思

非基督教运动中的民族主义话语，“很少从事实和学理上讨论，多是偏于感情的话”，[4]充斥着“誓不两立”[5]等言语。这些带着浓烈民族主义色彩的言语为非基督教运动营造出一种万分紧迫的氛围，否决了考察思索的必要和可能。

---

〔1〕杜赞奇：《从民族国家拯救历史——民族主义话语与中国现代史研究》，王宪明译，社会科学文献出版社2003年版。

〔2〕维科：《新科学》，朱光潜译，商务印书馆2009年版，第108页。

〔3〕齐格蒙特·鲍曼：《共同体：在一个不确定的世界中寻找安全》，欧阳景根译，江苏人民出版社2003年版，第8页。

〔4〕静观：《忠告非宗教诸君》，《真光》1922年第21卷第10～11号合册。

〔5〕《反对宗教之文电又一束》，《晨报》1922年4月3日。

《非宗教大同盟通电》中即有“凡我同志，尚希明决，急起直追，幸勿犹豫”[1]的言辞，也确实在全国引发了广泛的相应：“同人等虽不敏，敢不随诸同志与彼恶魔决一死战，并希各界，速起共谋以期魔障肃清。”[2]“同胞，速起，快快起来把从前反抗了日本侵略的热忱拿出来抵制这比日本侵略还要可怕的‘世界基督教学生同盟’，速起，速起，速起。”[3]“我们希望杭州的青年们，无论那界，只要从良心上感觉着宗教的罪恶而主张非宗教的，赶快起来加入我们的同盟。以扫荡世界一切宗教的流毒……杭州的青年们赶快起来，全国的青年们赶快起来呵。”[4]非教函电，充斥着一种仓促的氛围。它们几乎从不仔细考察宗教教义，不研究教会在教育、医疗等社会实践上的功过，甚至并不鼓励学生知识分子对于宗教进行细致的分析，而是仅凭“良心”对宗教“大非特非”。[5]更有文章论证了不考察宗教而反宗教的理由：“人类是否有需要宗教的必要，现存的宗教是否对于人类有功而无过，和中国现行的宗教是否得宗教的真义，这三层我们就暂且不论；而但就中国现在一般的状况和中国现行宗教的现象而言，亦实非热烈的反对或排斥不可。为什么呢？因为现在中国水深火热的状态，决不是现行的宗教所能拯救的；许多青年的学生推行宗教上多费一分力气，就是在改造社会实际事业上少一分功效。到现在的中国，以上文极浅显的理由，已足以反对宗教而有余。所以我以为低等宗教不必谈，就是极高等的宗教，现在的中国人也无信仰的必要。”[6]强烈的民族主义话语往往是在深重的威胁之下产生。而民族主义话语也往往以局势的紧迫性，要求成员绝对的忠诚，拒绝反思追问。民族主义话语因拒绝思辨而浅显易懂，因情感丰富而极具煽动性，在青年学生中极具感召力。

“共同体最强烈的感觉，可能来自那些发现他们集体性的生存的前提条件受到了威胁的群体，以及那些在这之外建立一个提供强烈的抵抗力和能力感的身份认同

---

〔1〕《非宗教大同盟第一次通电》，1922年3月21日。

〔2〕《北京新华大学生非宗教同盟宣言》，《晨报》1922年3月30日。

〔3〕《非宗教同盟之东电及应声》，《晨报》1922年4月2日。

〔4〕《杭州非宗教大同盟通电》，《晨报》1922年4月8日。

〔5〕刘维汉：《非基督教声中基督教会应当注意的三个问题》，《真光》1926年第25卷第1号。

〔6〕予同：《论非宗教同盟》，《教育杂志》1922年第14卷第4期。

共同体的群体。”[1]中国自觉追寻“现代”的动力，是源于“救亡”；对民族国家这一共同体的感知想象，也始终与“救亡”相关。这使得中国现代化的进程充满了危机感、紧迫感。人们以寻找救命稻草的心态追求现代化，时而急于“全盘西化”，时而保守“民族性”，对于宗教问题缺乏研究的余裕和耐心。民族主义话语弥漫成为一种紧张迫切的社会氛围，直接影响着群体的历史选择。

（三）必需感：必需性的暴力

民族国家成为19～20世纪影响全球政治体制的一大政治现象，实有其必然性。民族国家是一种想象的共同体，用以填补当“真正的”社群或网络组织，因退化、解构或失效后所出现的人类感情空隙。让人们可以“把由生存的不确定性产生的情感转移到对‘共同体安全’的疯狂追求上去”。[2]民族主义话语被广泛接受，甚至成为社会必需品，不在于其学理的融通，而在于它契合了人们强烈的求生愿望。生存是每个个人，每个民族必需必然的追求。然而这并不意味着人可以出于生存的必需而任意地使用暴力。生存本身是加诸于人身上最根本的暴力，使人无法摆脱劳作、物欲等束缚，带来战争和奴役。必需性导向的往往是暴力，而非正当的行为。民族主义话语在某种程度上赋予非基督教运动以正当性、崇高感。个体的求生言辞，显得孤立薄弱而自私，而民族求生意志的表达，则显得理所当然，大气磅礴，无私无畏。[3]必需性是必须的，但仅仅是必须的而已。人必须生存，二十世纪二十年代的中国需要民族主义话语，需要想象的共同体。民族主义话语在非基督教运动中一再强调，这是“不得不”为之，实属“忍无可忍”，这或许是必需的，却也是充满暴力的。个人为求生存而依附群体，群体为求生存而一味崇外或排外，都是必需性暴力的延伸，并无崇高可言。

---

〔1〕［英］齐格蒙特·鲍曼：《共同体——在一个不确定的世界中寻找安全》，欧阳景根译，第123页。

〔2〕［英］齐格蒙特·鲍曼：《共同体——在一个不确定的世界中寻找安全》，欧阳景根译，第145～146页。

〔3〕“必需性”“暴力”等概念参考阿伦特的论述，见［美］汉娜·阿伦特：《人的境况》，王寅丽译，上海人民出版社2009年版，第62页。

二、类民族主义话语

民族主义话语一方面有着明确的针对目标（排外），另一方面也具有极大的包容度。民族主义话语能够将种种与自己不同甚至不合的话语纳入麾下，这个特点也使其极易被利用成为政治斗争的工具。“类民族主义话语”是民族主义与共产主义、科学主义、自由主义等话语的化合杂糅，在历史语境中的影响不容忽视。

（一）共产主义—民族主义话语

非基督教运动是从反对资本主义的共产主义话语开始的。1922 年 3 月 15 日发表在《先驱》上的《非基督教学生同盟宣言》，率先以基督教与资本主义的关系为由对其发难：“我们认定：这种残酷的压迫的，悲惨的资本主义社会，是不合理的，非人道的，非另图建造不可。所以我们认定这个‘助纣为虐’的恶魔——现代的基督教及基督教会，是我们的仇敌，非与彼决一死战不可。”〔1〕在《先驱》同时刊发的《基督教与共产主义》宣称“共产主义与宗教信仰也不能调和。”〔2〕李璜在《社会主义与宗教》中提出“社会主义自认与宗教不是并立的，社会主义者与宗教家是莫有商量的余地。”〔3〕《宣言》臆测了世界基督教学生同盟第十一次大会的宗旨，并由此与之宣战：“所讨论者，无非是些怎样维持世界资本主义、及怎样在中国发展资本主义的把戏。我们认彼为侮辱我国青年、欺骗我国人民、掠夺我国经济的强盗会议，故愤然组织这个同盟，决然与彼宣战。”〔4〕关于世界基督教学生同盟第十一次大会的内容，在当时的报刊杂志上有不少讨论。有亲历者指出，大会涉及国际问题、种族问题，社会问题等，并不拥护资本主义，而对于资本主义“攻击甚烈”。〔5〕《真光》杂志也一再发文澄清大会宗旨。

---

〔1〕《非基督教学生同盟宣言》，《先驱》1922 年 3 月 15 日。

〔2〕绮园：《基督教与共产主义》，《先驱》1922 年第 4 期。

〔3〕李璜：《社会主义与宗教》，罗章龙编：《非宗教论》，巴蜀书社 1989 年版，第 130 页。

〔4〕《非基督教学生同盟宣言》，《先驱》1922 年 3 月 15 日。

〔5〕徐庆誉：《非宗教同盟与教会革命》，《大公报》1922 年 5 月 7 日。

基督教与资本主义的关系在当时引起激烈讨论。张亦镜等根据基督教教义，提出基督教不仅不支持资本主义，更向来与资本主义为敌，是“共产党推倒资本制度的先锋队”〔1〕，均默等从社会实践上提出教会也并非盈利机构，而无产阶级是基督教徒的重要组成部分。有文章提出“中国的基督教和社会主义的希望，就是在于他们的协进和同化，而使中国变成一个“新中国”，世界改为一个‘新世界’。”〔2〕但檄文式的宣言通电并未因为这些批评而减少。当共产主义话语受到质疑，非宗教运动将民族主义话语援引到了话语场中。“‘世界基督教学生同盟’，要于本年四月四日，集合全世界基督教徒，在北京清华学校开会，引诱中国将来之柱石的纯洁学生，讨论资本主义的国家侵略我神圣中华的策略。”〔3〕“福音书多印一章，中国人即多死一个，礼拜堂多建一座，中国无产阶级身上的肉就躲被割去一方……凡属有血性的中国人，凡属有血性的中国青年，还不蹶起反对吗？湖南底青年呀！湖南底教育界同志呀！大家起来和各地同志一齐反对罢。”〔4〕

共产主义与民族主义之间，存在着明显概念上的差异甚至冲突。在共产主义话语中，工人阶级没有祖国，它要联合的是“全世界无产阶级”，这与民族主义强调自身独特性，追求民族独立的意旨殊异。但是，两种话语的碰撞却产生了奇异的效果。一方面，民族主义话语凭借其与人自我认同的切近，拉近了共产主义话语与受众之间的距离，增加了共产主义话语的感染力。另一方面，民族主义话语又打破了阶级的界限，对所有“有血性之中国人”发出召唤，扩大了参与的范围。“反帝国主义绝不只是一种国际团结的表现，而是一种与他们切身相关的诉求。”〔5〕民族主义话语的参与，使“反帝”“反侵略”的话语与每个人“切身相关”。它遮蔽了共产主义话语中存在的诸多问题，为其注入了强大的生命力。

---

〔1〕 张亦镜：《批评非基督教学生同盟宣言》，《真光》1922年第21卷第8~9号合册。

〔2〕 张仕章：《中国的基督教与社会主义》，《青年进步》1922年第56期。

〔3〕 《反基督教学生同盟武汉支部宣言》，《非宗教同盟之东电及应声》，《晨报》1922年4月2日。

〔4〕 《湖南非宗教大同盟宣言》，《各地非宗教同盟之应声》，《晨报》1922年4月10日。

〔5〕 ［英］埃里克·霍布斯鲍姆：《民族与民族主义》，李金梅译，上海人民出版社2003年版，第175页。

（二）科学主义—民族主义话语

这场运动在当时被认为是“宗教与科学的战争”。[1]《非宗教大同盟通电》宣称自己“本科学之精神，吐进化之光华”。[2]科学主义话语在当时可谓一呼百应，这些言辞均把宗教置于科学的绝对对立面。

关于科学与宗教之间的关系，当时有许多讨论。非宗教思潮中的科学主义话语并非从未受到质疑，一些商榷意见在今天看来仍有价值。不少人提出科学与宗教之间并不冲突：科学与宗教分别作用于人类的“物质欲望”和“精神生活”，宗教亦有与时俱进的一面，科学的起源或与宗教有关，许多科学家也同时是基督教徒等等。同时，也有一些从反面质疑科学主义话语的声音：“科学既非万能，决不能迷信科学。”[3]“到底是什么是进步？……物质上的文明，果真代表了进步的真谛么？”[4]“科学之不能安慰人生，不已是了如烛照了么？”[5]种种疑问，是对科学主义有力度的怀疑，有深度的反省。此外，更有人批评非基督教运动缺乏科学精神：“运动的人都不持科学家的态度，不用科学的方法……所发表的都是些感情上的话，都是门外汉反对……真正的科学家绝对不能赞成。”[6]

但种种质疑商榷的声音并未引起非宗教运动者的反省。科学主义话语在面临这些质疑和挑战时并未继续进行深入的探讨，而是迅速转向民族主义话语，借用民族主义话语的权威：“阻止我进化，灭绝我智慧，桎梏我人性，侮辱我人格，腐败我脑筋，遏抑我思想，束缚我良心。我国素无宗教，自从基督教传入以来，光明灿烂之中华，倏然变色，天昏地黑，日色无光。……是可忍孰不可忍。同人等依其良心之鞭策，受科学之感觉，特组织非宗教同盟，为真理争一线光明，为人类存一份人格，誓必扫尽妖魔，斩除邪说。”[7]短短一段宣言，将科学主义、道德判断、民族

---

〔1〕 吴天放：《宗教与科学的战争——为非基督教大同盟诸君进一言》，《晨报》1922年3月22日；《时事：（一）学术界消息：非宗教大同盟的发生和进行》，《学生》1922年第9卷第6期。

〔2〕《非宗教大同盟通电》，《晨报》1922年3月22日。

〔3〕 徐庆誉：《非宗教同盟与教会革命》，张钦士编：《国内近十年来之宗教思潮》，燕京华文学校1927年印行，第213~214页。

〔4〕《宗教与进化》，《青年友》1923年第3卷第7/8/9/期。

〔5〕 济澂：《评“非宗教同盟”》，《东方杂志》1922年第19卷第5期。

〔6〕 傅铜：《科学的与宗教的非宗教运动》，《哲学》1922年第6期。

〔7〕《长沙湘乡中学非宗教同盟宣言》，《晨报》1922年3月30日。

主义话语混成一片。民族主义话语的加入为科学主义的论断涂染上忧国忧民的情怀。科学主义话语与民族主义话语之间的横向联合，抹杀了两种话语之间的参差龃龉。科学主义话语无论怎样武断，也不能否认调查研究的必要性。而民族主义则以其紧迫感，必需性，免除了科学态度不利于群众运动的后顾之忧，为受到质疑的科学主义话语提供了强有力的支持。非基督教运动并用这两种话语，掩盖了两者之间的差异，同时取得了两种话语带来的权威。

（三）自由主义—民族主义话语

霍布斯鲍姆注意到“民族主义的讨论始终只在自由主义阵营中居于边缘地位。”〔1〕这是因为“自由贸易与自由市场是发展国民经济的大敌”。〔2〕自由主义不仅在经济领域与民族主义有龃龉之处，在政治领域，自由主义也因其对个人主义的坚持而与民族主义南辕北辙。

周作人在非宗教运动中“感到一种迫压与恐怖”，〔3〕遂与钱玄同、沈兼士、沈士远、马裕藻联名发表《主张信教自由宣言》，以自由主义知识分子立场对非基督教运动表示反对：“我们不是任何宗教的信徒，我们不拥护任何宗教，也不赞成挑战的反对任何宗教。我们认为人们的信仰应该有绝对的自由，不受任何人的干涉……除去法律的制裁以外，信教自由载在约法。知识阶级的人应该首先遵守，至少也不应首先破坏。”〔4〕从此引发一场关于“信教自由”的大讨论。宣言刊出，立即引来一片指责之声。面对“袒护”宗教的批评，周作人继续发表文章反复重申自己的立场，“冠冕的说，是为维持约法上的信教自由；老实的说一句，是要维持个人的思想自由。……即使只在纸上声讨的干涉信仰的事情，这即为日后取缔思想——干涉信仰以外的思想的第一步，所以我要反对。”〔5〕“干涉思想自由的事情为日后取缔思想的第一步……中国思想界的压迫要起头了。”〔6〕周作人作为自由主

〔1〕［英］埃里克·霍布斯鲍姆：《民族与民族主义》，李金梅译，第26页。
〔2〕［英］埃里克·霍布斯鲍姆：《民族与民族主义》，李金梅译，第28页。
〔3〕周作人：《报应》，《晨报副刊》1922年3月29日。
〔4〕周作人等五人：《主张信教自由宣言》，《晨报》1922年3月31日。
〔5〕周作人：《拥护宗教的嫌疑》，《晨报》1922年4月5日。
〔6〕周作人：《思想压迫的黎明》，《晨报》1922年4月23日。

义知识分子的立场不可谓不清楚。而吊诡的是，对他提出批评的陈独秀、吴虞、蔡元培等，也同样是出于“自由”之名。

陈独秀在非基督教运动前后对基督教态度的转变颇值得玩味。在非基督教运动的两年之前，陈独秀曾在《新青年》上发表《基督教与中国人》，对于基督教充满了钦佩赞许之情：“要把耶稣崇高的、伟大的人格，和热烈的、深厚的情感，培养在我们的血里；将我们从堕落在冷酷、黑暗、污浊、坑中救起。”“基督教是穷人底福音，耶稣是穷人底的朋友。”他认为基督教义与科学并不冲突：“耶稣所教我们的人格、情感”是“崇高的牺牲精神”，“伟大的宽恕精神”，“平等的博爱精神”……“这种根本教义，科学家不曾破坏，将来也不会破坏。”[1]在1922年非基督教运动中，陈独秀的态度发生急转。虽然并未加入“非基督教学生同盟”或“非宗教大同盟”，他却对学生界的非基督教运动表示“十分赞同”，并举出十条理由对基督教及教会予以批判，其中第六条带有明显的民族主义色彩。此时陈独秀虽反对基督教会，却也对非宗教运动的宗教色彩保持着一定警惕，批评运动不应多消极破坏而少积极建设。[2]然而，当周作人等发表《主张信教自由宣言》后，陈独秀完全倒向学生运动一边。4月6日，陈独秀在致周作人的信函中写道：“青年人发点狂思想狂议论不算什么……”“公等真尊重自由吗？应尊重弱者的自由，勿拿自由人道主义许多礼物向强者献媚！”[3]

周作人依据“约法”为“信仰自由”辩护，仅得到一些基督教徒的响应。而吴虞却进而对“约法”提出质疑和攻击：“法律是什么东西？”“我对于中国的法律，向来不信任。”[4]由此引发一片对约法的怀疑声讨：“法律是根据人民意思产生，如人民觉得此条法律于人类进化大有妨害，何至不可立予修改。”[5]“‘信教’自由是法律规定的，但法律是什么东西，是不是基督教的上帝呢？”[6]等等言论，列举不尽。吴虞等对法律的攻击不遗余力，并不担心若将法律的大堤冲开，人的基

---

〔1〕 陈独秀：《基督教与中国人》，《新青年》1920年第7卷第3号。
〔2〕 陈独秀：《批评：对于非宗教同盟的怀疑及非基督教学生同盟的警告》，《先驱》1922年第9期。
〔3〕 《信教自由之讨论》，《晨报》1922年4月11日。
〔4〕 吴虞：《“信教自由”是什么》，罗章龙编：《非宗教论》，第124页。
〔5〕 云深：《〈主张信教自由者的宣言〉正谬》，《晨报》1922年4月5日。
〔6〕 苍生：《信教与自由》，《晨报》1922年4月5日。

本权利将失去保障，“自由”亦将失去依托。蔡元培等也以“自由”之名，继续推动非宗教运动：“有人疑惑以为这种非宗教同盟的运动，是妨害‘信仰自由’的，我不以为然。信教是自由，不信教也是自由。若是非宗教同盟的运动，是妨害‘信仰自由’，他们宗教同盟的运动，倒不妨害‘信仰自由’么。我们既然有这非宗教的信仰，又遇着有这种‘非宗教’运动的必要，我们就自由作我们的运动，用不着什么顾忌呵!”〔1〕蔡元培的《以美育代宗教》〔2〕试图以理服人。而他在4月9日演讲时针对周作人作出的回应，则显得激愤急切。

北京非宗教同盟的第二次通电对自己的立场作了比较冷静的陈述，但综观整个非宗教运动，却并不具备《通电》宣称的宽容态度：“宗教的信仰……心灵上必受神定的天经地义的束缚，断无思想自由存在的余地。”“我们非宗教者实在是为拥护人人的思想自由，不是干涉他人的思想自由。”〔3〕“人类的信仰应当自由，但那妨害人类自由信仰的教会，决不可自由。”〔4〕运动者始终对异己持零容忍的态度，并不为宗教问题的讨论留下余地空间。正反双方，都是以“自由”为理由，他们话语中的“自由”，却有不小差别。周作人始终坚持捍卫的是“个人的思想自由”。而陈独秀呼吁的“弱者的自由”，却染上了群体的色彩。陈独秀并不尊重处于弱势的周作人的言论自由，却警示他勿“向强者献媚”。这里的“强者”，带着强烈的国家民族色彩。一方面指当时维持社会秩序，压制非基督教运动的国民政府；另一方面也指在政治经济上居于强者的外国别族。非宗教运动所要争取的“自由”范围不断扩大，渐渐冲决了“个人”的界限，由“我们的自由”（蔡元培），陈独秀的“弱者的自由”（陈独秀），进而争取“国家”甚至“人类”的自由。“个人自由”反而淹没在一片对“国族自由”的呼喊中。

自由主义自身存在着这样的困境：人有着作为个体和社会存在的双重属性，个体自由和群体自由之间如何取舍，如何平衡？自由有无范围，限度何在？民族主义话语的介入，从自由主义本身存在的困境中撕开了裂口，偷换了“自由”的概念，

---

〔1〕 蔡元培：《北京非宗教大会演讲》，张钦士编：《国内近十年来之宗教思潮》，第201页。

〔2〕 蔡元培：《以美育代宗教》，罗章龙编：《非宗教论》，第48～53页。

〔3〕 李守常：《宗教与自由平等博爱》，罗章龙编：《非宗教论》，第154页。

〔4〕 苍生：《信教与自由》，《晨报》1922年4月5日。

混淆了“自由”的范围。“民族自由”，显得比“个人自由”更加重要和紧迫，争取民族自由的话语由此占据了价值制高点。当“民族自由”宣布需要以牺牲“个人自由”为代价，这种以“自由”之名对个人自由的剥夺，也顺理成章地得到了广泛的认可拥护。“自由”作为一种价值理想是每个人的憧憬。然而当“自由”成为一种政治话语，却容易成为权力斗争的遮羞布，甚至党同伐异的大纛。当人们对“自由”的真伪和范围失去警惕，当“自由”失去限度失去原则，则容易演变为任意的谩骂，无底线的攻击，无上限的斗争。此时，梁启超演讲撰文，自称“非非宗教者”，认为宗教是情感的结晶，只能作为目的而不应被作为手段用于其他目的，是“人类社会有益且必要的物事”。[1]同时，他也对周作人表示同情和支持。但此时的梁启超思想有着怀疑论色彩，思想深度的拓展反而影响了文章的力度。他的言辞颇为中正持重，批评也颇为成熟中肯，却也因此显得温吞游离，终于被淹没在一片口诛笔伐声中。

这一场争论，以对“个人自由”的争取开始，却以对“集体自由”的强调结束。“自由”话语丧失了维护个体自由的初衷，而泛滥成为政治斗争的口号。民族主义话语对于“自由”话语进行了巧妙的转换篡改，使得“自由”的口号泛滥，却已是南辕北辙，渐行渐远。民族主义话语对共产主义、科学主义、自由主义话语进行了融合、支撑、转换等一系列操作，由此产生出更具包容度，具有更广泛影响力的“类民族主义”话语。民族主义和类民族主义话语巨大的社会感召力，在某种程度上决定基督教在20世纪20年代中国的命运。中国近现代知识分子在宗教的问题上出现了一次大分化。而民族主义和类民族主义话语对他们的支持、转换或抵牾，促成了“时势权力”的重新分配，在某种程度上决定了知识分子在民众学生中的人心向背和社会影响力。

三、文化民族主义

带有强烈政治色彩的民族主义与类民族主义话语专注于功利目标的达成，无意

---

〔1〕 梁启超：《评非宗教同盟》，《哲学》1922年第6期。

于民族文化的研究和建设。这场有着鲜明民族主义色彩的非宗教运动，几乎不讨论自己民族的语言、族裔、风俗、文学、文化等内容。相反，以“昌明国粹”为宗旨的《学衡》杂志发表的有关文章中，几乎找不到科学主义、共产主义、自由主义话语，有关“民族”的言辞也并非口号式的呐喊，可谓风格迥异。

一方面，这些文章有着坚定的民族立场，却褪去了民族主义话语的紧迫感，以从容的态度表达出对本民族传统宗教的激赏。景昌极将基督教与本土宗教进行比较，认为西方宗教逊于东方。“余敢谓广大、悉备，足称完备宗教者，唯佛教为能。老庄略当于佛教之出世法，孔孟略当佛教之世间法。耶教之最高处，则仅当于佛教方便设法，愚夫愚妇心目中之净土宗耳。”〔1〕他以传统宗教的视角衡量基督教，并在传统文化格局之中为基督教找寻到安置之所。刘伯明提出基督教若欲中国化，“必就其仪式及神学组织等加以彻底之修正而后可。”〔2〕另一方面，在极力推崇本民族宗教文化的同时，《学衡》文章对基督教教义有着同情之理解。刘伯明对于基督教所倡的道德价值表示赞同：“基督之所言及其为人，统而观之，则有不朽之价值。其平日为人慈祥温和……代人而死，悲壮之爱人人最深，将死之时，又祈祷上帝勿降罚于其敌。其宽大、有容，又能感人之心也。此种浪漫之精神，在当时可以弥补希腊文化之缺，而在吾国则适与墨子孔孟宋明诸儒爱论仁之旨相同。”〔3〕刘伯明等并不因信仰不同而贸然排斥外来宗教文化，而是发掘出基督教与儒家墨家等传统文化在道德伦理等方面的共通之处。《学衡》文章认为宗教不仅于科学无碍，更有益于人的艺术创造，能够提升人的品格修养、精神境界。在《学衡》诸君的视野中，珍视本民族的宗教、艺术，与欣赏其他民族的宗教、艺术，并不矛盾。同样基于民族立场，《学衡》文章超越了政治民族主义敌我对立的思维方式，对于外民族的宗教文化持包容理解态度。

一苇从社会实践上论证基督教在中国所做的建设，认为“基督教最近之发展，尚非赖其教义。”“教会所以赖以维系人心者，曰医药，曰科学，曰音乐图画等。平心而论，基督教徒于中国文化上绝非无功。”他尤其强调教会学校在教育上的优

〔1〕 景昌极：《论学生拥护宗教之必要》，《学衡》1922年第6期。
〔2〕 刘伯明：《非宗教运动评议》，《学衡》1922年第6期。
〔3〕 刘伯明：《非宗教运动评议》，《学衡》1922年第6期。

点，基督教“在华之发展，则毋宁赖其科学而非赖其教义。试观其著名学校，自然科学之设备，俱较为完全。”教会学校不仅在硬件设施上有优势，在学生品格培养上亦有其优点：“有其一派之严格的训育，以质朴勤苦为事”。“教会学校设备较完全，管理教严整，故功课成绩较优良，以是人争趋之。”一苇对教士的人格修养，在社会公益上的贡献表示赞许。同时，他也指出了本国教育令人堪忧的现状，并由此对非基督教运动提出批评：“一日不自己整顿国民教育，则一日不能阻碍教会学校之发展。空言排斥，果何益也?”〔1〕

胡先骕《论反基督教运动》发表于1926年，观点言辞也与这批文章近似。一方面，他的文章亦表现出强烈的民族自尊心：“吾创有五千年不坠文化之黄胄，宁甘于俯首帖耳，奉此一般无识之欧美教士为吾智识领袖乎。”胡先骕对基督教的批评，主要集中在国民教育方面：“教会教育之根本之弊，在教育成一种不知中国文化背景而完全欧化之中国人。”但另一方面，胡先骕并不武断地将帝国主义与基督教混合在一起：“吾未见帝国主义之害，与基督教有不可解之关系也。”胡先骕认为教会学校可以补益中国教育：“苟指导有方，所谓文化侵略与买办教育之害，可逐渐消灭于无形，而于中国政治腐败教育破产之季，教会学校亦足为吾国教育之助。”站在民族文化立场，胡先骕虽并不十分认同基督教，但也并不全面否定，一味抹杀。相反，他对非基督教运动则有更加严厉的批评：“基督教徒固有自取罪戾之处，然纣之不善，不如是之甚也。”〔2〕

刘伯明对于非宗教运动的批评，主要集中在运动对学生人格思想的影响：“今之非宗教运动始于北京未几及于他处，处此潮流之中，屹然不动者，寥寥无几。吾恒谓吾国教育宜培养完整之人格，所谓完整之人格，即遇风潮之来，毅然自持而不为所压迫。历观近年来学校风潮，盖皆少数学生把持其中，而大多数则挽手贴耳，为所劫持，不能自立。其人格之处于其中，犹瓦之坠地而解。”“更可惜而可痛者，此风传布以后，举国学子，靡然从之，如风行而草偃。而外人不明此事真相者，且斥之为拳匪复生……予以为实犯笼统之病，而乏思想之独立也。〔3〕

〔1〕 一苇：《再论宗教问题》，《学衡》1922年第6期。
〔2〕 胡先骕：《论反基督教运动》，《东南论衡》1926年第1卷第28期。
〔3〕 刘伯明：《非宗教运动评议》，《学衡》1922年，第6期。

《学衡》杂志所刊文章以本国学生独立人格与思想的丧失，对于非宗教运动提出批评。这与作为自由主义知识分子的周作人，作为基督教徒的张亦镜等颇为不同。周对“个人自由”的呼唤在“民族自由”“人类自由”等的呼声中显得孤立而单薄，张的回应虽然直接却显得主观而激愤，有失范之处。〔1〕《学衡》文章着眼于国民教育、国民品格等方面，同样立足“民族”，却在某种程度上超出了当时高度同质化的民族主义话语。《学衡》文章对基督教的理解宽容，实际上并非出于对基督教本身的提倡；而是一方面出于对基督教在中国社会教育、医疗、公益等领域的事功价值的认可，更多的则是出于对宗教信仰作为不同民族共有特征的尊重和同情。〔2〕民族作为一种视角（而非作为一种主义话语或政治诉求），与宗教有着天然的亲近关系。“世界上无一族人无宗教。”〔3〕《学衡》文章对于宗教信仰持尊重的态度，是基于他们对于本民族文化与国民品格的真切关注，和对于其他民族的宗教文化的理解之同情。

《学衡》文章对宗教与科学的关系进行了思考和辨析。如刘伯明认为“宗教原于情感而非本于理智”。〔4〕景昌极提出宗教不同于科学与哲学：科学研究的是可经验的范围，而宗教则涉及“神秘经验”；科学和哲学重推测，而宗教重经验，重实行。〔5〕一苇提出科学的方法在于假设而实验，而宗教处理的是人生无从实验的根本问题。〔6〕他们认为“真正之科学，必不犯宗教……完备之宗教，必不坏世间。”〔7〕《学衡》文章认为宗教不仅于科学无碍，更有益于人的艺术创造，能够提升人的品格修养、精神境界。“西洋自希腊以来，宗教上之形象，凡所以表现人心之情意者，皆有不朽之价值。希腊之塑像，中正优美，在在代表希腊民族之精神……他如东方庙宇之飞檐表示精神飞升之意，所垂之风铃，喻天乐和谐之美。凡此皆表示

---

〔1〕见张亦镜：《批评非基督教学生同盟宣言》，《真光》1922 年 4 月 7 日。张亦镜：《驳蔡元培在非宗教大同盟的演说词》，《真光》1922 年第 21 卷第 10～11 号合册。

〔2〕一苇：《再论宗教问题》，《学衡》1922 年第 6 期。

〔3〕冠路特：《二十世纪的社会还要宗教么?》，刘昉、徐曼笔录，《晨报副刊》1923 年 4 月 6 日。

〔4〕刘伯明：《非宗教运动评议》，《学衡》1922 年第 6 期。

〔5〕景昌极：《论学生拥护宗教之必要》，《学衡》1922 年第 6 期。

〔6〕一苇：《再论宗教问题》，《学衡》1922 年第 6 期。

〔7〕景昌极：《论学生拥护宗教之必要》，《学衡》1922 年第 6 期。

人性中有精神上之希冀而非科学所能侵犯者也。”[1]在《学衡》诸君的视野中，珍视本民族的宗教、艺术，与欣赏其他民族的宗教、艺术，并不矛盾。“人类之贵重的品性，如博爱，如克己，如牺牲，如乐天，皆非知识所能赋予者，尤若身处逆境或遭逢灾祸其能发挥抵抗之勇气，保精神之安泰，则必赖诸一种超智识的力量是也。”[2]“宗教不满意于现实，而思所以超脱之，苟其所构造引人升入高洁之境界，绝非理性所能桁架干涉。”[3]这是从珍视自己民族的文化出发，对他者文化作出的理解和欣赏。基于民族立场，《学衡》文章超越了民族主义二元对立的思维方式，对于本民族和外来民族的宗教有着包容理解的态度。

《学衡》文章对于宗教问题，并非盲目接纳，也非一味排斥破坏。对于宗教问题，他们秉持并鼓励研究的态度，“苟有发大愿，现大勇，与各宗教宣战，当持彻底的态度。自其历史上，教义上，彻底的讨论之。”[4]不同于民族主义话语在宗教问题上的消极态度，《学衡》文章更关注积极的民族文明的建设：“窃愿当代绩学之士群相讨论如何涵养吾国民之精神生活使之俱成较沉勇坚定光明坦白之人，以共谋我民族文明之进步。”[5]但这样比较谨慎的态度，最终仍然淹没在喧嚣浮躁的民族主义话语之中。事实上，不同文化，不同宗教信仰，不同经济制度的民族之间的相遇，并不必然造成冲突。造成冲突的，是利用领土、语言、宗教信仰、族裔血缘、风俗习惯等民族特性进行民族主义（乃至军国主义）操作的政治力量。其他民族的存在，并不必然对本民族造成威胁，也可以成为本民族反观自身，寻求发展的更多可能性的契机。对其他民族文化、宗教信仰的尊重欣赏，是民族交流的基础，也是一个群体自尊自信的表现。中国传统文化在宗教信仰问题是比较宽容的。中国历史上曾与多个民族、多种宗教融合碰撞，却几乎从未爆发过大的宗教战争。在1922年非基督教思潮里排斥外来宗教的民族主义和类民族主义话语，大多并非基于对本民族文化的维护，而是出于民族主义话语掩饰裹挟下的种种政治诉求。

---

〔1〕 刘伯明：《非宗教运动评议》，《学衡》1922年第6期。
〔2〕 一苇：《再论宗教问题》，《学衡》1922年第6期。
〔3〕 刘伯明：《非宗教运动评议》，《学衡》1922年第6期。
〔4〕 一苇：《再论宗教问题》，《学衡》1922年第6期。
〔5〕 一苇：《再论宗教问题》，《学衡》1922年第6期。

《学衡》文章力图超出同质化的民族主义话语的遮蔽，脱离类民族主义话语裹挟下的政治诉求，表达出民族知识分子在艺术、教育、道德上的热切关注，显示出文化民族主义在宗教等问题上的包容态度，展现出民族建构可以有的多种路径、丰富可能。

四、结语

夏志清在《中国现代小说史》序言里论道："二十世纪的中国文学当然也比不过仍然继承基督教文化余绪的现代西洋文学。"〔1〕而"现代中国文学之肤浅"，他认为"归根究底"在于对"宗教论说不感兴趣，无意认识"，因而遍布着"感时忧国"的迷思，缺乏严肃的母题、普世的关怀、超越时空的人文价值。〔2〕现代中国人宗教精神的缺失，在1922年中国以民族主义运动处理宗教问题时就已埋下隐患。这场非基督教运动被认为"是新文化运动的继续，又是新文化运动在新的历史条件下的深化"。〔3〕然而在这场运动中，"激进"如陈独秀、吴虞，"宽容"如蔡元培等新文化知识分子却在激烈排外，"保守"如《学衡》诸君及"落伍"如梁启超、周作人却对外来宗教持宽容理解的态度。民族主义情绪对于民族文化的发展究竟有多少功过？何谓激进，何谓保守，标准何在？这些问题值得深思。

综上所述，民族主义话语在1922年席卷全国的非基督教运动中膨胀蔓延，赋予人们存在的确定感，行动的紧迫感，斗争的必需感。在这一话语场域中，民族主义话语容纳转换了科学主义、共产主义、自由主义等话语，种种"类民族话语"成为政治权力和时势权力角逐的战场。民族主义情绪左右着民族观念和民族性格的重塑，使得具有民族身份的人，轻易被召唤到民族主义和类民族主义话语的政治诉求之中。而民族主义话语造成的最大遮蔽，或许竟是对于民族文化本身。《学衡》

〔1〕 夏志清：《中国现代小说史》中译本序，香港中文大学出版社2001年版，第46页。
〔2〕 夏志清：《中国现代小说史》中译本序，第432、459～479页。
〔3〕 杨天宏：《中国非基督教运动（1922～1927）》，《历史研究》1993年第6期。

文章的意义在于，它们站在民族立场发声又某种程度上超越了民族主义话语的局限，它们不仅是对当时激进的政治民族主义的商榷抗衡，更为国族品格的重构提示出一条极具探索价值的路径。

牟宗三论政治神话的建构、解构与重构

黄泰轲 *

[内容提要]

牟宗三先生认为有两种政治神话，一种是西方民主政治所蜕变的非理性的独裁与极权的政治神话，一种是儒家德治所倡导的各适其性、各遂其生、人皆尧舜的政治神话。在详细阐释政治神话的建构后，通过对根源理性的挺立和次级理性的架构，牟宗三先生解构了西方式非理性的政治神话，重构了一个既保住中国德治之长又开出西方民主之长的中国式现代政治神话。藉此政治神话，牟宗三先生实告诉我们：中国文化的现代使命、现代意义和现代化道路之所在。

[关键词]

政治神话　道德理性　民主政治　牟宗三

神话是在人类早期甚至是史前时期出现的一种文化样式，在某种意义上说，它是人类早期不发达的生产力与认知能力的产物。但我们注意到，进入文明社会后及至在生产力高度发达的今天，神话本身并没有消失，比如政治神话，从古希腊到现

* 黄泰轲，湖南师范大学道德文化研究院博士研究生。

时代，一直存在于人类的历史上。按照法国学者让·皮埃尔·韦尔南的说法，在古希腊，多神论体系紧密无间地错杂在各种社会政治组织的形式中形成政治神话，古希腊的政治神话培育了古希腊人的理性，即“人类集团在历史上第一次认识到，只有经过一种公开的、矛盾的、所有人都能参与的、彼此都以有理有据的话语相对的争论，符合他们普遍利益的决定才能作出，他们的共同事物才能解决。”〔1〕古希腊人借助这样的理性来理解、引导政治实践；但在现时代，无论在科学领域还是在政治领域，人们的理性都努力地躲避古希腊人那样公开公共、充满矛盾、有理有据的论争，人们认为这样的论争是一种“不健康”至少是一种“不完满”的状态，人们渴求一种一成不变、绝对普遍的理性，“前进在这条路上的社会集团，就会以某种方式，浑身分泌出宗教思想来。”〔2〕于是，现代政治便有了“神甫共和国”乃至极权主义的政治神话。对现代政治神话的形成，德国思想家卡西尔在《国家的神话》一书中有详细考察。受卡西尔的启发，牟宗三先生在《政道与治道》一书中对政治神话问题也多有发挥。除与卡西尔一样关注政治神话的建构、解构外，牟先生还特别关注了政治神话的重构。牟先生有关政治神话的思想是颇值得我们去研究的地方。

一、政治神话的建构：形成、形态及影响

按照最一般的说法，神话是先民们对自然力的斗争和对理想的追求过程中产生的。在我们看来，无论是对自然力的斗争还是对理想的追求，其实质均是对生命的完善。牟宗三先生正是从生命切入来谈神话的。他认为，人的生命有平面生命和立体生命之分：平面生命指那种安于生命的既成局面，机械、淤滞、沉闷、平庸，没有创造性；立体生命是对平面生命的打破，人总有不满于既成生命局面的时候，当他意识到平面生命的不合理时，其平面生命就被一种超越性的力量所推动而成为立体生命，立体生命是一种有创造性、理想性的生命。牟先生认为，我们可以从

〔1〕［法］让·皮埃尔·韦尔南：《神话与政治之间》，余中先译，北京三联书店2005年版，第218页。
〔2〕［法］让·皮埃尔·韦尔南：《神话与政治之间》，余中先译，第219页。

“心”的一面和“物”的一面打破平面生命而成就立体生命。从心的一面打破，成就了“德性生命”，是为圣贤；从物的一面打破，成就了“情欲生命”，是为英雄。圣贤如孟子，纯以道德生命相表露，全副是精神，通体是光辉，浩然之气至大至刚，塞乎天地之间；英雄如刘邦，生命充沛，元气无碍，不依成规，不饰虚套，纯以原始情欲生命相表露，以布衣身，提三尺剑而取天下。对孟子和刘邦这类的德性生命和情欲生命而言，什么可能，什么不可能，几乎是不可预测的，正如佛教说“业力不可思议”，尤当其立体生命触动人心，普遍地被觉察，汇成一种客观的愿望，则由此客观的愿望发出的客观的立体力量，其摧毁力与创造力更是不可思议，这种不可思议性便是神性。众生皆有神性，但下根之人要依他者而起，秘密在他者身上，遂有神话。神话是对神性的进一步符号造作。虽如此，牟先生认为，德性生命的神性与情欲生命的神性还是有明显区别的，这种区别造就了宗教神话和政治神话。具体说来就是：德性生命者受纯然德性之感召，他要上达天德、成就神性并启发于需要“道成肉身”者，他与世俗利益牵扯甚少，也不求解决任何世俗的实际问题，人们仰望他那纯然是德性的人格，惊奇、赞叹那人格的不可思议的功化，于是，历史上就有了有关宗教教主的神话；与德性生命者无涉俗世特殊指向而一心成就德性自己不同，情欲生命者自始就与感觉界联系在一起，而且他要在感觉界的一定向上解决某种问题，最主要的是“厚生”的问题，比如人们的衣、食、住、行之类，这样，情欲生命者最能唤醒普罗大众与千万人为伍，最易与政治联系在一起，因普接群机而契接神性，这样，基于那强烈的情欲生命和情欲生命之神性化，政治神话就诞生了。

牟宗三先生认为，从历史上看，政治神话有两种形态：古代英雄式形态和近代概念式形态。一个真正的英雄，不会单退于私人的情欲、权力欲之中，相反，他私人的情欲、权力欲会膨胀出去，与群体愿望相勾连。他靠他的坚强意志，为群体所欲之事作主，群体信赖他、附合他，把事情交予他办，由他来领导，他往往以“伸大义于天下，拯人民于水火”的名号来领导人们，靠着祯祥、符瑞，更靠着其强烈生命与恢宏气度开创出“天命所归”的事业，最终产生英雄式的政治神话。英雄式的政治神话是英雄的立体力量所直接、自然产生的，即在“英雄比武”之后，谁成为统治者，谁成为被统治者，一切均是天经地义、自然而然的。我们说，这种政治神话合“力”但不一定合“理”，一旦人们觉醒了，政治形态就要生问题。正如牟先生所说：“当政权是由生命的立体力量之‘力’打来的时候，人在此是无话可说的，这里没有概念。‘力’是一个最后的事实。但这最后的真实并停不住其为最后的真实。它也需要理性来客观化。当人们的觉识照察到这里也有话可说时，思想上的人工曲折，人的概念机能，即在这里凸起。”[1]

当人们普遍觉察到英雄式的政治神话不合理时，由力所直接、自然产生的政治形态，变为由概念所产生的间接的架构形态。近代政治远较古代政治复杂，政治家需要解决许多类似于“方形的圆”这样的问题，为了兼顾不同利益，调和各种矛盾，大量政治概念、各种主义、学说应运而生。很多词语以前只被用作一种描述性的、逻辑的或语义上的含义，而现在被当作要产生某种效果和激励起某种情感的词语来使用，并且，为了实现这些新概念的完全效用，概念创造者还引入了大量的新仪式对它进行补充。在近代，政治家集技术者、行动者、魔术者为一身，政治神话也因此而产生。牟先生引斯宾格勒的话说：“以前是大皇帝，现在是卢骚、思想家。继之而起的，当是尼采等人。这些都是贡献概念、主义的人。再加上犹太资本家贡献钱。野心家就利用这两种成素而造成政治神话。”[2]在近代诸多政治概念中，“集体主义”是最有代表性的一个概念，因此，牟先生也将近代的政治神话命名为集体主义的政治神话。

在实际政治生活中，我们看到，无论是英雄还是概念，其对政治的进步均有着某些积极方面的作用。从英雄来看，英雄以他强烈的生命、敏锐的觉识、坚强的意志、百折不挠的精神带领人们在感觉界建功立业，这对安人民、复秩序、开太平是极有好处的。从概念来看，我们凌空开出一个概念，可以引导、保障政治活动向良性方面运转，如卢梭的政治概念（虽然也遭清算），开出了西方近三百年来自由民主的传统、这是近代之所以为近代最积极、光明的一面。虽有上述积极作用，但因英雄与概念易乱用其才力与效用，故而英雄式神话和概念式神话对实际政治生活的影响更极易走向消极、恶劣的一端。对英雄式政治神话而言，表现在：第一，英雄

〔1〕 牟宗三：《政道与治道》，吉林出版集团2010年版，第82页。
〔2〕 牟宗三：《政道与治道》，第84页。

总有才力枯竭的一天。前面我们说到，英雄的生命力量主要用在解决某一具体问题，当那一具体问题解决了，英雄的使命完成了，他的生命亦将完结。例如，亚历山大来到大海边，因为无陆地可征服而感叹最后早死。第二，英雄是神魔混杂的。大凡英雄，生命总有两面，光明和阴暗，光明表现为仁慈，阴暗表现为残酷。仁慈是他普接群机表现出来的，残酷是他为达目的不惜一切代价和手段而表现出来的。所以，在英雄式的政治神话中，英雄往往是独裁者。第三，英雄靠“力”而非“理”来安顿政治，时间长了，力或衰竭或乱用或滥用，政治的不合理之处便暴露出来。这时，革命就要兴起，新的英雄就会出现，当新的英雄力有不逮时，下一个新的英雄又出现，这样，政治进入革命与造反的循环。再来看概念式政治神话的弊端。概念原本有“虚用”和“实用”之分，在虚用一面，我们“立理以限事”，用概念指引、批判现实政治，在实用一面，我们“即事以穷理”，努力地使现实政治朝概念所指出的良性方向发展。但在实际的政治操作中，极易将原本只能用在虚的一面的“立理以限事”用在实的一面，造成极权专制与骚扰，最典型的是希特勒等辈。牟先生对此有深刻认识，他说：“希特勒利用‘种族国家’造成近代的、概念式的极权专制的政治神话。他们是生命特强的人，都能发动立体力量。然他们的生命，他们的立体力量，能套在概念里面行，能客观化到集体里面，党里面行，能运用科学的技术，这就使他们不同于古代的纯英雄主义的途径。他们凭借概念、党、造成他们自己是个神，神性化的独裁者：概念是神话的概念，党是神话的党，领袖是神话的领袖。”〔1〕

二、政治神话的解构：独裁与极权的消解

我们看到，无论是古代英雄式的政治神话还是近代概念式的政治神话，极易带来独裁、极权的恶果。所以，德国思想家卡西尔说：“在政治里，我们总是生活在火山似的地面上，我们必须对突然的灾变和爆发有所准备。”〔2〕为了避开这种危

〔1〕 牟宗三：《政道与治道》，第84页。
〔2〕 ［德］卡西尔：《国家的神话》，范进译，华夏出版社1990年版，第329页。

险，哲学家一直在思考着如何把政治神话转化为政治理性。在某种意义上说，西方政治史就是一部理性与神话相互斗争的历史，在理性与神话不断斗争的过程中，在20世纪，神话最终在德国等国家取得了胜利，这些国家一度成为了极端的法西斯主义国家并演绎了一场国家神话的悲剧。卡西尔极其熟知西方政治史上反神话的斗争，他说："自从柏拉图的时代以来，一切伟大的思想家都做到了极大的努力来发现一种合理的政治理论。人们确信在19世纪最终找到了正确的途径，1830年奥古斯特·孔德出版了他的《实证主义哲学教程》的第一卷……他的真实目的和最高的抱负是成为一种新的社会科学的奠基者，把我们在物理和化学中所见到的同样精确的推理方式、同样的归纳和演绎的方法导入这门新科学。政治神话在20世纪的突然泛起说明了孔德及其弟子门徒的希望流产了。"〔1〕卡西尔得出的结论是："在政治中，我们尚未发现牢固可靠的根据。这里似乎没有任何明白地建立起来的宇宙秩序；我们总是面临着突然再次回到旧的混乱状况的威胁，我们正在建造雄伟壮丽的大厦，但我们尚未能把它们的基础确定下来。人靠熟练运用巫术、符咒就能改变自然进程这种信仰，千百年来一直在人类历史中流行。尽管净是挫折和失望，但人类仍然极为顽固地坚持这种信仰。因此，在我们的政治活动和政治思想中仍有巫术所把持的地位也就不足为奇了。"〔2〕自然科学的成功激发了哲学家探求政治基础的激情，卡西尔认为，以自然科学为榜样，想要为政治找一个像物理学那样的法则是不可能的，政治属于社会界，自有其法则，但这法则到底是什么，卡西尔欲言又止。在《国家的神话》一书的结尾，卡西尔得出了一个较为悲观的结论：哲学对摧毁政治神话无能为力，充其量，它只能研究政治神话的起源、结构、方法、技巧等，为我们认识政治神话起点作用。

牟宗三先生认为，卡西尔对社会法则的欲言又止及其得出悲观结论是情有可原的。因为擅长对"自然"运思的西方哲学难于着手解答生活关系、社会关系问题。那么，政治到底有没有可靠的理性基础？牟先生给出明确答案：有！但他同时认为，这种理性不是西方哲学讲的那种科学的、逻辑的理性，而是中国哲学所讲的道

〔1〕［德］卡西尔：《国家的神话》，范进译，第345～346页。
〔2〕［德］卡西尔：《国家的神话》，范进译，第346页。

德理性，如怵惕恻隐之仁心。关于道德理性的涵义，牟先生有一段较为精彩的论述："吾人此处所谓理性是指道德实践的理性言：一方简别理智主义而非理想主义的逻辑性，一方简别只讲生命冲动不讲实践理性的直觉主义，浪漫的理想主义，而非理性的理想主义。我们如果明白了此所说理性不是逻辑理性，又明白了与此理性相反的非理性，则怵惕恻隐之心何以又是理性的，即可得而解。"[1]牟先生认为，中国政治有一个最高格——以"德"来规定的"圣王"，这个最高格从根上反对政治神话并开启了政治理性之门。这是因为，"圣王"要以"德"取天下（政道）和以"德"治天下（治道）。其内容不外乎以下两条：第一，在政道上，完全是"公天下"的观念，通过"推荐"（"天子不能以天下与人"、"天子能荐人于天"）与"普选"（"天视自我民视，天听自我民听"）而得天下。这里并没有什么人权运动，也没有什么宪法规定，完全是民心向背表示天理合当如此。第二，在治道上，视人民为一存在的生命个体而注意其具体的生活与价值。不把人民吊在虚幻的概念上，远离生命之根，而是全副让开，物各付物，各适其性，各遂其生，各正性命。这一点又包含两层含义：生存第一，富而教之。首先保证人民物质生活幸福的畅达，在此基础上，进一步保证人民精神生活幸福的畅达，两者均畅达，方才实现了人生的全部。但是，在教化的时候，又要注意政治与道德的分际：落在道德上，严于律己，督促自己不断地超凡入圣；落在政治上，宽以待人，只是教人以起码的人道，不责望人人都做圣人。

各适其性，各遂其生，就个体而顺成，这是中国政治的最高原则。凡是有利于此点的，都全副敞开承认，给予肯定与尊重。我们不像西方那样，将财产、信仰、居处、思想、言论、出版、结社等方面的权利一一列举，我们认为这样做不仅繁琐且难免挂一漏万。就个体而顺成这一最高政治原则就像一个车轮，无远弗届、无微不至，转到哪里，那里的事情便理所当然，该如何便如何。所以中国政治重个体、重生命、重生活、重德性、少限制、少骚扰、少设计、少矫揉、简单方便、亲切易行。儒家认为，统治者首先要加强自己的德性修养，与民同好，与民同乐，甚至是要先忧后乐。很明显，中国政治的上述特点是对独裁和极权的否定，是对政治神话，无论是英雄式神话还是概念式神话弊端的消解。

---

〔1〕 牟宗三：《政道与治道》，第21页。

三、政治神话的重构：根源理性的挺立与次级理性的架构

上文讲到，在治道上，中国政治的最高原则是就个体而顺成，使人人皆得其所，各遂其生、各正性命，即要“正德、利用、厚生”并以“正德”为本（在某种意义上说，正德涵盖厚生，因为一夫不获其所，不遂其生，便不是仁义心所能忍）。儒家讲成圣成贤，道家讲成真人、成至人，佛家讲成佛、成菩萨，在中国哲学看来，人皆有向上发展以成就神性的可能。中国政治对此是首先予以承认的。故中国的政治，其最高、最后之境界即是视人人自身皆为一目的，引导其德性觉醒、奋发并完成自己，此是一种人间天国境界，也是一种政治神话。但这种政治神话与西方的政治神话有着本质的区别。牟先生说：“这种神治天国境界，不是近人所谓乌托邦，理想国。近人所谓理想天国，都是根于假言邪说立一理以架空造作的意计穿凿，这是私意抓紧把持，非神治，故未有不熗乱天下者也。而德化、道化之治道方可说神治天国境界，因为它能推开让开而落在各个体自身上。物各付物，归于现成。神治宇宙万物亦不过如此。”[1]儒家政治目的是使人成为圆满、自足、无限的绝对个体，这便是其政治神话的魅力与精彩所在，这种“绝对”不是西方政治中的绝对主义、极权主义、集体主义所蕴含的“绝对”，西方政治中的绝对抹杀个性、摧残人性，将个体都纳入机械系统中，而使之成为一个物质化的螺丝钉，这样的结局便是西方政治神话的可怖之处。所以，牟先生认为，中国的治道，幽深玄远、至微至精，无有任何国家能讲过中国者。

中国的实际政治状况是这样的吗？事实上，我们看到，兴亡交替、百姓困苦似是中国政治的常态。问题出来了。前文在谈中国政治时，与“治道”相提的还有一个“政道”，即政权的归属问题，也即得天下的问题。从得天下看，“天与贤，则与贤；天与子，则与子”原本是符合“推荐、天与”观念的，但后来，“与子”实际上成为一个无限连续下去的制度，“天下为公”一变而为“家天下”。这样，政权靠世袭延续，政道遂高悬而不显。儒家在政道方面无用武之地，便只能下力气将治道发展至高远境界，即在个体而顺成上尤其是在个体德性的成长上下功夫。但

---

〔1〕 牟宗三：《政道与治道》，第34页。

是，政权是治权之源，个体顺成的达成需要掌握政权的圣君及掌握治权的贤相来保障。但圣君贤相可遇而不可求，所以，我们的政治总难逃“人存政举，人亡政息”的怪圈；即便可求，我们也要求他们“其心如太虚，德量如天地”，这样，圣君贤相负担过重，与此相反的是，人民对国家、政治、法律、负担过轻或基本无负担，人民总是被动地在圣君贤相“君子德风”的吹拂下而处于不自觉的睡眠状态；更有甚者，如碰上一昏君暴君，人民便成为任意践踏的对象，最终酿成暴乱，政治就处于一治一乱停滞不前的境地。在政道高悬，治道不显（受政道所限、所累）的情况下，人民的存在只能成为一个“道德的存在”而不能成为一个“政治的存在”，长此以往，道德理性没有通气处，不能实现更多方面价值，最终便有窒息之虞。正如牟宗三先生所说：“国家政制不能建立，高明之道即不能客观实现于历史。高明之道之只表现为道德形式，亦如普世之宗教，只有个人精神与绝对精神。人人可以与天地精神相往来，而不能有客观精神作集团组织之表现。是以其个人精神必止于主观，其天地精神必流于虚深而阴淡，人类精神仍不能有积极而充实之光辉。”〔1〕为了解决中国历史上治乱循环、刍狗百姓的困局，牟先生认为，应该开出中国政治的政道来，建立民主政治，建立近代的政治、法律制度，转出政治生活之文制与常轨。在详细考察了中、西政治各自的优劣后，牟先生认为，在民主政治上，我们应该向西方学习。他认为，存在着两种真理，内容的真理和外延的真理，前者表现为具体的普遍性，后者表现为抽象的普遍性，牟先生举例说：“比如说孔子讲仁，仁是个普遍的原则，但是你不能说仁是个抽象的概念。仁是不能和科学、数学、逻辑里面所谓的抽象概念相提并论的。照孔子所说的，仁是可以在我们眼前真实的生命里头具体呈现的。所以孟子说仁就是恻隐之心，它就是具体的。但是虽然它是具体的，它并不是事件。它有普遍性。在这情形下所说的普遍性，黑格尔就叫做具体的普遍。”〔2〕中国政治讲具体、讲实际而不讲形式、讲概念，西方政治则相反，由此，牟先生说中国政治是“理性的内容表现”而西方政治是“理性的外延表现”。对中国政治而言，只要能各正性命，皆合情理，但因缺少概念的厘定，

〔1〕 牟宗三：《道德的理想主义》，吉林出版集团2010年版，第5页。
〔2〕 牟宗三：《中国哲学十九讲》，上海古籍出版社1997年版，第33～34页。

不能尽其方正之界域，这种合情理没有保障，易流于漫荡和软疲，故而中国的政治不稳定，改朝换代经常发生。西方政治是理性之外延表现，对西方政治而言，他们运用种种政治概念如自由、平等、人权等设计政治样式，其成就就是建立了民主政体，形成种种法律、契约等等，详细规定了每个个体的权利与义务，为政治活动划定了一个清晰的界限，提供了一套法律的、制度的保障。所以，针对中国政治的不足，牟先生提出的补救方法是：从治者身上让开一步，绕一个圈，再自觉地来一次"理性之外延的表现"，通过理性架构，开出民主政体来，从治者与被治者两面对待地想，使双方都有责任，而不是将政治建立在对仁者的过度依赖和仁者的无限负担上。

但是，牟宗三先生对西方民主政治的弊端也有深入地认识。他认为西方人只顾着争取形式的自由和权利，在法律、契约的死板性、限定性、被动性中忘记了顺适调畅个体的主观生命。"人们乃在此外在纲维网中，熙熙攘攘，各为利来，各为利往，尽量地松弛，尽量地散乱，尽量地纷驰追逐，玩弄巧慧，尽量地庸俗浮浅，虚无迷茫，不复见理性在哪里，理性之根在哪里，人生宇宙之本源在那里。一方面外在地极端技巧与文明，一方面内在地又极端虚无与野蛮。"[1]民主政治发展到今天，西方人陷入了有事无理、有象无体、游魂无力、不能光大自己信念与道路的窘境。造成这种局面是因为西方人斩断了民主政体的理性之根，西方人所崇尚的理性只是一种平面的计算理性而不是一种立体的价值理性，是次级理性而不是根源理性，西方人丢失的便是这根源理性。牟先生说："我们必须了解根源的创造的理性之意义，与次级的知性的理性之意义的差别。根源的理性是对生命强度之立体力量而言的，次级的理性是对生命下散之平面的力量而言的。从人的政治实践方面说，须用根源的理性来对治，从既成政体下的政治制度与权力关系之科学的研究方面说，则须次级的理性来从事。对我们现在'政治如何能从神话转为理性'的一问题说，此所谓'理性的'是指'根源的理性'言，而讨论这个问题亦须从'根源的理性'说。人们在这里常常有所缠夹而辨不清。"[2]根源理性专治政治神话，根

[1] 牟宗三：《政道与治道》，第148页。
[2] 牟宗三：《政道与治道》，第105页。

源理性走失，政治神话便不可避免。因为，凡是造成政治神话的极权主义者都是具有极强烈的情欲生命与极不正常的心理变态，西方由概念织成的外在纲维网对他们说又算得了什么，只有以德遍润生命，稳住根源理性，方可对治政治神话。要知道，“克念作圣，罔念作狂”，圣狂之分仅在一念间。

中国政治挺立的是根源理性，这就从根上防止了令人恐怖的独裁和极权的政治神话，相反，形成了令人向往的各适其性、各遂其生、人皆尧舜的政治神话。在实际的政治运行中，只因我们政道高悬、治道不显，这种政治神话一直没有实现，现在，我们认识到了这一点，主动坎陷，运用次级理性架构出民主政治来，这就是现代中国政治神话的重构或者说是完成。有学者认为，卡西尔《国家的神话》一书要借政治科学来揭露政治神话的面目，牟宗三虽然看到了卡西尔的意旨，但其用意却恰恰相反，正是要根据中国古代的“圣王”神话，来构建今天容纳圣王、英雄和天下为一体的“现代政治神话”。[1]该学者认为，建立在逻辑理性之上的“政治科学”极易脱落成为集魔术性与技术性于一身的语言幻想，从而形成新的“政治神话”，因此，不是“政治科学”拯救了“政治神话”，而是‘政治神话’拯救了“政治科学”。我们认为，这种见解是相当精辟的。

现在，我们可以总结如下：在牟宗三先生那里，存在着两种神话，一种是西方民主政治所蜕变的非理性的政治神话，一种是儒家德治的神话，它是理性的、纯正的，它可以在吸收西方民主政治成就的同时活血化瘀、永放光彩。通过对根源理性的挺立和次级理性的架构，牟总三先生重构了一个既保住中国德治之长而又开出西方民主之长的中国式的现代政治神话。

四、对牟宗三政治神话思想的评价

近代以来，国人开眼看世界。新文化运动前后，接受过新式教育的一些启蒙思想家们猛烈地批判封建专制并视西方科学、民主为解决中国问题的灵丹妙药。牟宗三先生慧眼般地看到了这股反封建、求民主思潮所隐藏的弊病：“封建”是什么？

---

〔1〕 陈迎年：《智的直觉与审美直觉：牟宗三美学批判》，上海人民出版社 2012 年版，第 154 页。

很多人说不出个子丑寅卯来。于是，一切旧的、老的、过去的皆在反对之列，最终，我们的文化之根也被反掉了。科学、民主好不好？自然是好。但是，很多人只要求享受科学、民主的现成好处，从不问科学、民主怎么来，也从没想过为科学、民主而斗争而牺牲。牟先生认识到，现时代的中国，不仅外王方面不够，内圣方面亦不够，内外俱失，颇为危险。与一般人带着十足的感情色彩去批判中国政治、赞扬西方民主不同，牟先生对中国政治状况作了冷静分析，找到了问题的症结并开出了药方。他认为，中国的政治短于制度的安排，长于内容的表现，在所短上，我们应向西方学习，补上理性架构一环，在所长上，我们应保持优点，光大心性本源，这是防止西方式政治神话并实现中国式政治神话的关键。牟先生反复地地告诫我们：一定要用道德来提撕、罩护理性架构而不使之跑偏、蹈空；用理性架构来充实、扩开道德而不使之枯窘、萎缩。牟先生认为，没有道德提撕的民主只能导致相对主义和虚无主义，最终走向窒息。这正如布鲁姆所揭露的：在生活中，人们容易以“怎么干都行”来理解民主，而这种理解不仅成为个体堕落的辩护词，还成为个体不求上进的辩护词，没有价值提撕的民主，已经走向“抑制了人们培养和探索优秀生活的真正原动力”〔1〕的封闭局面。

当然，牟宗三先生建构中国式现代政治神话的思路也面临着许多的质疑。第一，就光大传统道德理性并以之为政治之根这一点来说，还是“中学为体”的老思路，以道德提撕政治，有“泛道德主义”之嫌。正如韦政通先生所说：“所谓‘泛道德主义’，就是将道德意识越位扩张，侵犯到其它文化领域（如文学、政治、经济），去做它们的主人，而强迫其它文化领域的本性，降于次要又次要的地位……使各方面的思想，始终处于道德奴婢的地位，缺乏健全的发展。”〔2〕韦先生认为，正是这种“泛道德主义”在政治方面形成了儒家虚构圣王、德治天下但又根本不可能加以实现的政治神话。第二，就根源的道德理性让开一步，以便次级的科学理性架构出现代民主这一点来讲，牟宗三先生“变戏法”般起了许多的概念，诸如综合的尽理之精神与分解的尽理之精神、理性的运用表现与理性的架构表现、

〔1〕［美］布鲁姆：《走向封闭的美国精神》，缪青译，中国社会科学出版社1994年版，第27页。
〔2〕韦政通：《儒家与现代中国》，上海人民出版社1990年版，第88页。

理性的内容表现与理性的外延表现等，有学者认为，这些都是“整齐好玩”的公式，两分法的思维有将中国政治问题简单化的嫌疑；再者，让开一步说起来容易，但一旦让开恐收束不住，良知坎陷变为良知陷溺，道德理性陷入物欲一层而不能自拔；还有，道德理性与民主政治之间并没有必然的逻辑关联，也就是说，我们并不能从道德理性出发，逻辑地开出民主政治来，中国政治的实践表明，我们事实上也没有开出来。〔1〕

牟先生也并非没有注意到上述理论困境或责难。首先，牟先生不认为自己挺立道德理性就是“泛道德主义”。相反，他认为自己一再强调政治与道德的分际。他认为，儒家在私人领域积极提倡成贤成圣，但在政治上，只强调“起码而普遍的人道”，并没有强人所难。其实，自己强调道德理性倒是含有另一层深意，反对现代政治只追求形式的自由、民主而不利用自由、民主去调适生命，因此，自己不是提倡“泛道德主义”而是反对“泛政治主义”。其次，关于道德理性不能开出民主，就理论上的不能来说，牟先生认为，道德理性与民主并不是逻辑上的必然关联而是辩证上的必然关联，“坎陷”一词本意就不是说“直接”开出而是说“间接”开出；就实际上的未能开出来说，牟先生说自己并不是如来佛，说能就能、说有就有，民主政治要靠自己努力争取，不是祖宗或哪个哲学家设计好了，我们拿现成的享受，要求现成的纯是无理取闹，既不科学也不民主。

通过上面的分析，我们看到了牟宗三先生重构中国现代政治神话背后的良苦用心：第一，对使命意识和责任意识的强调。牟先生坚定地认为，儒家思想不是民主政治的绊脚石，儒家也并不是消极地去适应、凑合民主政治，儒家要积极地开出民主政治，这是儒家文化自身发展的内在要求，也是时代赋予儒家的使命，我们应该有这个责任意识并自觉地把这个责任担当起来。第二，对中国文化主位性的努力维持。牟先生不仅看到了政治的发展，更看到了政治发展的动源，西方民主政治的弊病乃至产生的独裁、极权的政治神话，就在于缺乏中国这样的道德理性的动源，根固泉浚，用道德理性提撕政治发展，我们才有数千年的文明不断，牟先生认为，对

〔1〕 参见杨泽波：《坎陷开出民主不同理解九种——关于牟宗三坎陷开出民主论的不同理解的评论》，《天府新论》2014年第1期。

自己的好的东西要自信并继承，这样才算对得住中国人的身份。第三，对脚踏实地、团结苦干精神的呼唤。牟先生认为，我们不能只是感情用事地沉溺于对祖宗的埋怨和对西方的崇拜，光想讨祖宗或西方便宜饭吃的人“没出息，没有良心”，没有科学、民主，我们就朝那个方向奋斗就是，不要动不动就喊革命、闹立法院，要团结一致把科学、民主“做”出来；也不要认为科学、民主仅是“肉食者谋之”之事，我们均要积极地介入其中。在牟先生看来，第一步要紧之事，即是要实现经济的现代化，只有经济现代化了，政治现代化、文化现代化才有望。我们可以说，借重构现代中国政治神话，牟宗三先生其实要告诉我们：中国文化的现代使命、现代意义和现代化道路之所在。

思想与学术

庄存与的《尚书》研究

对《尚书既见》的新解读与新看法

赖志伟 *

[内容提要]

庄存与的《尚书》研究专以阐发圣人的微言大义为主，认为考据训诂之学并非研究经学的核心部分，这与其长期身为上书房师傅有密切关系，龚自珍于《资政大夫礼部侍郎武进庄公神道碑铭》中称庄存与此时以学术开帝为己任；而伪古文《尚书》存废之争使当时的经学研究朝向以汉学为主，汉学多崇荀子，庄存与以孔孟为正道，对当时学术的趋向充满忧虑，故以学术自任，欲以其学开天下学术之先风，使士人治经回归至以探寻孔孟之义理为主，而非专注于汉学之考据，为此庄存与撰写《尚书既见》一书，以《书序》为依归，不分今古文之异同，直探孔子序《书》、孟子论世之本意，并阐述《尚书》中所蕴含的《春秋》微言大义，开启常州学派以《春秋》之义贯五经的先风。

[关键词]

庄存与　《尚书》　《尚书既见》　张三世　常州学派

* 赖志伟，北京大学历史系博士后研究人员。

一、庄存与的经学特色

庄存与为常州学派的创始人，其学术之大端可从《味经斋遗书》中一窥究竟，魏源在《武进庄少宗伯遗书序》中提到庄存与在“乾隆中以经术傅成亲王于上书房十有余载，讲幄宣敷，茹吐道谊，子孙辑录成书，为《八卦观象》上下篇、《尚书既见》、《毛诗说》、《春秋正辞》、《周官记》若干卷。”〔1〕即《味经斋遗书》大多是依据庄存与的上书房教学讲义改编而成。清朝皇帝尊经崇儒，历代罕见，康雍干三帝之儒学根柢极厚，更是深知经学对于治国理政的重要性，而上书房乃是具备皇储身份的皇子受教育之处，陈康祺说：“上书房设立雍正朝，凡诸皇子暨近支王公及岁读书，必特简翰林官使授课。耆儒教胄，龙种传经，古元子入学遗法也。”〔2〕故清朝历代皇帝对上书房之经学讲授极其重视，且上书房的皇室之学与民间儒学之着重点有根本上的差别，正如同治帝师祁寯藻所说：“帝王之学不在章句训诂，惟冀首端蒙养，懋厥身修，务于一言一动，以及天下民物之赜、古今治乱之原，均各讲明切究，系归笃实。”〔3〕而乾隆评朱圭的《御治说经古文后跋》时也提到“夫六经为治世之书，内圣外王之道无不赅备，若止寻章摘句，仅能得其糟粕，无由探所精微。”〔4〕庄存与亦曰：“六艺在是，尽古今天下之能言者，且难为言，而况明经、学究、进士出身之人乎？大体不存，经文不玩，而日竞于烦言碎辞，末师口说，疑而拂者有之，拟而僭者有之，更定其篇章，变乱其诂训，改读其书名，侮慢自贤而告天下曰，此圣人之糟粕也。”“是圣言不达，后人达之；圣言不足，后人足之。东汉迄南宋训释之通病，则岂如玩经文哉！”〔5〕

由此可知，帝王所重视的是经学在经世致用的部分，这也正是庄存与对经学研究的主要方法，以“玩经文，存大体，理义悦心；若己问，作耳闻，圣贤在

---

〔1〕《武进庄少宗伯遗书序》，《魏源集》，中华书局1976年版，第237页。

〔2〕陈康祺：《郎潜纪闻初笔》卷1，中华书局1984年版，第17页。

〔3〕祁寯藻：《呈进书籍疏》，盛康：《皇朝经世文续编》卷1“学术一·圣学”章，光绪23年思补楼本。

〔4〕赵之恒等主编：《大清十朝圣训》，燕山出版社1998年版，第1339页。

〔5〕庄存与：《四书说》，光绪8年重刊阳湖庄氏藏板，第47、34页。

坐”[1]之居敬穷理的功夫来深探经学之底蕴，并“惟以知人论世为准”[2]来阐释经义之实用，以期达到“融通圣奥，归诸至当”，[3]发挥经中之微言大义，贯“经术、政事、文章”为一，以启人君王道之治，故阮元在《庄方耕宗伯经说序》中曾转述其师李道南论庄存与之学，说庄存与“践履笃实于六经，皆能阐抉奥旨，不专为汉宋笺注之学，而独得先圣微言大义于语言文字之外。”[4]故《味经斋遗书》的内容不着重于章句训诂之学，而在于通经致用之道。

二、庄存与的《尚书》研究

诸经中，庄存与尤以《尚书》见长，《光绪武进阳湖合志. 儒学》中云：“存与幼传山西阎若据之学，尤长于《书》。”[5]而龚自珍也曰：“大儒庄君，讳存与，江南武进人。幼诵六经，尤长于《书》，奉封公教，传山右阎公之绪学，求二帝三王之微言大指。”[6]在传承阎若据的《尚书》学中，庄存与与阎若据走的是不同的道路，阎若据的学术着重于典籍的考辨，而庄存与的经学则在于对“二帝三王之微言大指”的追求，即如《系辞传论》中所云：“不知尧、舜、禹、汤、文、武、周公之行事，何以为法于天下后世？不知孔子作春秋，合以为王者之事？何以为乐道尧舜之道？”[7]庄存与对《尚书》的研究着重于经中所蕴含的唐虞三王心法与孔孟之微言大义的发挥与应用，此种论学的方式成为庄存与《尚书》学的最主要的特色，故阮元评论其《尚书》研究则曰：“《尚书》则不分今古文文字异同，而剖析疑义，深得夫子序《书》、孟子论世之意。”[8]庄存与对《尚书》之立论欲上追孔、孟，以《书序》为依归，以《史记》为羽翼，其曰：“汉初大儒所传，多

[1] 庄勇成：《少宗伯兄养恬传》，《毗陵庄氏增修族谱》卷30，光绪元年刊本，第29页。
[2] 臧庸：《礼部侍郎庄公小传》，《碑传集补》卷3，台北明文书局1985年版，第228~232页。
[3] 李兆洛：《庄君卿珊行状》，《养一斋文集》卷12，光绪戊寅年重刊本，第31页。
[4] 阮元：《庄方耕宗伯经说序》，《味经斋遗书》卷首，光绪8年重刊阳湖庄氏藏板。
[5] 董似穀、汤成烈主编：《光绪武进阳湖合志》卷23“儒学”，台北学生书局1968年版，第3页。
[6] 龚自珍：《资政大夫礼部侍郎武进庄公神道碑铭》，《龚定庵全集》，世界书局1935年版，第27~28页。
[7] 庄存与：《系辞传论》，光绪8年重刊阳湖庄氏藏板，第41页。
[8] 阮元：《庄方耕宗伯经说序》，《味经斋遗书》卷首。

为汉季魏晋人所改易，加以为撰。其存者，在《书》则《序》，《诗》有《毛传》耳。……圣人之文，天文也；虞、夏、商、周之书以《尔雅》训诂读之，炳如也。其德、其法、其事、其文章，天地也，日月也。陋儒不见，孟子昭然发其蒙矣。司马迁好载世俗所造言，此其罪之大者也，而古训传尚多有存焉。”[1]

此外，庄存与的《尚书》研究方法在《尚书·咸有一德》中有所阐述，曰：“尹躬既汤，古文也；二公及王，今文也。疏通知远之教，非属辞比事之教，勿轻议古人书。”[2]庄存与以为应将《尚书》当作政治学，以疏通知远的方法来研究，因疏通知远之教即藉由研究《尚书》来知人论世，如应深入理解如何由《咸有一德》中汤与伊尹之事，或《金縢》中关于周成王与太公、召公之间来了解其人其事，由此知君臣一心之重要性，并以经义作为嘉言陈谟，或为策论，或为讲章，如以《禹贡》以治河，或以《洪范》以察变，而非如汉学家以属辞比事之考据方式研究《尚书》，并以今古文之异来轻议古人之书的是非真假，如“彼据‘克谐以孝’之文难‘完廪浚井’之使，亦将据‘黎民于变时雍’之文难‘百姓不亲，五品不逊’之命邪！”[3]此乃庄存与针对宋以后所兴起的疑经之风而发，亦是其撰写《尚书既见》的深层因素。

三、《尚书既见》撰写的始末及其出版后的评价

至乾隆中期，考据学渐居主流，当时阎若据《古文尚书疏证》一出，证实梅赜所献的《古文尚书》为伪造，流风所及，“江左束发子弟，皆知助阎氏，言官学臣则议上言于朝，重写二十八篇于学官，颁赐天下，考官命题，学童讽颂，伪书毋得与。”伪《古文尚书》面临被废于学官的危机将庄存与和汉学家之间的分歧凸显出来，庄绶甲于《尚书既见跋》中云：“先大父（庄存与）……后见阎征士若据《古文尚书疏证》攻讦过甚，叹曰：‘此启后人变乱古经之渐，五经将由此糜烂矣。

---

[1] 庄存与：《四书说》，光绪8年重刊阳湖庄氏藏板，第48页。

[2] 庄存与：《尚书说》，光绪8年重刊阳湖庄氏藏板，第4页。

[3] 庄存与：《尚书既见》，《续四库全书·经部·书类》第44册，上海古籍出版社1995年影印，第246页。下引该书仅在正文适当处夹注页码。

汉唐以来，圣教衰微，独赖有五经在，犹得依弱扶微，匡翊人主，默持世道，安可更有兴废哉！'"[1]龚自珍亦云："（庄存与）自语曰：'辨古籍真伪，为术浅且近也，且天下学僮尽明之矣，魁硕当弗复言。'古籍坠湮十之八，颇籍伪书存者十之二，帝胄天孙不能旁览杂氏，惟赖幼习五经之简，长以通于治天下。昔《大禹谟》废，人心道心之旨、杀不辜宁失不经之诫亡矣；《太甲》废，俭德永图之训坠矣；《仲虺之诰》废，谓人莫己若之诫亡矣；《说命》废，股肱良臣启沃之谊丧矣；《旅獒》废，不宝异物贱用物之诫亡矣；《冏命》废，左右前后皆正人之美失矣。今数言幸而存，皆圣人之真言，言尤疴养关后世，仅贬须臾之道，以授肄业者。"[2]《尚书》一书向来是教导皇子的重要教材，《日讲 <书经> 解义提要》对治《尚书》的方法分为经世与考据两种，曰："大旨在敷陈政典，以昭宰驭之纲维；阐发心源，以端慎修之根本。而名物训诂，不复琐琐求详。盖圣人御宇，将上规尧舜，下挹成康，所学本与儒生异，故黼握之所对扬，玉音之所阐液，义惟是大者远者，与儒生音训迥然有殊。"[3]

庄存与清楚地表明其站在皇家导师的位置来维护伪《古文尚书》的实用价值，并以通经致用的角度来肯定其治国理政之功用，并以此对训诂考证之学表示轻视之意，认为当时汉学以辨真伪来论定古籍的价值的作法只是"诵师之言，仅能弗失者，何足以及此。"（第 223 页）故庄存与"居上书房，深念伪《书》中如《禹谟》之'人心惟危，道心惟微'、《太甲》之'与治同道罔不兴，与乱同道罔不亡'、《吕獒》之'玩物丧志，玩人丧德'等语皆帝王格言，恐伪《书》遂废，后世人主无由知此，因作《尚书既见》三卷。"[4]《尚书既见》一书可具体而微地显示庄存与的学术风格，正如《味经斋遗书》中其他著作，或名为"论"、或名为"说"、或名为"解"，其论学的特色以议论为主，而不走汉学家之训诂考证的学路。[5]

---

〔1〕 庄绶甲：《尚书既见跋》，《拾遗补艺斋文钞》，道光 18 年李兆洛刊本，第 34 页。
〔2〕 龚自珍：《资政大夫礼部侍郎武进庄公神道碑铭》，第 28～29 页。
〔3〕《日讲〈书经〉解义提要》，《四库全书总目题要》，台北艺文印书馆 1989 年版，第 288 页。
〔4〕 李慈铭：《越缦堂读书记》"《味经斋遗书》"条，台北世界书局 1975 年版，第 1167 页。
〔5〕 谭献：《复堂日记》卷 7，光绪 15 年刊本，台北华文书局 1970 年版，第 9 页。

然而当时学界以汉学为经学研究的主流，尤其在乾隆三十七年《四库全书》馆开馆后，经学的训诂考证成为显学，考据学成为当时评定学术价值的标准，而庄存与曾于乾隆四十七年任《四库全书》总阅官，对于此时的学术动态有相当深刻的了解，自知其治经不论家法，不以解诂为目的，“所学与当时讲论或枘凿不相入”，[1]故“乃计其委屈，思自晦其学”，“未尝以经学自鸣，成书又不刊板行世，世是以无闻焉。”[2]直至道光年间才出版，且“书出而世儒大诟之”，[3]如李慈铭说：“庄氏之《尚书既见》，……乃今阅之，既无一字辨证其真伪，亦未尝阐发其义理，但泛论唐虞三代之事势，凭私决臆，蔓衍支离，皆于经义毫无关涉。……乾隆间诸儒经说，斯最下矣。阮氏《学海堂经解》中屏之不收，可谓有识。”[4]而胡玉缙的《尚书既见书后》则全摘李氏之说。[5]朴学之士以考据作为单一标准来论《尚书既见》，使此书在清中晚期的学界的评价并不高。至晚清，今文经学风行一时，使得学者也仅对以研究公羊学为主的《春秋正辞》一书予以重视。因此，在庄存与经学思想的研究中，《尚书既见》的重要性则为人所忽略，尤其是其经说的核心精神与《春秋正辞》之关系。为此，有必要对两书的关系作一深入探讨。

四、《尚书既见》对《春秋》微言之阐释

《尚书既见》一书却与庄存与的《春秋》研究息息相关，甚至可以说此书蕴藏着庄存与对《春秋》微言的发挥和阐述。然而此书却不被学者所重视，其原因主要是时代的因素与庄存与有意为之所造成，故以下乃尝试去解析此书的笔法及其相关内容，期望能找寻出庄存与撰写此书之本意。

（一）庄存与在《春秋正辞》中对大义与微言的区分

庄存与于《春秋正辞·奉天辞》中将《春秋》之微言大义分为十项，一曰建

〔1〕 阮元：《庄方耕宗伯经说序》，《味经斋遗书》卷首。
〔2〕 董士锡：《易说序》，《味经斋遗书》卷首。
〔3〕 李慈铭：《越缦堂读书记》“《味经斋遗书》”条，第 1167 页。
〔4〕 李慈铭：《越缦堂读书记》“《尚书既见》”条，第 1167 页。
〔5〕 胡玉缙：《尚书既见书后》，《学术集林》第 4 册，上海远东出版社 1995 年版，第 27 页。

五始，二曰宗文王，三曰大一统，四曰通三统，五曰备四时，六曰正日月，七曰审天命废兴，八曰察五行祥异，九曰张三世，十曰俟后圣。[1]其中一至八项，庄存与在第一章《奉天辞》中均有所详述，唯独九、十两项只于开头部分作概括说明，缺而不论，其因何在？皮锡瑞论《春秋》曰："《春秋》有大义，有微言。所谓大义者，诛讨乱贼以戒后世是也；所谓微言者，改制以至太平是也。……孔子惧弑君弑父而作《春秋》，《春秋》成而乱臣贼子惧，是《春秋》大义；天子之事，知我罪我，其义窃取，是《春秋》微言。大义显而易见，微言隐而难明。"[2]庄存与以一至八项为《春秋》之大义，可明而论之；九、十两项则是微言，故隐而不论，其于"张三世"中曰："据哀录隐，隆薄以恩，屈信之志，详畧之文。智不危身，义不讪上，有罪未知，其辞可访。拨乱启治，渐于升平，十二有象，太平以成。"[3]当中"义不讪上，智不危身"出自于《春秋繁露·楚庄王》，董仲舒对此进一步阐述："故远者以义讳，近者以智畏。畏与义兼，则世逾近而言逾谨矣。此定、哀之所以微其辞。以故用则天下平，不用则安其身，春秋之道也。"庄存与引《春秋繁露》之言，乃以为"张三世"之说有讪上与危身之可能，故在其论述中微其辞，以避开乾隆朝的文字狱，以免"有罪未知"。关于"俟后圣"则曰："春秋应天受命作制，孟子舆有言，天子之事，以托王法，鲁无愒焉；以治万世，汉何覬焉。"[4]此部分则在阐述孔子托《春秋》以论天子之事，为后世立法，以奠定太平之基，其与张三世相表里，故庄存与将此两项归于微言之列。

（二）庄存与在《尚书既见》中对"张三世"的论说

庄存与以"张三世"与"俟后圣"为微言，但于《春秋正辞》中不直接论其义，造成学界一般认为庄存与以大义为主，微言为辅，这与其身为上书房师傅一职有关。事实上，庄存与对于大义与微言是并重的，且认为《春秋》与《尚书》中均有孔子之微言，二者可互通互证，而《尚书》中的"二帝三王之微言大指"即

---

〔1〕 庄存与：《奉天辞第一》，《春秋正辞》，《皇清经解》卷375，广州学海堂庚申补刊版，第1页。
〔2〕 皮锡瑞：《春秋通论》，第1~2页。
〔3〕 庄存与：《奉天辞第一》，《春秋正辞》，第1页。
〔4〕 庄存与：《奉天辞第一》，《春秋正辞》，第1~2页。

是指公羊《春秋》中的“张三世”之说，是儒家思想中达到“天下平”这一终极目标的重要理论，两书也均以尧舜时代为太平世的原型，故“《春秋》乐道尧舜之道”，[1]而“尧舜之德着于《书》”。[2]因此，庄存与撰写《尚书既见》的真正目的即是为了使“张三世”之说在相对隐秘下“其辞可访”，故《尚书既见》以舜征有苗之事作为全书开头后，书中立即对“张三世”加以论述，依次论说尧舜时期、三代及春秋时代，其曰：“书契以来，治乱多矣。上有明天子，天下未尝不安，百姓未尝不相生养于其间。德必讵若尧舜，胥戕胥虐，则可以决其必无也。”（第226页）尧舜当政时期为太平世，这时正如《春秋正辞》所曰：“《春秋》之志行，天下并兴于贞。男有分，女有归，民人无偏丧者，父不哭子，兄不哭弟。”[3]天下之人均归于正道，“决其必无”戕虐之事，故“民人无偏丧者，父不哭子，兄不哭弟”，亦是《礼运》所言：“大道之行，天下为公，选贤与能，讲信修睦。故人不独亲其亲，不独子其子。使老有所终，壮有所用，幼有所长，矜寡孤独废疾者皆有所养。男有分，女有归，货恶其弃于地也，不必藏于己，力恶其不出于身也，不必为己，是故谋闭而不兴，盗窃乱贼而不作。”次曰：“《礼运记》曰：‘天子有田，以处其子孙；诸侯有国，以处其子孙；大夫有采，以处其子孙。是谓制度。’此则三代所同也。一代之兴，自始受命之祖，传之子孙……人主各有其亲且爱者，莫不欲富而贵之，肺腑亦皆自许必富贵，固而不易，则疏踰戚者也，必然之势也。各宠所任，则新间旧者，又必然之势也。不有伐也，将以何树？不有夺也，将以何予？”（第226页）三代之初为升平世，亦是小康之世，即“大道既隐，天下为家，各亲其亲，各子其子，货力为己，大人世及以为礼”的时代，至其子孙，不刑仁讲让，故“有夺”使得“谋用是作”，“有伐”使得“兵由此起”，故三代之后，天下一治一乱，循环不已。最后庄存与写到春秋时期为据乱世，其曰：“去顺效逆，好亡恶定，《春秋》所记乱败多矣”（第226页），而在《春秋正辞》也言：

---

〔1〕 庄存与：《禁暴辞第七》，《春秋正辞》，第2页。

〔2〕 庄述祖：《皇上七旬万寿颂序》，《艺珍宦文钞》卷1，影印中国科学院图书馆藏清刻本，《续四库全书》“经部·集部”，第1475册，第1页。

〔3〕 庄存与：《内辞辞第三》，《春秋正辞》，第15页。

“《春秋》以礼表天下之乱”。[1]全书结构依此分为三部分，依次论说盘庚、周公、大舜，并将此三人视为据乱世、升平世、太平世中的典范人物。

1. 论盘庚。对于盘庚所处的时代，庄存与“考司马迁之记”而言：“盘庚之世，虽曰商不若周之大坏，然而乱者数世，诸侯莫朝，则东迁以后事势也。”（第227页）庄存与将盘庚之世等同于周室东迁后的春秋时期，而《春秋》中所描绘的据乱世即是根据春秋之乱象而来，因此庄存与即以盘庚所处为据乱世阶段。在三代的君主中，庄存与选择盘庚作为据乱世之代表有其时代因素。庄存与撰写《尚书既见》的年代大概在乾隆中期以后，此时虽值盛世后期，然而国内种种问题积弊已深，各种危机已蓄势待发，与此同时，和珅受乾隆之重用，大权独揽，更使清朝中衰之势日益明显，庄存对此情势深感忧虑，故魏源说庄存与：“君在乾隆末，与大学士和珅同朝，郁郁不合，故于《诗》、《易》君子小人进退消长之际，往往发愤慷慨，流连太息，读其书可以悲其志云。”[2]在论述据乱世的情形时亦是如此。庄存与以盘庚作为典范，乃因盘庚非开创之主，而是一中兴之主，其背后的深意乃是深许皇子以其为榜样，于未来旋干转坤，扭转国势而再现盛世，故其曰：“为君难矣，守成尤难，盘庚其难之治者也。”（第228页）由此更可印证庄存与“说经皆非空言，可以推见时事，乾嘉之际，朝章国政，隐喻其中。”[3]

庄存与以迁都亳殷一事作为盘庚拨乱启治的契机，并与周平王东迁洛阳对比分析。在“比九世乱”后，盘庚所面临因长期内斗所造成的分裂局面可与春秋之乱相媲美，在恢复成汤之政的号召下，其拨乱反正的做法分两步：第一为振王纲。盘庚先“择瘠土而处之，劳其民而用之”，使“自上以下胥戚，而不敢一日耽乐”，藉此将其臣民分为两部分，民之善者与盘庚一起迁都至殷，而“弃恶民皆留之而不迁也”；贵族部分，“世族能从教者，因而与之；不能改者，因而去之。”（第228页）盘庚以迁都之几来去逆留顺，使大权统于一尊，使国家“能纲纪而统理之”。第二步为兴教化。盘庚对于久处于乱世下的诸夏百姓，“欲止其乱之心”，故“殖有礼，覆昏暴”，即以正礼俗入手，教民以义，去其为乱之

---

〔1〕 庄存与：《正天子辞第二》，《春秋正辞》，第106页。
〔2〕 《武进庄少宗伯遗书序》，《魏源集》，第238页。
〔3〕 谭献：《复堂日记》，第9页。

心，使“百姓由宁，殷道复兴，诸侯来朝，以其遵成汤之德也，百世视诸此矣。”（第228页）盘庚以此成为后世拨乱反正的最佳典范，而盘庚之世乃由据乱世至升平世。

2. 论周公。庄存与于书中第二部分论周公相武王、成王之事正是为了阐述在周公辅政下如何由升平世至太平世的过程。庄存与从周公之志与周公之政来论之。首先，他以明德之深浅将圣人分为两个层次：舜与周文王治国至仁而不杀人，均以太平世之道为政，故为第一层；汤、伊尹、周武王、太公则以礼义为纪，遏恶扬善，不杀不辜，以升平世之法治世，故为第二层。在“商周之际，文王之德纯矣，武王身之也。迪知上帝命者十人，周公至矣。”（第223页）庄存与以为此十人中，唯有周公知文王欲达太平之志，并以文王之志为己志，故周公曰：“文王，我师也。”（第231页）或曰：“文王之心，惟周公知之矣。”（第230页）或曰：“与文王一德者惟周公。”（第233页）故在《金縢》之册中，周公自言其志，为天子请命，与以身代武王之请命说不同，庄存与以为周公之志为“周公所自以为功代武王之说也”（第240页），即周公所请之命，乃欲完成武王未竟之业与实现文王未成之遗志，而其余九人虽贤，仅知拨乱反正，至升平之世而止。因此，庄存与以为周公均以达太平之世为施政的目标，如相较于“成汤克夏则黜夏命”，放桀于南巢，“立姒姓之亲且贤者为禹后”，[1]武王与周公则行文王之道，仿帝舜以“鲧则殛死，禹乃嗣兴，虞帝所以奉天道”之例（第230页），不黜殷命，“立武庚俾守其宗庙社稷，修其礼物以客事天子”。（第238页）正如，《春秋》缘礼义以致太平，明王化之渐，故在东征平乱后，周公开始制礼作乐，“欲天下诸侯师文王也”，[2]以太平世为目标，使“明德光于上下四方”，故庄存与曰：“维此圣人，牖民孔易，作新大邑，民大和，会告商王，士邑明而事勤矣。周公于是制作礼乐，单文祖德，而以太平告焉，维天之命是也。《行苇》《既醉》，人有士君子之行，则刑既措矣。”（第236页）周公完成文王之志，因其国以容天下，广礼乐而教化行，使天下人皆“服其心，革其俗，各正其性命，而受禄于所瞻仰之天”（第236页），故

[1] 刘逢禄：《书序述闻》，《续四库全书》，第371页。
[2] 庄存与：《正天子辞第二》，《春秋正辞》，第5页。

人人皆有士君子之行，此即中庸所言“君子笃恭而天下平”。因此，周公之时为由升平世至太平世之阶段。

3. 论舜。在诸圣王中，庄存与于书中选择舜为太平世的代表，一来是因舜前接尧而后接禹，其主要任务是如何维持太平世的延续；其次是因为庄存与对舜尊崇至极，其在《尚书说》云：“若夫知人安民，柔远能迩，犹非大舜之至难也。所难者，处非常之变而不惧，遇非常之事而不惊，而终克全乎天下，古今之大常，则惟虞帝一人而已矣，其可及哉？其可及哉？故作《书》者必历叙其难而后着为之典，示天下后世以圣人之极，实君臣父子之极也。是乃天性之至常，五伦之彝法乎！非大圣孰能成此懿典乎！”[1]即舜经非常之大难却可全乎天下，达到圣人之极致，其为人治世不留一丝一毫的缺失，为后世展现出太平世的完美典范。其中，庄存与以舜化象与瞽瞍之至恶为善的过程作为舜何以为古今圣王之典范。万章引《舜典》曰：“父母使舜完廪，捐阶，瞽瞍焚廪。使浚井，出，从而揜之。象曰：‘谟盖都君咸我绩。牛羊，父母；仓廪，父母。干戈，朕；琴，朕；□，朕；二嫂，使治朕栖。’象往人舜宫，舜在床琴，象曰：‘郁陶思君尔。’忸怩。舜曰：‘唯兹臣庶，汝其于予治。’”庄存与以为舜之所以为大圣可由其“遭骨肉之变而察微知显，不失其忸怩之一几”（第243页）中看出，舜在遭遇人伦大变之时，不只不失其本性，反而因势利导，抓住象出于人性所发出的忸怩之色的时机，封象于有庳之国，使象由“昏然迷，适然惊，怃然悔，蘧然觉，日者欲杀舜之心，不知何自尽矣，于是日以爱兄之道事舜。”（第244页）且舜以变化象为契机，据“能悦亲者弟也”之现实，以父母“欲象之贵，舜则贵之；欲象之富，舜则富之；欲兄弟之相见而乐，舜则常常见象而乐之，父母遂不欲舜之欲者。昔从之敖，今乐其顺。”以此瞽瞍的不慈之心亦息矣，达到父慈子孝，兄友弟恭，最终如子夏所曰：“父子一体也，兄弟一体也。”庄存与由此阐发《舜典》之大义，曰：“谓象终不仁者，不知性；谓瞽瞍未尝听象杀舜者，不知尽性。彼谓天下必无至不仁之变事，实不信天下有至仁之能事也。”（第246页）《舜典》记载瞽瞍与象如此至不仁之事，正是为凸显舜之至仁，由此使人知

---

〔1〕 庄存与：《四书说》，第8页。

道何谓尽性，“是以着其终事，书之为典，以告万世，俾天下后世知人心之危必有所极，而皆可得反，绝非天之降命有如此也。性善无可疑矣。”（第244页）庄存与以为《舜典》记载瞽瞍听象杀舜这种大不道之事是为了阐述虽如瞽瞍之顽嚣与象之大恶，最终乃可由恶返善而成为舜之徒，并以此说明孟子之性善论为尧舜之道的基础。庄存与以为舜正是以性善作为其修齐治平的核心精神，推而广之，由至亲至夷狄，最终连三苗之顽也在舜之盛德教化下，“皆化民易俗，近者说服而远者怀之也”，最终达到“及其既同”（第225页），成为“夷狄进至于爵，远近大小若一”的太平世时代。

由上可知，在《尚书既见》中，盘庚为转变据乱世而成升平世的模范君主，周公则成为立足升平世以开太平之门的圣人，而舜则是为天下后世展现太平世的圣君，庄存与于书中以此三人间接地来论说张三世之说，以补充《春秋正辞》中所省略的微言论说。

五、结论

乾隆中期以后，在汉学风潮的席卷下，考据学对科举的学术表达模式——辞章之学与经典解释方式——程朱理学的否定，对非汉学家造成一股学术压力，如章学诚、桐城派的姚鼐、常州学派的庄存与等人，其响应的方式，一是建构“六经皆史”的史统，一是建构“文以载道”文统，而庄存与则欲建构一套超越汉宋、以策论方式直接阐述微言大义的学统，而将庄存与治学的目的表露最清晰的是龚自珍。嘉庆二十四年，龚自珍受庄绶甲之托在北京为庄存与作的神道碑铭，为此，龚自珍请教宋翔凤为其推测庄存与之志，并据此作《资政大夫礼部侍郎武进庄公神道碑铭》，文中开头即言庄存与一生为学分两阶段，其曰：“卿大夫能以学术开帝者，下究乎群士，俾知今古之故，其泽五世；学足以开天下，为有所权缓急轻重，以求其实之阴济天下，其泽将不惟十世；以学术自任，开天下古籍之故，百年一人而已矣。若乃受不学之名，为有所权以求济天下，其人之难，或百年而一有，或千载而不一有，亦或百年数数有。虽有矣，史氏不能推其迹，门生、学徒、愚子孙不能宣其道，若是，谓之史之大隐。”〔1〕龚自珍以为庄存与前半生以其深厚的经学功底受到乾隆的重用而成为上书房师傅和经筵讲官，故其为学的目的乃是成为“能以学术开帝者”，以培养一位符合儒家理想的统治者为其奋斗的目标，故此时偏重于大义的发挥。然而因乾隆中期的伪《古文尚书》存废之争凸显汉学已成为学术的主流，而汉学多推崇荀子之学，因汉“儒林之兴，多自孙卿”，“故汉之儒其未能尽醇者，孙卿之儒也。”〔2〕荀子言性恶，而“以性为恶，或曰性可以为不善，或曰有性不善，皆纣之遗教。”（第229页）使得庄存与忧心以性善论为基础的尧舜孔孟之道不彰，学界将为“诬圣畔经”之学所夺，即考据学兴起后将对后世学术带来极大负面的影响，因此，庄存与将其为学的目标转变成“以学开天下”，欲“以六艺之名，正天下之析言乱名者”，〔3〕希望将士人治经由以汉学考据为主回归成以研究圣人微言大义为主，而《尚书既见》则成为庄存与为此目标所撰写的经学代表作，而李兆洛于《庄方耕先生〈尚书既见〉序》中称此书的作用如“欲问日于羲和、容成，而以灵台畴人为之导也”，〔4〕即他以圣人之道喻作日，而以羲和、容成喻作庄存与，而以灵台畴人喻作《尚书既见》，将庸夫、孺子喻作当时随风逐流之士子，强调庄存与欲以此书来导引士子回归至孔孟之道，这就是庄存与“以学开天下”之志。故此书出版后最受汉学家的批评，但此书也由此开启常州学派以《春秋》之义贯五经的先风。但因时代条件的限制，“为有所权缓亟轻重，以求其实之阴济天下”，庄存与自晦其学为史之大隐以俟来者，将“以学开天下”之志寄托于《尚书既见》一书，故龚自珍接下来在铭文中以近半的篇幅叙述《尚书既见》撰写的前因后果，以此显示《尚书既见》在庄存与和常州学派的学术思想中具有重要特殊的地位。

---

〔1〕龚自珍：《资政大夫礼部侍郎武进庄公神道碑铭》，《定庵文集》卷上，第27页。

〔2〕庄述祖：《与赵亿生司马书》，《珍蓺宧文钞》，《续四库全书》，第110页。

〔3〕庄存与：《四书说》，第75页。

〔4〕李兆洛：《庄方耕先生〈尚书既见〉序》，《养一斋文集》卷2，《续四库全书》，第24页。

浅论《颜氏家训》与《颜氏家训集解》之得失

陈冠伟 *

[内容提要]

《颜氏家训》是关于“治家教子之学”的优秀著作，其主旨是“忠孝”，其思想内容是符合中华优秀传统文化主流思潮的；在一些细节方面（如避讳）则存在疏失。《颜氏家训集解》校勘精准，解说大都正确；但对颜之推的一些批评是有争议的，其“《礼经》早已失传”的说法是错误的。

[关键词]

《颜氏家训》　《颜氏家训集解》　忠孝　礼　王利器

家训，往往是一家的长者对全家人的训告和指示，拿自己的经验和认识启示后人该如何观察世界、判断是非、处理问题，向后人提出长辈的勉励和希望。中华民族在共同的长期的社会生活中，发掘而总结出了修齐治平之学：“身修而后家齐，家齐而后国治，国治而后天下平。”在中华民族优秀而宝贵的传统文化中，“齐家”从来就和“修身”“治国平天下”之学融汇于一体，“家训”从来就和社会、国家

* 陈冠伟，中南大学法学院博士后研究人员、文学院讲师。

事业密切地联系在一起。《颜氏家训》指题署为“北齐黄门侍郎颜之推撰”的《家训》一书。该书反映了南北朝时期著名的文人学者颜之推的人生观和思想学识，共七卷二十篇。《颜氏家训》流传于中国社会至今已经1400多年，是中华民族历史上记录“家训”的众多书里的一种，因其体系宏大、内容丰富而闻名于世。《颜氏家训集解》[1]是由著名学者王利器收集历朝历代对《颜氏家训》所作的注释，结合自己的见解编撰而成，其成书、出版，至今也有30多年了，是一部研究《家训》的权威之作。这两部著作都有其明显的过人之处，得到研究者们的反复征引和赞誉，关于其错误或不足之处则谈得不多。《集解》虽然论及《家训》的缺憾，但其批评却未必完全妥当，而且并未察觉自身亦有疏失。

一、《颜氏家训》的主旨与价值

记录或反映中华民族传统文化的文献宝库中，有很多关于“家训”“家礼”“家规”的文献材料，这些文献都可以归类为“治家教子之学”这样一个内容丰富的系列。贯穿于这个系列的宗旨之一，可以用两个字来概括，即“忠孝”。这与传统十三经之一的《孝经》之旨是一致的。唐明皇在《孝经序》里点明了《孝经》之旨：“上古其风朴略，虽因心之孝已萌，而资敬之礼犹简。及乎仁义既有，亲誉益着，圣人知孝之可以教人也，故因严以教敬，因亲以教爱，于是以顺移忠之道昭矣……是知孝者德之本欤！”[2]宋邢昺作疏说：“经云君子之事亲孝，故忠可移于君……事亲能孝，移之事君则为忠……《论语》云：‘孝弟也者，其为仁之本欤。’今言‘孝者德之本欤’，欤者叹美之辞。举其大者而言，故但云‘孝’，德则行之总名，故变仁言德也。”

颜之推撰《家训》，无疑也属于“治家教子之学”这一系列，其主旨与《孝经》也是相通的，都强调“忠孝”。《家训》二十篇的第一篇《序致》，首句话就

〔1〕王利器：《颜氏家训集解》，上海古籍出版社1980年版。下引《颜氏家训集解》简称《集解》，仅在正文适当位置标注页码；《颜氏家训》简称《家训》。
〔2〕《十三经注疏·孝经注疏》，中华书局1980年版，第2540页。

说："夫圣贤之书，教人诚孝。"王利器在《集解》里证明，"隋人避文帝父杨忠讳改为诚"（第19页），所以"诚孝"就是忠孝。正因为《家训》突出了"忠孝"之旨，符合统治阶级的要求，所以该书自产生以来，历代统治阶级的文人评价很高。王利器的《集解·叙录》就注意到："袁衷等所记《庭帏杂录》下写道：'六朝颜之推家法最正，相传最远。'王三聘《古今事务考》二写道：'古今家训，以此为祖。'"（第1页）《颜氏家训》能够闻名天下，对后世产生重大影响，其原因除了自身本来的文字优美和内涵深邃，得到统治阶级的推崇也是重要因素。

在宣扬忠孝思想这一灵魂的指引或管束下，《家训》对晚辈提出了具体而必备的要求。譬如第三篇《兄弟》说："二亲既殁，兄弟相顾，当如形之与影，声之与响；爱先人之遗体，惜己身之分气，非兄弟何念哉？"（第40~41页）第八篇《勉学》说："自古明王圣帝犹须勤学，况凡庶乎……夫明六经之指，涉百家之书，纵不能增益德行，敦厉风俗，犹为一艺，得以自资……谚曰：'积财千万，不如薄伎在身。'伎之易习而可贵者，无过读书也……"（第141，153页）第二十篇《终制》向后人交代自己的后事，说："今年老疾侵，傥然奄忽，岂求备礼乎？一日放臂，沐浴而已，不劳复魄，殓以常衣……亲友来餟酹者，一皆拒之。汝曹若违吾心，有加先妣，则陷父不孝，在汝安乎？"（第536页）

上引录的三段文章，各有其义蕴。出自《兄弟》的一段，教导后人兄弟之间互相友爱，属于中华民族传统的"孝悌"之道。出自《勉学》的一段，勉励后人向学（低要求是学技艺），勉励后人用功读书。《终制》是写遗嘱的文章，要求后人为自己办丧事从简，以免"陷父不孝"。很多丧礼仪式都省去了，譬如"复魄"之仪，"亲友来餟酹"之仪，被立遗嘱者明文禁行了。"复魄"之仪，见于《礼经·士丧礼》，即后人为刚刚死去的人招魂，古代丧礼中常见，表示活着的人希望刚刚死去的人复活。[1]权贵家庭的葬礼往往极尽铺张，而古人更甚于今，如此家训却出自"黄门侍郎"的亲笔，这在古人之中是少见的。而由于颜之推的先人后事从简，如果颜之推自己的葬礼规模太过讲究，不仅违背了他一贯以来"去奢"的理念，也会使他有不孝之嫌。因此颜之推不要后人在他死后

〔1〕 郑注："复者有司招魂复魄也"，见《十三经注疏·仪礼注疏》，第1128页。

施行“复魄”之仪和“亲友来餟酹”之仪，表明了其思想境界上的超脱和对忠孝之道贯彻到底的决心。

前引三段文章证明：该书引导后人友爱兄弟，勤学而“得以自资”，自己做忠孝之人，千万不要“陷父不孝”。在其余篇章里，还有要求子女养成“慕贤”“去奢”“不吝”等好习惯的意愿。这样的家训是符合中华优秀传统文化主流思潮的，即使从今天的观点来看，也没有误导晚辈走歪门邪道之嫌。颜之推在《家训》中向后人介绍了一生做人和治学的经验，这些经验对后人的为人处事、读书治学都有着重要的指导作用，对后世特别是宋以后有着深远影响。可以说，治文史、治经学、治礼学、治社会学、治伦理学者不可不读《家训》。

二、《颜氏家训集解》的优点

王利器是饱学大儒，著名文献学家，他在《集解·叙录》的最后两行说：“一九五五年五月初稿，一九七八年三月五日重稿。”这部五十万字的书，自初稿、成书到出版，经历二十五年之久，令人对王利器治学的勤奋和严谨肃然起敬。据《集解·叙录》，“这部集解，是以卢文弨抱经堂校定本为底本，而校以宋本、董正功《续家训》、罗春本、傅太平本、颜嗣慎本、程荣《汉魏丛书》本、胡文焕《格致丛书》本……”（第 11 页）底本之外的校本少说也有十三种之多。王利器之前，没有哪位整理和解说《家训》的学者找过同一种书的这么多版本。找对底本与校本，对校勘学家而言是极其重要的。王利器为整理《家训》确定底本，搜罗众校本，显示了校勘学家的本色。

后面的文义考辩和解说之功，则得力于王利器校勘学之外辨彰学术、考镜源流的工夫。这里从《集解·教子篇》举例为证：“齐武成帝子琅邪王，太子母弟也……及太子即位，王居别宫，礼数优僭，不与诸王等；太后犹谓不足，常以为言。年十许岁，骄恣无节，器服玩好，必拟乘舆；常朝南殿，见典御进新冰，钩盾献早李，还索不得，遂大怒，訽曰：‘至尊已有，我何意无？’”关于这里“礼数”的解释，常见被理解为“礼貌、礼节的等级”；“何意”则容易被理解为“什么意思”或“何故”。

王利器为“礼数”加注释说：“古言礼亦谓之数，《左传》昭公三年：‘子太叔为梁丙、张趯说朝聘之礼，张趯曰：善哉！吾得闻此数。’前言礼，后言数，此二文同义之证。《诗·小雅·我行其野序》郑玄笺云：‘刺其不正嫁娶之数。’即用数为礼。”（第 32 页）这里关于“古言礼亦谓之数”的判断是有根据的。王利器举昭公三年《左传》为证，足以说明问题。另外还可以在文献中找出若干证据。《昭明文选》卷二十三任彦升《出郡传舍哭范仆射》诗首句云：“平生礼数绝。”礼数指的就是作为“国之干也”的礼。韩愈诗《桃源图》有“礼数不同樽俎异”之句，而“樽俎异”表现的就是“礼数不同”。[1]《新唐书·裴耀卿传》：“班爵与公同而礼数异，何也?”[2]礼数即为礼遇。这些文献证据都可以说明，王利器关于“礼数”的说法是对的。

王利器为“何意”加注释说：“何意，犹言孰料。《古诗为焦仲卿妻作》：‘新妇谓府吏：何意出此言?’《御览》九六〇引《幽明录》：‘空中有骂者曰：虞晚汝何意伐我家居?’”（第 33 页）这里说“何意”的意思是“孰料”，也是对的，把这两个书证里的“何意”换作“孰料”，非常顺畅。另有未录出的书证，见于《北齐书·俨传》，其实与颜之推《颜氏家训·教子第二》说的“齐武成帝子琅邪王”云云是同一个意思。

上文的意思是要说明：王利器撰《集解》，校勘精准，解说大都言之有据，大都可以信赖。所以《集解》被公认为解读《家训》的权威之作。《家训》配上《集解》，才能在中华礼义之邦的传统家风教育中发挥更好的作用。

三、《颜氏家训集解》的缺憾

《集解》自出版问世以来，读者从中获得很多方面的教益，可是也难免会产生一些疑问：王利器对颜之推和《家训》的批评全部都对吗？譬如颜之推在《家训·终制》临末要求后人“朔望祥禫”之际不可“有加先妣”“陷父不孝”之后，

---

〔1〕《文选》，中华书局 1977 年版，第 333 页。

〔2〕《新唐书》卷 127，中华书局 1975 年版，第 4454 页。

又向后人表示希望说："若报罔极之德，霜露之悲，有时斋供，及七月半盂兰盆，望于汝也。"王利器加注说："不忍违众而忘亲之说，最足说明封建士大夫佞佛之心理，颜氏之以此望于子弟，正复尔尔。"（第541页）

暂且不论颜之推如果信佛是否应该被批判。"七月半盂兰盆"一句，其实仍然与孝道有关。《佛经大辞典》云："佛教于每年七月十五日（僧安居竟之日）以百种供物供三宝，请其威，得救七世之父母……《盂兰盆经》曰：是佛弟子修孝顺者，应念念中忆父母乃至七世父母，年年七月十五日常以孝慈忆所生父母，为作盂兰盆施佛及僧，以报父母长养慈爱之恩。"[1]可见颜之推此言是为报父母长养慈爱之恩，是忠孝之念，应该可以谅解。

王利器在注释中又说：宋本原注："本无'七月半盂兰盆'六字，却作'乃忠孝信不辱其亲所望于汝也'。案：《续家训》及各本与一本合。"于是王利器引别的学者的说法，证明颜之推信佛，且无"七月半盂兰盆"六字之一本为"后人"所改。但这毕竟只能算揣测之词，说服力不强。《北齐书·文苑列传》本传并没有说颜氏佞佛。所以如果不能从颜之推自己写的诗文里找到关于他信佛的证据，只好判断王利器对颜氏"佞佛"的批评不足以服人。

但是在王利器看来，颜之推另有更严重的问题。《集解》对《家训》有如下的一段批评："他一方面颂扬'不屈二姓，夷、齐之节'，一方面又强调'何事非之君，伊、箕之义也。自春秋已来，家有奔亡，国有吞灭，君臣固无常分矣'。一方面宣称'生不可惜'，'见危授命'，一方面又指出'人身难得'，'有此生然后养之，勿徒养其无生也'。因之，他虽'播越他乡'，还是'腼冒人间，不敢坠失'，'一手之中，向背如此'，终于像他自己所说的那样，'三为亡国之人'。然而，他还在向他的子弟强聒：'泯躯而济国，君子不疚'……当其兴酣落笔之时，面对自己之'予一生而三化'，'往来宾主如邮传'者，吾不知其将自居何等？"（第3～4页）也就是说，王利器认为颜之推心口不一，虽然有时向子弟宣扬"诚孝"（忠孝）之道，但实际上奉行的是活命哲学而不忠不孝，甚至可说是恬不知耻。王利器的看法当然是有根据的，其根据就在《家训》和该书之外的颜之推的诗赋（特

---

〔1〕丁福保：《佛教大辞典》，文物出版社1984年版，第622页。

别是《观我生赋》)。王利器从其中录出了一些明白地表示不忠不孝的句子，如“三为亡国之人”，“予一生而三化”。其意分明是颜氏自承朝秦暮楚，无忠贞可言。

“三为亡国之人”与“予一生而三化”句意思相同，都出自《北齐书·颜之推传》全文著录的《观我生赋》。颜之推自己的注释是这样的：“在扬都，值侯景杀简文而篡位；于江陵，逢孝元覆灭；至此而三为亡国之人。”王利器据此作出判断说，“此赋作于齐亡入周之时”，这当然是符合事实的。其实还可以推断：如果《家训·终制》要说著者“四为亡国之人”，“予一生而四化”，也是符合历史事实的，因为后来周亡入隋了。

然而王利器的观点其实是有待商榷的。评判一个人对国家是否忠贞的标准，自古以来并不完全统一。文天祥面对元廷之刑，敢于成仁取义，那是对宋朝宋君的忠。他可以说“而今而后，庶几无愧”，〔1〕可以高歌“留取丹心照汗青”。〔2〕但并不意味着所有人都要像文天祥一样为国捐躯才是尽忠。如颜之推，虽然“四为亡国之人”，“一生而四化”，但他应该是没有亡国之责任的。小戴辑《礼记·曲礼下》：“国君死社稷。”〔3〕《春秋公羊传》襄公六年：“国灭，君死之，正也。”〔4〕在传统观念中，在国家需要国君为国献身的时候，如果国君苟且偷生，那就叫做于国不忠，史书就可以批评此君不正。而颜之推既不是国君，也不是手握兵权的将领。从“侯景杀简文而篡位”“孝元覆灭”“齐亡入周”到周亡入隋，颜之推在这样的历史洪流之中是无力的。他虽然一生而四化，先后有四位与他同时的国君倒下，但他和万千臣民一样，并没有必须为这四君殉葬的责任。仅仅因此判断颜之推四为亡国之人而有不忠之罪，显然有失公正。

其实依孟子的观点，颜之推不但无需为亡国之君尽忠，而且有理由视亡国之君为寇雠，如果国君视臣民如草芥的话。“寇雠何服之有！”〔5〕王利器批评、讽刺颜之推为人不忠，有过分之嫌。另据正史记载，颜氏后人（譬如颜清臣）正是由于

---

〔1〕《宋史》卷418，中华书局1977年版，第12533～12540页。

〔2〕《全宋诗》卷3598，北京大学出版社1998年版，第43025页。

〔3〕《十三经注疏·礼记正义》，第1259页。

〔4〕《十三经注疏·春秋公羊传注疏》，第2302页。

〔5〕《十三经注疏·孟子注疏》，第2726页。

《家训》的教导与熏陶，成就为彪炳史册的大忠臣。[1]

颜之推之为人忠孝是值得肯定的，《家训》在中国传统文献的治家教子系列的地位也应予肯定。当然不是说《家训》其书一点问题也没有，然就其大体而言，就其总的思想倾向而言，《家训》宣扬忠孝，勉励隋唐以来一代又一代的中国人努力走正路，至少称得上是一部好书。而王利器说："此书仍不失为祖国文化遗产中一部较为有用的历史资料。"（第7页）这样说当然也没什么问题，只是评价嫌低了点。其中对颜之推其人其书的批评，毕竟过分了点。

由于《家训》"涉及范围，比较广泛"，要真正读懂该书，已属不易。要对此书做准确的解说和评价，力求避免"颜氏所讥之'妄下雌黄'"，实在有比较多的困难。然而王利器毕竟是一代著名国学大师，在社会科学诸领域（譬如哲学、史学、文字音韵训诂之学）造诣颇深，因此在解说《家训》的过程中，大部分时候显得游刃有余。王利器著述甚丰，其著述表现出作者对中华民族传统文化颇为精湛的真知灼见。以《集解》而论，王利器的《序录》注意到《家训》"对于研究《南》《北》诸史"，"研究《汉书》"，"研究《经典释文》"，"研究《文心雕龙》"，都"可供参考"；而指出其中"《音辞》一篇，尤为治音韵学者所当措意"（第7～11页）：这就足以显示王利器治学独具只眼，可谓出手不凡。《集解》二十篇中还可以举出很多例子来诠释该书的重大价值。虽然如前文所言，《集解》亦有"有失公正"和"不足以服人"之处，但这并不影响其总体上的优越。

如若再考察《集解》的成书时期：此书撰作于二十世纪八十年代之前（"1955年五月初稿"，"1978年3月5日重稿"），恐难免受当时左倾思想路线以及批孔反右的影响。有鉴于此，《集解》对《家训》的思想内容方面的批评，即使有些过分，又是可以理解的。不过，在学术史方面，《集解》也有值得商榷的说法。下面举一个例子。《家训》第一篇《序致》有"虽读《礼传》"句，《集解》为《礼传》作注解如下："《礼传》，所以别《礼经》而言，《礼经》早已失传，今之《礼记》与《大戴礼记》，即《礼传》也。"（第22～23页）这里说"《礼传》，所以别《礼经》而言"，说"今之《礼记》与《大戴礼记》，即《礼传》也"，都对，可以

---

〔1〕《新唐书·颜真卿传》。《颜氏家训集解》所附颜氏后人撰写的多篇序跋亦可为证。

证明王利器之于礼学是有工夫的，至少不是外行。可是他还说“《礼经》早已失传”，这是很有争议的，甚至可以说是一大失误。

关于礼籍的最早的著录见于东汉班固的《汉书·艺文志》：“《礼古经》五十六卷。《经》七十篇。《记》百三十一篇。[注]七十子后学者所记也。”[1]1878～1956年在世的常州著名文献学家顾实著作《汉书艺文志讲疏》，讲述“《礼古经》五十六卷”这一句说：“此《礼》古文经也。仅十七篇与今文经同，馀并亡逸。”又对《艺文志》“经七十篇”一句作解说云：“此《礼》今文经也。刘敞曰：‘此七十与后七十皆当作十七，计其篇数则然。’刘说是也。”[2]北宋著名学者刘敞以为礼今文经就是《仪礼》十七篇，而顾实认可刘敞此说。关于《汉书·艺文志》所载礼书中经与记的关系，南宋朱熹说得最明白。他说：“《仪礼》是经，《礼记》是解《仪礼》。如《仪礼》有《冠礼》，《礼记》便有《冠义》；《仪礼》有《昏礼》，《礼记》便有《昏义》。以至燕射之类，莫不皆然。”[3]这样看来，如果仅仅说《礼经》有失传而亡佚者，没有什么问题；但如果按王利器所言，说“《礼经》早已失传”，似乎《礼经》早已完全不可得见因而今已不知其为何物了，显然是不正确的。事实上，《礼经》不仅传至后世，后人学者还多有引人瞩目的研究成果。上个世纪五十年代初去世的曹元弼先生撰有《礼经学》；[4]而曹元弼的弟子沈文倬先生同样成果斐然，被公认为“当今治《礼经》之第一人”。[5]

要之，中国传统礼籍中经与传记的关系，本来是清楚的。譬如《汉志》中《周官经》与《周官传》明为经传关系。《周官经》就是传存至今的《周礼》，只不过在漫长的流布过程中丢了《冬官》而已。“《礼经》早已失传”这一论断，反映持此说者若非一时失言，则既不知道礼籍中《礼经》与《礼记》的关系，又不清楚礼籍流布的历史与现状。

当然，礼籍中《礼经》与《礼记》的关系，可能也存在另外的说法。有学者

[1] 《汉书·艺文志》，中华书局1962年版，第1709页。“[注]”是班固自注，本无“注”字。
[2] 顾实：《汉书艺文志讲疏》，上海古籍出版社1987年版，第42页。
[3] 《朱子语类》卷85《礼二·仪礼》，岳麓书社1997年版，第1971页。
[4] 曹元弼：《礼经学》，《儒藏》精华编73，北京大学出版社2012年版。
[5] 《儒学与中国传统文化·沈文倬先生学术纪年》，中华书局2006年版，第589页。

说："三国魏时期，《礼记》升格为经。""《礼记》的升格为经，意味着它已经取得与《仪礼》平起平坐的资格，已经摆脱附庸的名分，蔚为大国。"[1]所以，出现《礼记》就等于出现《礼经》了。但无论采取哪种说法，说《礼经》久已失传都不妥当。更何况《颜氏家训》一书引"礼"多处，其中（如第六篇《风操》）明白地说是征引《礼经》。既如此，自然不能说"《礼经》早已失传"。

综上所述，《集解》确实存在一些缺憾。但即使从中再找到一两处疏失（恐怕也不是根本找不出），也不能改变我们对此书的总的看法，就其整体而言，《集解》是一部优秀的著作。

四、《颜氏家训》的疏失

虽然前文对王利器批驳《家训》的一些观点提出了异议，不过颜之推的《家训》也不是一点问题都没有。所谓百密一疏，其中还是能发现一些问题。

譬如《家训·序致》："夫圣贤之书，教人诚孝。"前文提到，王利器已指出："诚孝，即忠孝，隋人避文帝父杨忠讳改为'诚'。"《家训·养生》有"行诚孝而见贼"句，王利器注云："诚孝即忠孝，之推避隋讳改。"（第 334 页）应该说，王利器的说法是有道理的，古时避讳是很重要的礼制，颜之推在撰作时显然也注意到并遵从了这一点。然而《家训》的避讳却是不完全的。

譬如《家训·勉学》有"犹能以学成忠"句，王利器引近代著名学者、经学家龚道耕注："《家训》忠字皆作诚，避隋讳，《序致》篇'圣贤之书，教人诚孝'，是其证。此当作'以学着诚'。"（第 193 页）宋本此句作"犹能以学着忠诚"。颜之推在这里就没有避讳，其中缘由虽不可考，但结合全书来看可能是粗心之故。《家训·勉学》又有言："世人读书者，但能言之，不能行之，忠孝无闻，仁义不足……"（第 161 页）此处的"忠孝"又没有避讳。

又，据前文引过的《集解·终制》"及七月半盂兰盆"句注，宋本原注谓一本无"及"下六字，全句作"及尽忠信不辱其亲所望于汝也"。王利器谓"《续家

---

[1] 吕友仁：《〈礼记〉五讲》，《儒家文化研究》第 3 辑，北京三联书店 2010 年版，第 273 ~ 274 页。

训》及各本与一本合"，又引清代学者赵曦明说"固宜有此言"。既如此，这里的"尽忠信"为何不避隋文帝父杨忠讳，也是让人生疑的。

总之，如果不是版本之误，那就只有一种解释，著者未能坚持避讳的原则。究其缘由，若是偶然忘记了当时"忠"字要避讳，则有粗心大意之失；若是原来就另有考虑，则有违背礼制之嫌。显然这里是颜之推一时疏忽的可能性更大。避讳本来是件麻烦事。"忠孝"恒言，每逢碰到要说"忠孝"的时候，马上要避讳改说"诚孝"，偶尔出错也是可以理解的。如果还要从《家训》一书中找差错，大概多是这一类情况。所谓瑕不掩瑜，就大体而论，《家训》与《集解》一样，是一部相当优秀的著作。有志于学习或研究中国传统文化的人，读一读《家训》和《集解》，都能从中取得借鉴或教益。

胡安国《春秋传》对灾异论的发展与创新

戴金波 *

[内容提要]

灾异论是早期儒学中的一个重要内容，历来评论者对它的评价褒贬不一，但不可否认的是，这种理论对于中国传统政治模式的构建，具有不可低估的积极意义。胡安国的《春秋传》，对汉儒董仲舒等人的灾异理论、中唐啖赵学派“天人相分”的思想和宋初诸儒的灾异说进行了发展与创新，强调“以人胜天”“以德消灾”和“天人合一”，但胡安国此处所谈的天，极具“理”性的色彩，少有神性的痕迹。因此，其《春秋传》更加注重唤起王者内在的道德自律和理性自觉，这在中国古代政治伦理思想史上具有十分重要的意义。

[关键词]

胡安国　《春秋传》　春秋学　灾异论　理学

灾异论是“以自然灾害和某些特异的自然现象来推断人事吉凶、政治得失、

* 戴金波，湖南大学法学院博士后研究人员。

国家兴衰的一种学说，是中国古代‘天人感应’观念的一个重要内容”。〔1〕虽然历来论者对它的评价褒贬不一，但毋庸置疑的是，这种理论对中国传统政治模式的构建，具有不可低估的积极意义。灾异论的产生，早在先秦时代便已略具端倪。经过长时间的酝酿发酵，至战国末期，这种天人互相感应的理论逐渐完善。而相传为孔子亲手编定的《春秋》，其中所录灾异之处甚多，因而，灾异论便成为春秋学里的一个重要内容。胡安国的《春秋传》，自然也不例外。但是，胡氏所生活的时代，理学思潮勃兴，其《春秋传》不免深受影响，因而，他的灾异论也体现出与时代特色相符合的发展与创新。

一、对董仲舒灾异论的继承与发展

灾异现象历来被儒者视为上天对人君的警示，借灾异论政治，是儒家批评君王和制约君权思想的重要内容。董仲舒《春秋繁露》认为自然界各种异于寻常的现象和灾害，是社会政治悖乱的徵兆。胡安国《春秋传》在关于这些灾异的经解中，也多认为灾异的出现反映了现实政治的悖乱和无序，是“人事感于下，则天变动于上”。〔2〕这与董仲舒的说法是相合的。不过，胡氏更加注重引导人君的理性自觉，主动采取措施“以德消灾”，而不在于敬畏天命。

胡安国接受了董仲舒灾异说中“天人感应”的理论，承认孔子编《春秋》时之所以不删削那些“非所当告而告者”的灾异记录，是由于孔子欲借这些灾异现象来让后人体察“天人感应之理”。而胡氏所谓“和气致祥，乖气致异，人事感于下，则天变应于上”等等，都是典型的天人感应说。在此基础上，胡安国还对董仲舒的灾异论加以富于时代特色的改造与创新。胡氏对天人感应论和天谴论加以改造，突出人的主观能动性，强调“以人胜天”“以德消灾”的思想，透露出非常强烈的理性精神。笔者认为，胡安国《春秋传》的天人感应与天谴论中所凸显的理性精神与主观能动性，也就是“回避进一步的神秘化”。胡安国对“天”的态度，

〔1〕 姜广辉主编：《中国经学思想史》第 2 卷，中国社会科学出版社 2003 年版，第 453 页。
〔2〕 胡安国：《春秋传》卷 7《庄公七年》，“夏，四月，辛卯，夜，恒星不见，夜中，星陨如雨”条。

或许可以借用杰斐逊的一句名言来描述："他一定更赞成理性的崇敬而非盲目的恐惧。"〔1〕胡安国说："存亡者，天也；得失者，人也；不可逆者，理也。以人胜天，则事有在我者矣。必若颠倒冠履，而得天下，其能一朝居乎？"〔2〕存亡自有天命，而天理亦不可违逆，但政事之得失成败，却全在人为。人是天地间"最可贵者"，只有坚持"以人胜天"的理念，才能掌握世间事务的主动性。

需要注意的是，胡氏"以人胜天"之说，并不是认为"人"可以克服甚至违背"天命"与"天理"而具有无限的能动性，而是在顺应"天命"、"天理"的前提下，发挥人的主观能动性。因而，胡氏"以人胜天"的思想并非把天和人、自然与人为对立起来，而是以主张天人合一，以自然支持人为。与传统"天人合一"思想一样，在胡氏"以人胜天""以德消灾"的思想中，自然与人为、天与人之间并非绝对的紧张关系，他认为人及人的行为应当符合天命和自然，并且与天命自然和谐圆融地共生共存。这与后世之人提倡所谓"人定胜天"的政治口号，主张向自然界"开战"，意欲"征服"自然的理念是根本不同的。胡安国还说："若反身修德，信用忠贤，灾异之来，必可御矣。昔高宗肜日，雉升鼎耳，异亦甚矣，听于祖已，克正厥事，故能嘉靖殷邦，享国长久。宣王之时，旱魃蕴隆，灾亦甚矣。侧身修行，遇灾而惧，故能兴衰拨乱，王化复行。此皆以人胜天，以德消变之验也。"〔3〕高宗（武丁）曾遇大异而享国长久，（周）宣王遭逢大灾而王化复行，都验证了一条道理：只有反身修德民"兴衰拨乱"，才能消灾克异逢凶化吉。昭公四年，"春，王正月，大雨雹"，胡安国在《春秋传》卷24中没有否认灾异现象的警示作用，也接受并采用古已有之的阴阳五行说来解释"大雨雹"等灾异现象。尽管他也认为"《春秋》灾异必书，虽不言其事应，而事应具存，惟明于天人相感之际，响应之理，则见圣人所书之意"，〔4〕但他在《春秋传》卷25中更强调"吉凶祸福，固有可移之理"，坚持在灾异面前要"必先人事，而后言命"。

至于灾异论的目的，胡氏论述得更为彻底详尽。他说："《春秋》不书祥瑞，

〔1〕［美］杰弗逊：《杰斐逊选集》，朱曾汶译，商务印书馆1999年版，第408页。
〔2〕胡安国：《春秋传》卷30《哀公十三年》，"公会晋侯及吴子于黄池"条。
〔3〕胡安国：《春秋传》卷26《昭公二十五年》，"秋，七月，上辛大雩，季辛又雩"条。
〔4〕胡安国：《春秋传》卷3《隐公九年》，"三月癸酉，大雨震电；庚辰大雨雪"条。

而灾异则书者，绝谄端，垂警戒，正天下后世人主之心术也。”〔1〕可见胡氏之论灾异，重点在引导人君以天下民生为心。例如：隐公三年，“春，日有食之”，胡安国《春秋传》卷1曰：经书日食三十六。去之千有余岁，而精历算者所能考也，其行有常度矣，然每食必书，示后世治历明时之法也。有常度，则灾而非异矣，然每食必书，示后世遇灾而惧之意也。日者，众阳之宗，人君之表，而有食之，灾咎象也。克谨天戒，则虽有其象，而无其应。弗克畏天，灾咎之来必矣。凡经所书者，或妾妇乘其夫，或臣子背君父，或政权在臣下，或夷狄侵中国，皆阳微阴盛之证也。这是胡安国《春秋传》首次对“灾异说”进行阐发，胡氏此说的重点在最末一句，以灾异告戒人君关注天象，留心政事。这本来就是儒家的老传统，胡氏传承下来，但去掉了不少神秘主义的色彩，更多地以历史教训作为立论的依据。这当然与宋代科技的进步及人们对宇宙自然的认识水平提高有关。

受宋代理学思潮的影响，在“王”与“天”的关系上，胡安国也对董仲舒的“天人感应”论进行了很大程度的发挥。董仲舒认为，“王”处于秩序的最顶端，具有最高的政治权威。董子以为王者连通天地人，处于宇宙间最为关键的位置。因此，王就享有最高的权威和能力：“王者，民之所往。君者，不失其群者也。故能使万民往之，而得天下之群者，无敌于天下。”〔2〕然而，这个“无敌于天下”的王，必须受到制约和规范。所以，董仲舒又设立了一个限制和规范王权的力量——“天”，用“天”来“正王”。把种种美好祥和的自然现象赋予象征王道政治的意义，而把“贼气”视为上天对王者失道失政的谴告和警示。所谓“屈君以伸天，《春秋》之大义也”。〔3〕就是为了彰显天在王权之上具有更高的价值和力量。董仲舒这套制约君权的思想体系为后代儒家不断地加以发展。这种“天命论”，依据“天人感应”“阴阳五行”宇宙观为基础的“五德终始”说，一直以“天命所归”、“天降祥瑞”的神秘主义方式论证君权的合理性。按照这种论证方式，“天”通过某种神秘力量将最高的统治权力赋予人世间的仁德有道之君，也会对无道失德之君加以谴告，若人君未能及时修德改过，则降以灾异。但是，到了东汉后期，“天”

〔1〕 胡寅：《斐然集》卷25《先公行状》，岳麓书社2009年版，第496页。
〔2〕 《春秋繁露》卷5《灭国上》，第71页。
〔3〕 《春秋繁露》卷1《玉杯》，第12页。

的权威受到了严重的挑战和质疑，人们对“天”的信仰开始发生动摇。因为汉代“天”的权威建立在灾异谴告等思想学说的基础之上，而东汉后期频繁发生的自然灾害使人们对传统的灾异学说产生了怀疑。人们发现，“天”并不像先前学者所宣扬的那样能够主宰人世间的祸福成败，甚至“残民者昌，佑民者殃”也是常见的社会现实，有德者未必获得“天”的眷顾，而无道者未必遭到谴告。在东汉末年的党锢之祸中，许多正直忠良的大臣们都受到陷害，甚至受到朝廷的打压，遭受被囚禁、杀戮之类的惨剧，而那些奸佞无耻的宦官、佞臣却反而得到天子的重用。这种严酷不公的社会现实，使得具有正义感的士大夫开始思考“天”的可靠性。能发谴告、降灾异以保障人间合理秩序的“天”，业已丧失其道义权威性，成为一种非理性的、盲目的宰制力量，“不可得而知”，亦“不可得而必”，更接近于无常命运的意思，人间道义在它的面前显得无可奈何。[1]“天命”已经发生了变质，失去了道德理性的内涵，如果再继续延续“五德终始”学说，既不能合理地解释与之相悖的历史事实，也不能为政权的合法性提供有效的论证。更为严重的是，“天命”不可知，亦不可畏，失去了警戒人君的作用，儒家用以制约、规范君权的思想理论失去了信仰的基础。这样，“天”的权威渐趋瓦解。

到了宋代，通过宋初一系列的政治活动与制度安排，王权得到极大的强化与扩充。另一方面，国家推崇儒术、优待士人的政策又激起士大夫极大的政治热情，出现天子“与士大夫共治天下”的局面，儒家士大夫的政治主体意识空前高涨，对王权的过度膨胀怀有深切的隐忧。[2]宋代理学即在这样的政治与思想背景下逐渐兴起，宋儒的理性意识也逐渐觉醒。又由于自然科学的进步，人类对各种自然现象的认识也逐渐科学化，“天”的神秘色彩较之汉代已经大为消减。到了胡安国的时代，人们不仅能推考“去之千余岁”的日食，并能发现其规律，因而日食、星陨等自然现象不再具有神秘感，儒家制约、规范君权的思想和理论，亟须重建其信仰基础。先儒的天人感应学说及天谴论必须经过一番改造之后，才能继续发挥它对政

---

〔1〕 详见江湄：《以“公天下”大义正“家天下”之法——论中唐春秋学的王道论述及其时代意义》，《中国哲学史》2006年第4期。

〔2〕 详参朱汉民、戴金波、胡安国：《〈春秋传〉的君臣论与宋代政治文化》，《齐鲁学刊》2010年第5期。

治实践的指导作用。因此，胡安国等宋儒批评君主、制约君权的崇道思想，对汉代的天人感应学说和天谴论思想做了新的诠解与发展。虽然，胡安国也用“天”来论证君主权力和地位的合法性，也强调了“天”对王者的限定作用。但在胡安国的思想中，“天”与“理”或“天理”之间没有明显的缝隙，它们经常是同义语，可以互相替代。“天”的神秘色彩已经大为减弱，它不再具有人格神的力量，而具有了本体的价值和理性的意义。当然，这并不是胡安国思想的独到之处，而是整个宋代理学家的共同特点。

二、对中唐啖赵学派“天人相分”理论的弃黜与“拨正”

在解经模式上，胡安国《春秋传》综合继承了中唐啖赵学派啖助、赵匡、陆淳等人“兼采三传”、“不拘专门”的特点，对该学派具体经义的解说也多有吸收和发展。在胡安国的《春秋传》中，以“某某曰”的方式直接引用啖助之说三次，引用赵匡和陆淳之说各四次。[1]此外，还有不少经解虽然没有注明，但实际上也采纳了啖、赵、陆的学术思想，或者说与他们的思想相合相通。啖赵学派对胡氏春秋学的影响很深，如胡氏对啖赵学派“举王纲、正君则”，以“王道”责君王的《春秋》大义，就多有吸收和发展。

啖赵“新《春秋》学派”所主张的中兴唐朝、重树王纲的“王道”政治路线，在“永贞革新”的改革活动中得到了短暂的实践，但很快就归于失败。但是，啖赵学派“举王纲、正君责”，以“王道”责“王”，“以‘公天下’大义正‘家天下’之法”的思想精神，却在宋代重建理想社会政治秩序的时代潮流中得到回应和认同。比如，成公元年，“秋，王师败绩于茅戎”，陆淳《春秋微旨》说：淳闻

---

〔1〕《春秋传》引用啖助之说分别在桓十七年“癸巳，葬蔡桓侯”、庄公元年“王使荣叔来锡桓公命”、僖公二十八年“天王狩于河阳”，共三次；引用赵匡之说分别在桓公十三年“春二月，公会纪侯、郑伯。己巳，及齐侯、宋公、卫侯、燕人战，齐师、宋师、卫师、燕师败绩”、庄公二年“冬，十有二月，夫人姜氏会齐侯于禚”、庄公三十二年“八月，癸亥，公薨于路寝”、襄公三十一年“十有一月，莒人弑其君密州”，共四次；引用陆淳之说分别在桓公十五年“五月，郑伯突出奔蔡”、庄公三十二年“秋七月，癸巳，公子牙卒”、僖公十九年“梁亡”、襄公三十一年“春，王正月，公在干侯。季孙意如会晋荀跞于适历”，共四次。

于师曰："王者之于天下也，盖之如天，容之如地，其有不庭之臣，则告谕之，训诲之，而又不至，则增修德而问其罪。"故曰："王者之师有征无战。"今王与戎夷为敌，此乃取败之道，非戎所能败也。故以自败为文，所以深讥王也。[1]

在肯定王者有如天地一般至高至大地位的同时，又以"王道"责王者，王者失道，自取其败，故受讥讽。胡安国《春秋传》卷 19 对这条经文的解释明显有吸收啖赵之学的痕迹。胡安国引程氏之说为论，虽然尊君父，但认为君父之尊自有其道，若失"王道"，则自取其败、自失其尊。尽管没有明说是采用了啖助之说，但对比两段解经文字，其以"王道"责君，要求君王遵守其"君天下之道"的"端本正始"之义，与啖赵学派如出一辙。[2]

然而，啖赵学派在发明《春秋》王道思想的时候，主张切断"天"与"人"的关联，怀疑或否定汉儒的"天人感应"学说，他们用以"正君则"的"王道"，完全与"天命"和"天道"无关。从陆淳所纂集的几部春秋学著作来看，绝少给"天道"和"天命"留下位置。属于该派的柳宗元也力主自然论的"天"，彻底否认"天人感应"论，体现了一种"天人相分"的思路。[3]因此，胡安国《春秋传》以"天理""王道"制约和规范君权的思路与啖赵学派"举王纲、正君则"、以"王道"责王的大义也存在很大的差异。这种差异主要体现在对"天道"与"王道"关系的处理上，胡安国的《春秋传》重新回到了"天人合一"的路径。虽然"天"的神秘性大为消解而理性成分大为增加，但"天人感应"说和"天命论"思想仍是胡氏春秋学的重要内容。在啖、赵、陆等人尽量避免谈论"天命"的地方，胡安国仍然大谈"天人感应"。

灾异现象往往是阐发"天人感应""天遣"论的重要议题，赵匡、陆淳虽然也以大雨震电后复有大雨雪为异，但无一语一字涉及天人之际，且对《左传》"妄发

---

〔1〕 陆淳：《春秋微旨》卷下，文津阁四库全书第 142 册，第 419 页。

〔2〕 胡安国所谓"桓王不以讨贼兴师，而急于伐郑康公"显然有误，可见胡氏解经注重义理而疏于史实的校订考证。"败绩于茅戎"者是周定王，则胡氏是重提桓公五年周桓王伐郑之事，当时郑国诸侯是庄公寤生，而胡氏谓桓王伐郑康公。郑康公与郑庄公的时代相隔三百多年，乃郑国末君，姬姓，名乙，郑定公五世孙，生年不详，卒于公元前 375 年。《史记·郑世家》载："二十一年，韩哀侯灭郑，并其国。"

〔3〕 江湄：《以"公天下"大义正"家天下"之法》，《中国哲学史》2006 年第 4 期。

霖例”持“不取”的态度。兹对比一下胡安国《春秋传》卷3对此条经文的解释：震电者，阳精之发。雨雪者，阴气之凝。周三月，夏之正月也，雷未可以出，电未可以见，而大震电，此阳失节也。雷已出，电已见，则雪不当复降，而大雨雪，此阴气纵也。夫阴阳运动，有常而无忒，凡失其度，人为感之也。今阳失节而阴气纵，公子翚之谗兆矣，锺巫之难萌矣。《春秋》灾异必书，虽不言其事应，而事应具存，惟明于天人相感之际，响应之理，则见圣人所书之意矣。其中，阴阳运动、天人感应的理论得到了充分的发挥，与陆淳之说的区别显而易见。至于胡安国的天人感应理论和灾异说的特点，正如前述。可见，胡安国《春秋传》脱离了中唐啖赵学派天人相分的思路，而重新回到天人合一的轨道。

为什么会出现这样的情况呢？如果对北宋思想界关于天人论的论争情况稍作梳理，即可找到答案，也可以发现胡安国的观点自有其渊源和来历。“宋初的天人论，天人合一论与天人分离论均存在。”〔1〕但与胡安国思想学术有渊源关系的几家，却都是主张天人合一的。首先，就春秋学而言，虽然在解经形式上，胡安国对啖赵学派多有效仿，但他的学术思想则主要是对孙复的继承与发扬，而孙复恰好明确反对天人相分而主张天人合一。他说：下至乃谓人自人，天自天，天人不相与，断然以行乎大中之道，行之则有福，异之则有祸，非由感应也。夫能行大中之道，则是为善，善则降之福，是人以善感天，天以福应善也。不能行大中之道，则是为恶，恶则降之祸，是人以恶感天，天以祸应恶也。此所谓感应者也，而曰非感应，吾所未达也。人亦天，天亦人，天人相去，其间不容发。〔2〕孙复这段话，前半部分是“破”，表达了他对当时天人相分论的批判，后半部分则是“立”，以“人亦天，天亦人”，天人之间“不容发”来强调天人合一。胡安国不仅吸收了孙复的《春秋》尊王大义，也保留了传统的“天人合一”论。其次，就理学思想而言，“理学作为一个庞大而精深的思想体系，其主要任务，就是完成中国古代哲学所欲解决的‘天人合一’问题”，〔3〕在理学初兴时期，“天人合一”是“北宋五子”中

---

〔1〕［日］土田健次郎：《道学之形成》，第40页。
〔2〕《孙明复小集·徂徕集》卷15《与范十三奉礼书》，文津阁四库全书本。
〔3〕朱汉民：《湖湘学派与湖湘文化》，湖南大学出版社2010年版，第10页。

程颢、程颐、张载、邵雍四人的共同主张。[1]联系到胡安国在理学传承“学统”谱系中所处的关键位置，就不难理解其天人合一论与上述北宋思想家的一贯性。

三、对宋初儒者灾异论的发展和创新

胡安国的灾异论不仅吸收了汉代公羊家的学说，还对程颐等先儒之学有所继承和发展。例如，桓公三年冬，经载“有年”。所谓“有年”，就是获得丰收，即《谷梁传》所谓“五谷皆熟为有年也”。《公羊传》说：“有年何以书？以喜书也。大有年何以书？亦以喜书也。此其曰‘有年’何？仅有年也。”并未有一语涉及灾异之说。但是，何休《春秋公羊经传解诂》却以为桓公篡弑，“而又元年大水，二年耗减”，按常理应该是“诸侯所当诛，百姓所当叛，民人将去，国丧无日”的景况，然而实际状况却是“五谷皆有”。何休既承认“有年”是“故喜而书之”，却又指出桓公是“不肖之君，为国尤危”，之所以还能维持统治，所赖者正是“明为国家者不可不有年”。[2]虽以“有年”为“喜而书之”，但这种丰收的喜悦不当属于桓公的意思也很明显。贾逵虽与何休学术旨趣迥异，分属古文经学与今文经学两大阵营，但他们对“有年”的解释也有相通之处。贾逵说：“言有，非其所宜有。”认为经书“有年”，意在表达桓公治下本不应该出现“五谷皆熟”的丰年景象，虽然没有明确提出“有年”为“异”，但已能略见“异”的意思了。到了宋代，以“有年”为记异的观点逐渐清晰起来。孙觉《春秋经解》解释宣公十六年的“大有年”说：“大者，非常之辞；有者，不宜有也。《春秋》书有年，皆在桓、宣之时，圣人之意可知矣。”[3]在贾逵之说的基础上更进了一步，且归纳出书中“有年”只在桓、宣之时，其中应有“圣人之意”。但圣人之意究竟是何意，却语焉不详。与孙觉同时代而稍后的程颐，不仅明确指出“有年”为“异”，如说：“书有年，纪异也。人事顺于下，则天气和于上，桓弑君而立，逆天理，乱人伦，天地之气为

〔1〕［日］土田健次郎：《道学之形成》，第197页。
〔2〕何休：《公羊解诂》，《春秋三传》，上海古籍出版社1987年版，第69页。
〔3〕孙觉：《春秋经解·宣公十六年》，“冬，大有年”，《春秋三传》，第285页。

之缪戾，水旱凶灾乃其宜也。今乃有年，故书其异。宣公为弑君者所立，其恶有间，故大有年则书之。”又接着何休的“诸侯所当诛，百姓所当叛”的意思作更进一步的推阐，认为桓公弑君篡立，出现水旱凶灾的天象才是理所当然，而实际情况却是五谷皆熟，因而是“异”，并且把这种“有年”之“异”，上升到“天理”和“人伦”的高度。

在胡氏看来，圣人修《春秋》之前，鲁史旧文并记“灾异”和“庆祥”，丰收之“有年”无疑是值得喜庆的。鲁国《春秋》十二公二百四十二年中，丰年肯定很多，因为经文中也多有“务农重谷闵雨而书雨者”，旧史中关于“有年”的记录就应该不少。但在《春秋》经圣人笔削之后，惟有桓公、宣公年间的“有年”被保留了下来，其它所有记录都被删除。胡氏认为原因在于桓、宣二公“获罪于天，宜得水旱凶灾之谴。今乃有年，则是反常也，故以为异，特存耳”。未获丰收甚至出现“水旱凶灾”或者“饥馑荐臻”，都是“天道”、“天理”所决定的。桓、宣两公在位均为十八年，三十六年间只出现两次“有年”，胡氏认为由此可见其他年份未获丰收，因而，“天道”未“僭”，“天理不差”。胡氏的用意，并非不愿意或“不喜”获得丰收“有年”，也不是期待有“水旱灾凶”以及“饥馑荐臻”来警戒、谴责篡弑之君，而是两次通过经文书“有年”为非常之事，进而推断其他年份为歉收甚至出现“水旱螽螟饥馑之变”，并认为这是“天道”或“天理”对桓公、宣公弑君篡立逆理乱伦之事的感应，曲折地表达了对无道不正之君的谴责。孙觉曾经提到却语焉不详的“圣人之意”，在胡安国的解经中已被完整地表达出来。[1]这是胡安国在吸收前人思想成果基础上的新发展。相似的论述，在胡氏对宣公十六年“冬，大有年”的解经中再次得到发挥。胡氏的解释大意与桓公三年“有年”的解经基本相同，但在区分“灾”“异”和“祥”的基础上，更加集中地解释了原本称得上是“上瑞”和“庆祥”的“有年”为什么被理解为与“山崩地震，彗孛飞流”相同的“异”。胡氏认为圣人的“言外微旨”，在于暗示其他年份的“水旱螽螟饥馑”之灾，都是“天道”或“天理”对诸侯“逆理乱伦”的谴责。这也是胡氏在前人未发之处的创发，是对先儒学说的发展。

---

〔1〕 胡安国：《春秋传》卷4《桓公三年》，“冬，有年”条。

自孔颖达开始，就不断有人反对以“有年”为“记异”之说。孔氏《疏》曰：“君行既恶，泽不下流，遇有丰年，辄以为异。是则无道之世，唯有大饥，不宜有丰年，非上天佑民之本意也。且言有不宜有，《传》无其说。”[1]后儒也有人以此非议胡安国，认为按照胡氏的观点，在乱世就应该只有水旱饥馑，不宜有丰收，失圣人仁德爱民之心。这其实是一种误会。《春秋三传》一书的“案语”对此误会做出了解释：“或疑以君之故而恶其民，非圣人书法本意。其实，程、胡二传亦谓君恶召灾而病民，惟此‘有年’为可异尔，与《公羊》‘以喜书’之意正同。观何氏休之说，则两不相悖矣。”[2]笔者认为，胡氏之说不仅“与《公羊》‘以喜书’之意正同”，不悖于圣人书法本旨，无伤于上天佑民本意，还把“天理”概念引入传统灾异论中，具有重大的理论和现实意义。

胡安国解释“有年”的传文中很明显地保留了“天”的位置，多处大谈天人感应。但胡氏此处所谈的天，极具“理”性的色彩，少有神性的痕迹。正是在这种理性主义的光辉照耀之下，胡安国《春秋传》言灾异的根本落脚点放在了激发人君“以德消灾”的主观能动性。如“意者昭公遇灾而惧，以礼为国，行其政令，无失其民”。当灾异出现、祸乱来临之际，不是去求神祷告，而是要修德省政，励精图治，所以胡氏特别重视救灾之政。[3]胡安国利用灾异论对君权的制约和评判，主要不是依靠灾异现象的神秘性来引起人君的恐惧心，而是强调灾异可能造成的严重后果来引起君王的重视；不是要求君王被动地接受上天的指示，而是要求君王主动而自觉地遵循王者之道，推行德政，以消除灾异，此即胡氏所谓“以德消灾”的实质内容。

总而言之，儒家的政治思想，一方面要论证和维护君主制度，特别是“天子”或“王”的最高政治权力的合法性与正当性；另一方面又以理想主义的眼光看待现实生活中一切不尽如人意的政治现象，因而又把批评的矛头指向负有最高责任的天子和王者，意图制约、规范天子最高政治权力的行使，使君权的运行不至于逸出一定的范围而破坏整个社会秩序的稳定。要使君主和君权接受批评和制约，就必须

---

〔1〕 杜预注、孔颖达疏：《春秋左传正义》卷6《桓公三年》，“冬，有年”条。
〔2〕 《春秋三传》，第69～70页。
〔3〕 胡安国：《春秋传》卷23《襄公二十四年》，“大饥”条。

借助于一个超越王权的力量。在中国传统政治思想中，只有“天”“道”“理”具备这种超越性的力量。从这个角度来看，给儒家传统灾异论扣上“迷信”“荒诞”的高帽子，未免失之简单和粗暴。而胡安国《春秋传》的灾异论，对前代思想家制约、批评王权的理论诸如“天人感应”说和“天谴论”多有吸收和改造，相对于汉儒的王道思想，宋儒去除了一层神秘主义的色彩，而注入了更多理性主义的精神。与汉儒强调以“天谴论”这种依靠外在力量来制约王权的思想不同，胡安国更加注重唤起王者内在的道德自律和理性自觉，这是宋代理学思想长期渲染熏陶的产物，也在中国古代政治伦理思想史上具有十分重要的意义。

“学倍程朱非是学，修兼知敬乃真修”

——蕺山门弟子金铉思想撷要

张瑞涛　刘骄阳 *

[内容提要]

蕺山门弟子、明末殉难忠臣金铉论学崇尚程朱，其学以“诚”为宗，视“诚”为安身立命之基和尽“独”之工夫法要。因有此“诚”，人固可修身成圣；欲彰此“诚”，则为学当“慎独”。同时，“诚”不离“性”，“诚”之中自然内蕴天命之“性”，“诚”以“性”显。人之生而有“心”，心之本体即是“性”，性即心之理；性体不睹不闻，惟默识体仁而彰明自身之存在与可能。是故，“诚”体本天，“性”体内蕴于人“心”，言“诚”言“性”，皆是言“本体”。不过，要申明“本体”之功用，当落实于居敬致知的“工夫”路向。金铉遵循程朱理学“下学而上达”路径，以工夫为通达本体之入手始基，言“即工夫即本体”，是对业师刘宗周“即本体即工夫”理路的扬弃。终究而言，金铉为学重德性伦理，为人重忠义气节，以自己短暂的生命历程书写完美的人生精义，学问人生能圆融统合。

* 张瑞涛，中国石油大学（华东）哲学系副教授，哲学博士；刘骄阳，中国石油大学（华东）哲学系硕士研究生。本文受教育部人文社会科学研究青年基金项目“蕺山后学文献整理及思想研究”（11YJCZH232）、中国石油大学（华东）“中央高校基本科研业务费专项资金”（11CX04029B、12CX02016B）等资助。

[关键词]

刘宗周　金铉　蕺山后学　诚　性　本体与功夫

志士宁将一节名，胡为强项了平生。而今不作矜誇梦，拟向圯桥待石卿。

——金铉：《自警》

一

金铉（1610～1644）为清顺治九年所表彰二十位前代忠臣之一，祖籍江苏武进，后籍顺天，生于北京崇文门内总捕胡同，因与其祖父同生日，故乳名甲兆，名惟绳，八岁时改名铉，字伯玉；天启七年（1627），应顺天乡试举第一人；崇祯元年（1628）中进士，同年冬十二月授扬州府儒学教授；三年升国子监博士；四年升工部都水清吏司主事，因建言《请罢内臣建署疏》而得罪内监张彝宪，遂于五年落职归居旧寓；十七年春二月四日，起补兵部车驾清吏司主事，巡视皇城；三月十八日，京城为李自成农民起义军攻陷，十九日，金铉投金水河殉国难死，其母及侧室王氏亦投井殉义。是年夏六月朔日，金铉弟金镜打捞金铉遗骨，惟剩发缵、网巾、网圈及与人合抱尸骸一堆；因不可辨识，将二人合葬于金水河边，另奉金铉遗发及网巾归葬故里，并配以木身，殓以衣冠，葬于祖茔。金铉殉节后，南明朝赠为中宪大夫、太仆寺少卿，谥忠节，清朝赠谥忠洁。

金铉为明末大儒刘宗周弟子。刘宗周（1578～1645），后世学者尊称为蕺山夫子，在宋明理学史上具有重要地位，清代史学家邵廷采赞曰："先生之学出许敬庵，已入东林、首善书院，博取精研，归于自得，专用慎独，从严毅清厉中发为光霁，粹然集宋、明理学诸儒之成，天下仰其人如泰山北斗"。[1]蕺山通籍四十五年，在仕版者六年有半，实际立朝仅四年，其余时间多在家讲学修道，授徒传业，从游学者百人以上，形成明末清初时代较有学术影响力的蕺山学派。据金镜《金

---

〔1〕 邵廷采：《明儒刘子蕺山先生传》，《刘宗周全集》第6册，浙江古籍出版社2007年版，第539页。

忠洁年谱》崇祯九年条载，金铉尝躬身聆教蕺山授学。另据《刘宗周年谱》，虽以金铉为"友人"而非"门生"，但他受学蕺山乃不争之事实。[1]另结合《金中洁年谱》，金镜虽未明言金铉纳贽入蕺山门，但亦可知金铉的确受益蕺山学颇多。蕺山门弟子黄宗羲《刘子全书序》则明言金铉为蕺山门弟子。[2]此外，蕺山门弟子董玚所编《蕺山弟子籍》即著录金铉为蕺山弟子，[3]蕺山再传弟子全祖望《子刘子祠堂配享碑》亦收录金铉为蕺山弟子。[4]《清史稿·邵廷采列传》评价金铉云："金铉、祁彪佳等能守师说，(邵廷采)作刘门弟子传。"[5]

金铉有《金中洁集》传世，其人归属蕺山学派，但其学宗尚程朱，与蕺山心学相异处颇多。金铉《观上斋纪程》中曾如是言："至于讲学，语莫尚于程朱，我明则罗整菴第一"；"两年来读程朱书，少知其要在'居敬致知'四字。但神明未徹，疑此外更有作圣阶梯，反令胸中茫无所主。近得《高景逸先生集》读之，乃知离此四字，便不成学问。从此歧见冰释，因为之说曰：'学倍程朱非是学，修兼知敬乃真修'。急举笔识之，以定一生学术之所宗，若在觅他功去，禽兽无几矣。"[6]是故，《明末忠烈纪实》定位金铉之学说思想性质曰："铉生平论学，专主程正公、朱文公、薛文清、高忠宪四家之说，以修身慎独为本，以改过迁善为工夫。"[7]此评论实属客观。全祖望以金铉为蕺山门弟子，也客观准确地看到金氏为学宗旨与业师刘宗周之间的本质差异，实属理智；但又以金铉"近禅"，则有失偏颇。《清史稿》所论则稍显武断，未能看出金氏与刘师见的思想差异。

目前学界尚无专文阐论金铉思想，本文尝试论述金铉的"诚"体论、"性"体论、"本体工夫"论、"节义"观，据此蠡探蕺山学传播与流衍之逻辑进路。

---

〔1〕《刘宗周全集》第6册，第458页。
〔2〕黄宗羲：《刘子全书序》，《刘宗周全集》第6册，第653~654页。
〔3〕董玚：《蕺山弟子籍》，《刘宗周全集》第6册，第614页。
〔4〕全祖望：《子刘子祠堂配享碑》，《刘宗周全集》第6册，第648页。
〔5〕赵尔巽：《清史稿》卷480《列传》第267《儒林一》，吉林人民出版社1995年版，第9979页。
〔6〕金铉：《金忠洁集》卷1《语录·观上斋纪程》，王云五主编：《丛书集成初编》第2166册，商务印书馆1936年版，第12页。下引从简。
〔7〕徐秉义：《明末忠烈纪实》，浙江古籍出版社1987年版，第174页。

二

自《中庸》言“诚者天之道，诚之者人之道”以来，儒圣先贤无不尊“诚”守“诚”，多视域、多侧面阐发“诚”之意涵，其实质即是以“诚”为进学法要、为学之的。金铉虽英年早逝，但于《论》《孟》《学》《庸》《易》《礼》《诗》《书》触类旁通，学有自得，[1]其要不落以“诚”为“安身立命之基”，且将“诚”与“独”相通贯，“性”与“诚”相融契，于儒学心性义理有所发挥。因心中有“诚”，故行有所“忠”。金铉忠义气节之一生正是其“诚”学的深切写照。

金铉于《易》有精到见解。《金中洁集·语录》收录41条关于《易》之言说，于其中，金铉以“诚”为六爻自然内蕴之义，以“诚”为《易》之“宗”，赋予其至大至上地位。《易》之乾卦处处言君子，金铉即是以“诚”为君子之本根精神境界，故有“安身立命之基”之论。同时，金铉又视“诚”为“元”，视“诚”为“止”。[2]无论是“元”，拟或“止”，皆标示出“诚”固有“终极”本体地位，是德性之“明”，是人伦之“道”，是万事万物之“至善”，是天地之始、人物之终，此可谓“诚”为众“善”之别称，天德之元首者。

在金铉的易学世界里，既然“诚”为元、止境界，至善之极，则人当“闲邪存诚”“修辞立诚”。金铉言：“闲邪存诚，修辞立诚，下学入门，决当以此为的。”[3]“闲邪存诚”出自《易·文言》释九二所引夫子之言，伊川程颐以“敬一”解之，考亭朱熹则以“去闲邪”释之。终究而言，所谓“闲”通常被诠释为“防止”之意，[4]“闲邪存诚”即是防止邪僻，保持诚真。按照金铉之论，“一则敬，敬则诚，在实致于庸言庸行间而已”，即此可说，“诚”作为境界与本体之天地大德，本来自自然然、浑然至善，庸言庸行即是其最为朴素之展示。而且，这个“诚”

[1] 有关金铉认定四书五经版本，见《金忠洁集》卷1《语录·观上斋纪程》，第12页。
[2] 《金忠洁集》卷1《语录·易说》，第2页。
[3] 《金忠洁集》卷1《语录·易说》，第2页。
[4] 周振甫：《周易译注》，中华书局2001年版，第5页。

本身并无"邪"可去，"吾心之本无邪，而邪者自外而诱我者"。[1]故，"思无邪"即是常葆"吾心"之至善诚体的极至工夫。惟此"思无邪"之"思"便已是"诚"，亦即此而明晰"诚"之本无邪之原始要义。"修辞立诚"则出自《易·文言》释九三所引夫子之言。朱子于此注曰："忠信，主于心者无一念之不诚也。修辞，见于事者无一言之不实也。虽有忠信之心，然非修辞立诚则无以居之。知至至之，进德之事；知终终之，居业之事。"[2]"忠信"即是"诚"。"修辞"出于诚实，则可处理事业，即能安居乐业。无论为人做事，皆能忠实于其本来面目，不加丝毫人为造作，皆从天地大德、人伦大道、人性大本思虑考索，此即是"知至知终"，亦即"诚"之本体本然要求。因此，金铉主张通过"闲邪存诚""修辞立诚"驱除邪妄、利欲，而人一旦于此法要悟道体会，自然便是"诚"，若"知业当居而日即因循，知邪当闲欲当攻而每存姑息"，则终究"不诚甚矣"，此之谓"自欺"。惟是"自欺"不在大亦不在明，凡"有几微动于中即是"，凡有"自欺"便是"不诚"。故，人须时时戒慎恐惧，"于独慎之"。因此，金铉将"诚"与"独"相通贯，以此阐论"独"体与"诚"体的无善无恶、至善至上特性。

此外，在金铉看来，"诚"无为而"虚"。"诚"展现为"虚"性特质，不可说有说无，亦不可言动言静，惟是自然如此、当然如此之天道无为，看似高深玄远，时处处於穆流行；貌似至善止善，却时时感通为善。因"诚"无为而虚，实内蕴"生生"大德，以展现出世间万物生生不息之特质，"日月寒暑之往来，尺蠖龙蛇之伸曲，固有太和之气，蕴乎其间，无容思议者也。故曰'同归而殊途，一致而百虑'。"有无为之"诚"，故有人事物生生流行；反言之，事事物物於穆流行，"日往则月来，月往则日来，寒来则署往，署往则寒来"，正展现出天地生生大德之客观存有、必然如此，惟此可谓之"诚"。进而，金铉将通天地、化万物之"诚"与人之纯善之"独"相通贯。[3]

在金氏"独"体世界里，他将张载用来标示"善""吉"之德性价值的"几"与"独"想通贯，以此说明"独体"之"善"性，且只是"善"。所当注意者，

---

〔1〕《金忠洁集》卷1《语录·易说》，第2页。
〔2〕《周易正义》，《朱子全书》第1册，上海古籍出版社、安徽教育出版社2002年版，第147页。
〔3〕《金忠洁集》卷1《语录·观上斋纪程》，第16页。

金铉所言“独岂容善恶”之“善恶”乃从“形而下”勘查，非“形而上”之义也，他所言说的“独”是彰显具体形而下之“善”性的“善”。即是说，金氏言“善”乃是与“恶”对堪之“善”，而非“无善无恶”只惟“纯粹至善”之“善”，抑或说，金铉言“善”、言“独”尚未从“太极”本体意蕴入手，与其师刘宗周“独”之论尚不能相提并论。在蕺山那里，“独者，静之神、动之机也。动而无妄，曰静，慎之至也。是谓主静立极”；〔1〕“独体惺惺，本无须臾之间，吾亦与之为无间而已。惟其本是惺惺也，故一念未起之中，耳目有所不及加，而天下之可睹可闻者，即于此而在。冲漠无朕之中，万象森然已备也”；〔2〕“独”自身无所谓“动静”，但它却是对“动静”之理的表达。在蕺山看来，“人心之独体不可以动静言，而动静者其所乘之位也，分明造化之理。”〔3〕这表明“独”之中进行着“动静”运动，而这样的运动并不体现为“时位”即位置之移动意义上的“动静”，而是彰显为“寂然不动，感而遂通”之过程与状态意义上的“动静”。“独”所表示的正是“心”体之“继善成性”的“动静”过程。〔4〕

循金铉之论，以“独”为“善”，小人无“独”，显然是从“形而下”视角看待人性。当然，这样的理论推演自然与金铉宗程朱理学路向密切相关，因为他崇尚“下学而上达”的格物致知工夫，君子者是经由踏实地格致工夫而实现的道德境界的开显，而小人则是未能开展具体的、自觉的道德格致工夫的人群，君子与小人从“本质”、是否有“独”性便已然孑然分而为二，“小人不但不可言慎独，而且无独”。不过，金铉亦谈论“有无隐显”，且从“善”之显见隐微展开，固然可喜。从心学之对人能动性、自觉性、可能性视域看，“途之人皆为圣人”，人本心诚明常明，“独”者惟是对本心体悟善恶、迁善改过之动静关系的把握，而非仅仅属于道德善行。显然，金铉对“独”之理解落后一着，看到了“善”的存在及“善”自身的隐微动显现象，但未能深入勘查“善恶动静互动”、迁善改过、本心自在澄明的本然存在。

〔1〕《学言》上，《刘宗周全集》第2册，第361页。

〔2〕《中庸首章说》，《刘宗周全集》第2册，第299页。

〔3〕《学言》中，《刘宗周全集》第2册，第411页。

〔4〕参见张瑞涛：《刘宗周〈人谱〉“过（恶）”思想新论》，《中国哲学史》2013年第1期。

以"独"为善，故须由"诚"而尽。"诚"者忠信无妄，忠信故可以慎独。所谓"慎独"即是戒慎恐惧、有所忌惮："有忌惮者，不睹不闻之义"；"睹闻皆不著，此等小心，天下一人而已"；"忌惮二字，莫粗看了，孝子之事亲也，视于无形，听于无声，以言乎不敢以视视，不敢以听听也，执形声则无忌惮矣。事天亦然。"〔1〕因有"忌惮"而自然诚实忠信，时时保持，自觉保持"忌惮"心态，便是"笃行"："行之笃者如天道不已，笃之至也"，金铉即以之谓"诚"："诚则不已，乃所以为笃行"。〔2〕即此体现出"诚"之自然感通之义，亦即此可言，"诚"实现自身自然的作为"本体"之义与作为"工夫"之义的一体统合。由此进一步推论，金铉以作为"工夫"义的"诚"彰显"独"之善性。〔3〕金铉接续从德性伦理视域视"独"为"善"之论，解释"好仁恶臭"为"好"即是"仁"、知好自然知恶、去恶自然知好，并将这样的"实理自然，有感即通"的特性视为"诚"之自然功效，对"好恶"之间"无对惟独"关系的分析可谓深刻。换言之，因"独"时时彰显着"善"，人但能"慎独"，"人欲去，天则立矣，闲邪存诚，其在是乎。此其所以用戒慎恐惧"。〔4〕惟时时保持这样的自觉，时时提防可能的与"独"相对待而有的"恶"的发生，君子即此而实现了"忌惮"。内有善性之"独"，但由"诚"而尽显，以"诚"尽"独"。故，因"善"之已发与未发、隐与显之客观存在，金铉即将其定性为"动静"关系，未发之"静"即"独"体之自然至善，已发之"动"则人之能好善而恶恶，皆"诚"之真实自然表达，自然展示，不著人欲私利，不受物质掩蔽。是故，金铉以十六字铭其左右："寸心以静，守身以俭，接物以厚，事亲以诚"。〔5〕惟无丝毫私欲方能静，无丝毫强生事方可俭，无丝毫刻薄情方为厚，无丝毫厌倦意方谓诚。因有此"诚"，人固可修身成圣；若要彰显其"诚"，君子则当"慎独"。

---

〔1〕《金忠洁集》卷1《语录·观上斋纪程》，第18、21页。
〔2〕《金忠洁集》卷1《语录·观上斋纪程》，第16页。
〔3〕《金忠洁集》卷1《语录·观上斋纪程》，第18页。
〔4〕《金忠洁集》卷1《语录·观上斋纪程》，第18页。
〔5〕《金忠洁集》卷1《语录·观上斋纪程》，第21页。

三

在金铉的心性世界里，“诚”作为终极至上之天道大德和尽“独”之工夫法要，已然内蕴着天命之“性”。[1]人生而有“性”，天命之性禀赋人身，须臾不离，“诚”以“性”显；因人之生而有“心”，心之本体即是“性”，“性”即心之理；“性”体不睹不闻，惟“默识体仁”而彰明自身之存有与可能；。

金铉认为，“性”为人“生”而自然禀有。只是，谈“性”之存在，首先当从人之“生”与“未生”角度展开。[2]按金铉之意，在天道之元亨利贞四序与人道之仁义礼智四德、天体之金木水火土五行与人体之君臣父子长幼夫妇朋友五伦统合一体，其以前者界定后者之至上必然特性，属人之德性与践履修为自然禀具其合理性和客观性。因此，将这样的合理性、必然性、客观性、纯粹性视为人之禀性，统称为“性”，即此可言“天命之谓性”。因人之生成，故人自然禀赋纯粹与天道通融之“性”，惟有此“性”，人心主动能动，为成为圣人君子提供可能前提。[3]天气阳动而生人，人禀天道而成人道，天道通贯于人道，人道体现着天道，人生之始即是天命之元之终。然“终始”之间惟因天人与形具而分两，却无道义之二分。[4]可看出，金铉言“性”亦内在的遵循着“天人一路”的思辨逻辑，与儒家心性学路向保持一致。但是，在前面分析金氏之“独”论时又知“小人无独”，小人不可言“慎独”，则他言“人”生而有“性”、人自然禀具天命之性之论便与“小人无独”之言相矛盾。即，金铉不把“小人”归入“人”之一途，显然尚未透彻明晰“心体”本然之“性”与个体人生活之道德德行之“性”的内在逻辑。甚至可以说，金氏论“性”已然二分为形而上天命之性和形而下生活之性，亦即区分出圣贤之性与小人之性。进而可以推知，金铉论“独”尚未能将其提升为“天道本体”地位，惟仅仅落实于生存世界之现实，诚不如其师论述精当幽深。[5]

---

〔1〕《金忠洁集》卷1《语录·观上斋纪程》，第14页。
〔2〕《金忠洁集》卷1《语录·观上斋纪程》，第17页。
〔3〕《金忠洁集》卷1《语录·观上斋纪程》，第17~18页。
〔4〕《金忠洁集》卷1《语录·观上斋纪程》，第17~18页。
〔5〕详见张瑞涛：《刘宗周〈人谱〉“过（恶）”思想新论》，《中国哲学史》2013年第1期。

不过，金铉主张“生而有性”的同时亦告诫世人，惟圣人教人明此道理，亦惟有读书方可明人心本“性”之客观存有。[1]无论贤愚，生而有性，惟圣贤体会深刻，一般之人尚不能勘查明晰固有本性。此时，人当透过六经诸子之书参悟省察其性，惟经一番下学工夫，方有上达天道之功效，因为圣贤之书即是“唤醒人以至大之理”。人的历史，在较大程度上体现为文字之记载，从历史中体会到何以为人、人应为何。作为儒家知识分子，作为一个追求精神信仰、道德价值、义理规范的儒者讲，透视儒家圣贤所著经典文献，自然可以体悟君子、圣贤人格之所在和价值方向，自然能够促进自我哲学思辨、道德追求、理想信念的完备和自觉。金铉主张由读书而明道，则与师道相因循[2]，只是，这样的治学理路亦是儒家一贯之主张，更是程朱理学格致功夫的必然要求。

在金铉看来，因人生而秉有天地之“全气”，且人之“性”体备全“理”，故可言人为天地万物之间最灵最秀者。他在《与友人辨理气合一书》有如是言。[3]他认为天地之中惟人最为精粹，因为人能秉有天气之“全”，亦惟此而能体会天地万物之道理，“体备健顺五常之德”，既能知父子之恩，又解仁民爱物之义；既尊君臣之道，又思裂冕毁裳之悔；既明礼仪之场，又严内外之正。天之气本一同，但天之生人生物则有形质之万殊。在这里，金铉进一步告诉我们，人与物之“性”一同，但惟人可尽人之性以尽物之性，“致中和育万物”是也。

进而，金铉视“性”为“心之本体”。他有言：“夫心之本体即是性，无声无息而仁义礼智具备焉，孟子所谓‘本心’是也。”人心至大，以性为其本体，性既已具仁义礼智，则心之动即是情之发，此发者必然受制本心之性，此谓“静亦定，动亦定。定性者，循天理而已”。本来，因有“性”，则人心感于物自然应之，必然各当其分。就此应之而能仁义礼智、当之而合德符节而言，此之谓“性”，“无问动静，举不以有我之思间焉。”此即为《大学》“知止”之“止”，即《中庸》“明善”之“善”，即《论语》“求仁”之“仁”，知止即是知此“性”，明善即是明此“性”，求仁即是求此“性”，此“性”无处不在，“无处

〔1〕《金忠洁集》卷1《语录·观上斋纪程》，第18页。
〔2〕参见张瑞涛：《论刘宗周〈人谱〉的改“过”六法》，《理论月刊》2013年第8期。
〔3〕《金忠洁集》卷2《书·与友人辨理气合一书》，第41~42页。

非性，故无处非天；无处非天，故无处非理。会得此，一以贯之。”为学者即是“知止”而已，虽有孔子之言“太极”，箕子所言“皇极”，周子又言“无极而太极”，惟只是“止”之“别名”，“止”即“万物皆备之源，即性体也”。[1]惟因人有“性”，人之“心”便凸显为认知主体。对此，金铉《与友人辨格物书》里有过详细论说。[2]

从金铉关于“性心分合”的说明中可看出，人生之前尚不能称有“心”之存在，惟天地间一“性”而已，且视此“性”为“太极”，“太极”生生方有万事万物之生成流行、於穆不已，这是对人生之前宇宙世界事物生成变化根源的探析。但当人生之后，则有“心”之生成，惟此“心”为人所专属，体现出金铉对人之能动认知功能的体贴。从“意义”视域来看，世间万物之存在与否，亦即其是否通过属于自身的价值和功能而开显出“意义”，且这样的“意义”究竟在何种层面产生、产生何种程度与广度的影响，实则因人而“有”，终极而言则是因人之“心”而有。从此意义而言，“心”是世间万物意义和价值的主宰者，故金铉所说的“既生以后，心为太极”之论自有其合理性。当然，金铉并不否认“性”的本来存在、自然存在，惟是因“心”之有而含蕴于人之“心”。若继续追问，金铉亦自然遵循“非水无以成海”之客观事实，因为人生之前惟有“性”，人生之后才有“心”，且因人体备全体“天之气”而体备“天之理”，从而人之“心”便自然体贴“性”，“性”成为“心”之内在自然属性。所以说，分人之生与未生来看“心”与“性”之关系，则人生之后“心性”不可分，亦勿须分，有“心”自然有“性”，有“性”则自然落实于“心”。终究来讲，“心”有性而彰显出“太极”之意义，就人生之后言“性”则必须即“心”而言，由此可见“心”之大。从此而言，金铉为学尚不落“心学”之规程，与师说路向近似。

作为“心”之本体，“性”不可以睹闻求，惟须“默识体仁”而已。金铉言：“性体不可以睹闻求，知道者默契于日用饮食人情物理而已，所谓藏诸用也。自其日用饮食人情物理之各得其宜者，即不睹不闻之性体于斯在焉。鸢飞戾天，鱼跃于

---

〔1〕《金忠洁集》卷1《语录·观上斋纪程》，第23～24页。
〔2〕《金忠洁集》卷2《书·与友人辨格物书》，第39页。

渊，言其上下察也，四时行焉，百物生焉。天何言哉?”[1]“鸢飞戾天，鱼跃于渊”正是对“性”之无思无虑却能无所不为、不睹不闻却能各得其宜之特性的描述。有意求“性”，“性”终不可见，惟“《论语》曰‘默识’，《文言》曰‘体仁’，如此用功，始不犯手。”[2]终究而言，“性”在日用常行之中，人当遵从“自然而然”之道，方可识性。金铉便为世人——当然首先是他自身为事做人——提供了功夫路径，这就是“事来我应”。金铉言：“事来我应，皆分所当为，此不可生厌弃心。至于本无一事，我心强要生出事来，殊为自苦。此便是憧憧往来，朋从尔思。自今以后，切勿自生丝毫无益事”；“天之生人不许其生一事，盖声色货利，原非性中所得而有也。又不想其避一事，盖天下国家，原非性中所得而外也。”[3]“事来我应”即是要求人能事来顺应，自然而言，不逃不避，将发生于己身上的事情视为“分所当为”。为什么要“事来我应”？金铉言，人体备全体天理，虽其他物亦有与人相同之“性”，但惟人能以其“心”而体悟。只是，就人物“性”之同而言，人之“己”身与物之“他”身自然有共同特质，自然皆氤氲禀赋天地生生之大德，孔子讲“推己及人”、“己欲立而立人、己欲达而达人”无非是在言说人与物之间的共生共存特质，孟子所言“仁者以天地万物为一体”，程颢倡言“廓然大公、物来顺应”，亦是如此。[4]事事物物之存在皆有其自在的道理，虽然说其存在意义和价值为人之“心”衡量论断，但其意义和价值之“合宜”、“正当”等特性，已然是天命性定，固然如此者。毕竟，在金铉的“心性分合”体系里，人生之前“性”为太极，亦即天命之性早已注定于事事物物。当人之生，人之精秀特性凸显，但人与天地合德、与日月合明、与四时合序、与鬼神合吉凶之至上禀性、至善醇性、至德天性更显明白，当与物同体、和合共生，是故“无思无为，浑是我洋溢之理，无待措置安排”。

当然，照金铉的思路，其实也是遵循孔孟程朱的思路，不著一事、无思无虑不是形而下“有无”意义上的不著、不思，而是按照至善道德、四德五常等伦理规

---

[1]《金忠洁集》卷1《语录·观上斋纪程》，第20页。
[2]《金忠洁集》卷1《语录·观上斋纪程》，第21页。
[3]《金忠洁集》卷1《语录·观上斋纪程》，第22、26页。
[4]《金忠洁集》卷1《语录·观上斋纪程》，第22~23页。

范和价值处理应对人事物，勿循私欲，但求恻隐之仁、羞恶之义、辞让之礼、是非之智而已，终究是要人“默识此个性体，洁洁净净，外物不能染，无思无为，伎俩靡所施，收敛精神，归于闇澹。”〔1〕儒门淡泊名利，故能物来顺应，既不逐物生事，又不厌物扰事，全体放下，从而事来我应，尽显天命之“性”之自在无为。金铉自身即能“学以致用”，深悟“性”无思无为之真谛。他言：“象山曰：‘人之通病在于居茅茨则慕栋宇，衣敝衣则慕美好，食粗粒则慕甘肥。’予自返此三者，从来不著心，迩来反觉脱然矣，正好打点全服精神，归并义理。”〔2〕能够放下物欲诱惑，自然能脱然洒落，内心本自无为无思，自由澄明，何许著丝毫外物？若时时於“性”之仁义礼智培育自觉，涵养此心性，则恻隐羞恶辞让是非必时时开显，一举手一投足比从心所欲，自然自在。

四

“诚”体本天，“性”体内蕴于人“心”，言“诚”言“性”，皆是言“本体”而已。若要深刻申明“本体”之功用，则当实落于“工夫”。金铉言：“言忠信，行笃敬，参前倚衡，夫然后行，推而至于至诚无息，不外乎是，下学而上达。”〔3〕孔子所言：“不怨天，不尤人，下学而上达”，为儒家圣贤多方注解，犹以程颐注释最为经典，成为程朱理学派工夫论的标志性注解。〔4〕金铉亦循理学“下学而上达”路径，于本体工夫之辨坚信以工夫为入手始基，“即工夫即本体”，透过工夫而呈现本体，而此工夫进路即在于“居敬致知”。〔5〕

首先，金铉提出了“以工夫至而本体自呈”的观点。〔6〕作为本体之“命”“仁”“天”“道”等等哲学理念，虽然儒家圣贤处处提倡应用，但并不做具体内涵

〔1〕《金忠洁集》卷1《语录·观上斋纪程》，第32页。
〔2〕《金忠洁集》卷1《语录·观上斋纪程》，第32页。
〔3〕《金忠洁集》卷1《语录·观上斋纪程》，第17页。
〔4〕《四书集注》，《朱子全书》第6册，第197页。
〔5〕《金忠洁集》卷1《语录·观上斋纪程》，第34页。
〔6〕《金忠洁集》卷1《语录·观上斋纪程》，第30页。

的界定，惟以“无思无虑”“无声无息”“於穆流行”等语来说明之。在金铉看来，这样的言论逻辑并非意味着“无本体之可言”，惟是告诫世人“以工夫至而本体自呈”之道理，即是教导世人能够从简单纯粹的“洒扫应对”之切实道德修养工夫中体悟其含蕴的天道性命之理。惟本体之“虚”，方可化生万物，其内并无明确实指内容，亦因如此，本体作为“状态”而存在。诚如金铉论“诚”体、“性”体，其无思无虑、无声无息，但又於穆流行于事事物物。前已论说，人禀天地之全气而禀天地之全理，人生活世界的角角落落里面，无不内蕴着天地性命之理，生活世界中的人，一旦在属于自己的点滴行为事件中亲体力行，即便是对本体理世界、可能意义世界的深切体认。

其次，金铉主张“合不得本体不成工夫”。〔1〕金铉说得明白，生存世界中的人的言行举止皆为“天理充塞”，但又不可形容这个“理”，故以“一”命名。孰知，此“一”之体已然内蕴着“工夫”，即“主一”。“一”即“全”，“全”即意味着人当全心全意、力行践履，是谓“少有安排布置”。所谓“主”，正是立定工夫、始终如此，恭恭敬敬，战兢惕厉。惟有始终如此，方有四肢百骸与天地性命的圆融通贯。〔2〕显然，工夫不纯粹精微，则不可堪称为工夫，更不会与本体相统合。同时，本体之无声无息特性已然内在的要求工夫之过程亦当去妄黜念，惟诚敬本体，本体方可真正显示其天道本质特性。人间自有世道公理，正是如此而展开。有自在公理天道，便当自然去实践躬行；践履笃行的自然展开，便是天道本体的必然流露。终究而言，言本体，则必有工夫践履，工夫至而本体自呈；言工夫，则必有本体提领，不合本体则不可以之为工夫。不过，他立基于工夫辨本体，是以工夫呈本体，这与业师刘宗周立定本体用工夫相差异。〔3〕尽管师徒二人皆主张本体与工夫间的统合，不可偏废，但终究是有立场的不同，显然是与他们师徒二人的为学路向密切关联。

正是从“以工夫呈本体、以本体合工夫”的理路出发，金铉极力批评阳明后

---

〔1〕《金忠洁集》卷1《语录·观上斋纪程》，第31页。

〔2〕《金忠洁集》卷1《语录·观上斋纪程》，第32页。

〔3〕详见张瑞涛：《一体圆融，和合无碍——刘宗周〈人谱〉工夫哲学探赜》，《人文杂志》2011年第5期。

学王畿（号龙溪）的“无善无恶”说。他于《与友人辨无善无恶书》中指出，因学友有论“假禅学之圆通，而自文乡愿逢世之学术者”可切中世人膏肓学蔽，金铉亦考究穷源，反思时世道人心受病之源，从而有“夫所谓受病之源者，惟是龙溪无善无恶之一言，使天下日伦于禽兽而不自觉”〔1〕之论。在他看来，天命之性惟是仁义礼智而已，就其未发言，乃浑然至善、纯粹至善而已；就其一无所依、纯是天倪而言，天命之性可谓无思无虑、无声无息，但古圣先贤终未敢言其“无善”。当天命之性随感而动时，则顺此性此感者为吉为善，逆此性此感者为凶为恶，《大学》之“止善”、《中庸》之“明善”皆是合人之动静内外而指示大本大原，以令人时时在在、兢兢业业而已，故而，“无善而至善”之“无”并非“形而下”之具体有无之无，而是“形而上”本体视域中的“纯粹至善”，并且是将本体之“至善”与工夫之道德进路相融合，惟安心从事修养工夫，以此体贴天命性道。而龙溪以良知为现成玄说，不待修为，先天所就，当下俱足。〔2〕即此可以看出龙溪一派叛圣违教、放纵恣肆，论学重本体之“虚无”而不重工夫之践履敦笃的为学弊病，终究不能挺立人的道德主体性和自觉性，不能突显道德实践的必然性和必要性，不能构设完备的、正当的、合理的社会伦常道德系统。刘宗周即评价龙溪：“直把良知作佛性看，悬空期个悟，终成完弄光景，虽谓之操戈入室可也”；〔3〕“今天下争言良知矣，及其弊也，猖狂者参之以情识，而一是皆良；超杰者荡之以玄虚，而夷良于贼，亦用知者之过也。”〔4〕于金铉而言，他对龙溪“无善无恶”说弊病之批评诚然中肯，且为力挽邪风、倡明正学而提出了两点主张，其一，“表程朱之学问”，以使天下世人以程朱学引绳切墨，动静不恣，时时提醒，事事讲究，从而复心之本体；其二，“穷六经之本末”，使天下世人自首至尾，一字一句，皆“真知力行”，以识“无极太极原是饮食之常，洒扫应对无非上天之载”，而终究学以祛蔽之进路在于程朱理学“涵养用敬，进学则在致知”而已。〔5〕是故，金

〔1〕《金忠洁集》卷2《书·与友人辨无善无恶书》，第39~40页。
〔2〕［清］黄宗羲：《明儒学案·浙中王门学案二·语录·答徐存斋》，中华书局1985年版，第249页。
〔3〕《明儒学案·师说》，第9页。
〔4〕《证学杂解·解二十五》，《刘宗周全集》第2册，第278页。
〔5〕《金忠洁集》卷2《书·与友人辨无善无恶书》，第40页。

铉围绕"居敬致知"论述本体与工夫相合一的必然理路。

金铉因读《高景逸先生集》而视"居敬致知"为学问作圣阶梯，以致有"学倍程朱非是学，修兼知敬乃真修"之论断。高攀龙为"东林八君子"之一，金铉读其著而悟"居敬致知"，并对之坚信不疑，根本上是将"居敬致知"视为求达与本体之诚、之仁合一融通的极至工夫。他说："闲邪存诚。伊川指之以敬一，考亭又从而解之曰：'要去闲邪，心便一了'。此真格言乎！一则敬，敬则诚"；"诚是主宰，知几慎独是工夫，无邪毋不敬是方法"。[1]主一即为敬，主一亦即本体工夫的融贯统合。有敬之工夫法要则能闲邪存诚，实实在在体会生生流行之道。[2]为学求道无非是澄明此"万物一体"之天道性命，人一呼一吸之间，一动一静之间，无非此道流行；万千物种，鸢飞鱼跃，鸟语虫吟，皆此道生生。人勘悟此理，并时时明觉省察，便知人我共生、人物并存、人理同在之天理，即使寻常日用自然但人欲净尽，自然有天理流行，进而可知昼夜相通，显微无间，于此中优游涵泳，必然洒脱心悦。明乎此，知乎此，自然是廓然而大公、物来而顺应，人我一致，殊途一归。是故，金铉所理解之"敬"即是"不睹不闻"之义，循此"敬"则能尽仁至诚。[3]工夫之"敬"与本体之"仁"、"诚"统合一体。其实，为学惟精惟一，居敬致知，或许道理晦涩，但因践履笃行，天道性命并非遥不可及、虚幻飘渺，生存世界中的人虽饭嗅茹草，亦可宁静而致远。既然心中自有天道性命，人则毋执著于独善，亦不急于人知，以我所珍而随世用舍，亦可谓大道诚明。故，金铉告诫世人，倘能静悟体察，知敬而知天，便是尽人事存天理，是笃行恭敬而明道弘善，是以工夫呈本体、以本体合工夫的自在自觉。即此可以看出，"敬"自身即是本体工夫合一的过程。"敬"一方面是达至知、至之天道本体的恭敬笃行；另一方面乃天道本体自然如此，敬即本体，诚如其所说"语本体只是个仁字，语工夫只是个敬字，敬即本体也，仁即工夫也，于此岐而二之，尚未识敬识仁在打成一片，千圣之学尽是矣。"[4]

---

〔1〕《金忠洁集》卷1《语录·易说》，第2页。
〔2〕《金忠洁集》卷1《语录·观上斋纪程》，第13页。
〔3〕《金忠洁集》卷1《语录·观上斋纪程》，第34页。
〔4〕《金忠洁集》卷1《语录·观上斋纪程》，第31页。

金铉还主张，当于心“已发”“未发”时遵循“居敬致知”工夫。金铉引朱熹注《大学》三处“心之所发”之论，即注《大学》“明德”为“当其所发而虽明之”，注“诚意”为“实其心之所发”，注“自欺”为“知为善以去恶，而心之所发有未实”，提出自己的见解，即“当其未发而敬以存之，保明德之体也，此固当勉为功；就其已发，而敬以察之，充明德之用也，此尤宜时未力”。在金铉看来，孟子言“求放心”，程颐言“主一”，其实质便“不过只要人知止，敬则止。”〔1〕既然工夫至处即是本体呈露，亦惟循本体之至善至上用工夫，方可谓之真工夫，那么，“居敬致知”自然要在心之已发之现实的情感展示过程中发挥作用，并且人须时时察识检点，以明明德、彰善抑恶为宗的；同时要在心之未发之纯粹至善精神世界中，时时涵养自然而然、淡泊宁静的明德本体，以防未然之欲。“欲”是使人之明德本心逐渐走向障蔽的罪魁祸首，而“欲”发挥其作用来障蔽人本心的原因即在于人不能以“居敬致知”工夫扩充善端。在金铉的思想世界里，天地本自然，但人之欲念却时刻萌发，只是人不自觉而已，犹如明珠入砂砾，明珠之明、善性之本然为砂砾之秽、理欲之病所遮蔽。不过，“明”“善”不会因有污、欲而亡失，若人能时时居敬致知，自然不会有被遮蔽之可能；即便被遮蔽，倘人明晰居敬致知之道而扩充善端，亦能“于道理发现处，当下认取，打和零星，渐成片段，到得自家好底意思日长日益，则天理自然纯固，向之所谓私欲，自然消靡退散”。〔2〕金铉教人不仅要克治私欲，尚须时时充长善端，时时身体力行。这样的工夫进路正是程朱学派“格物致知”工夫进路的延续。

总之，明末殉国难忠臣、蕺山门弟子金铉论学崇尚程朱，其学以“诚”为宗，为“安身立命之基”和尽“独”之工夫法要。同时，“诚”之中自然内蕴天命之“性”，人生而有“性”，“诚”以“性”显；因人之生而有“心”，心之本体即是“性”；“性”体不睹不闻，惟“默识体仁”而彰明自身之存有与可能。既然“诚”体本天，“性”体内蕴于人“心”，言“诚”言“性”，皆是言“本体”，而申明“本体”之功用即当实落于“工夫”。金铉循程朱理学“下学而上达”路径，以工

〔1〕《金忠洁集》卷1《语录·观上斋纪程》，第24页。
〔2〕《金忠洁集》卷1《语录·观上斋纪程》，第24页。

夫为实现本体之入手始基，“即工夫即本体”，而此工夫进路即“居敬致知”。金铉为学重德性伦理，为人重忠义气节，以自己短暂的生命历程书写完美的人生精义，学问人生能圆融统合。文末作打油小诗一首，以赞金铉曰：

少年得志青年去，金水一跃即忠杰。枯骨茫荡大义举，师门同道写赞歌。

若问哪得正气志，诚体天命性中澈。临难一死非小儒，本体工夫本一辙。

“长幼有序”论

霍明宇 *

［内容提要］

“长幼”是儒家思想中的基本伦理关系之一，区分“长”与“幼”的目的在于明确尊卑先后的秩序，从而建立“长幼有序”的社会。因此对于“长幼”伦理概念的关注集中于“有序”一点。论及“长”与“幼”之间的互动关系，儒家学者又往往侧重于“幼”对“长”的敬、顺，即“悌”。因而“长幼有序”在一定程度上是针对于“幼”的行为规范。从儒家学者对“长幼”关系的学理阐释，到社会生活中对长幼尊卑制度的提倡，为等级制度赋予了合理性价值和意义。

［关键词］

长幼　人伦　有序　友悌

一、长幼人伦

“长幼”概念在不同的语境下，指称对象亦有所不同。从宗族内部来说，“长

* 霍明宇，中国艺术研究院文化研究所研究人员，文学博士。

幼"一词较早见于《国语·鲁语上》。鲁国人夏父弗忌担任宗伯，掌管邦国礼仪事宜，冬祭时，他下令把鲁僖公的位次安排到鲁闵公之前。按照当时的规定，祭祀先祖的顺序是根据先祖即位的时间先后和辈分大小排列的，鲁闵公是鲁僖公的叔父，即位在前，鲁僖公作为晚辈，即位在后，位次本应排在闵公之后。但夏父弗忌认为鲁僖公的政治功绩大于短暂在位的鲁闵公，所以不顾辈分大小、即位先后，要把鲁僖公的位次提前。这引起了有司的异议，称其不合乎昭穆次序："有司曰：'夫宗庙之有昭穆也，以次世之长幼，而等胄之亲疏也。夫祀，昭孝也。各致齐敬于其皇祖，昭孝之至也。故工史书世，宗祝书昭穆，犹恐其逾也……'"。〔1〕有司认为，宗庙的昭穆次序，是用来排列世系先后、理顺后人亲疏关系的标准。所以乐师和史官要记载世次的顺序，宗伯和太祝要记载昭穆的次序，这些礼仪的举行不能随便僭越。有司这段话里"以次世之长幼"的"长幼"，强调的是皇室宗族之内辈分的大小，是强调宗族成员内部的伦常关系。

在宗族之外非血缘关系的社会组织中，社会成员也往往依年龄的"长幼"排序，其中含有一定的伦理意义。《礼记·王制》："司徒修六礼以节民性，明七教以兴民德"。〔2〕七教就是七种人伦关系，其中，父子、兄弟、夫妻是宗族之内的人伦关系，君臣、长幼、朋友、宾客则是宗族之外的社会关系。社会群体中的"长幼"关系，以及宗族内的"兄弟"关系，都按照年龄和辈分的大小区分成员的长幼，进而约定尊卑有序的礼仪。《礼记·祭统》："夫祭有十伦焉；见事鬼神之道焉，见君臣之义焉，见父子之伦焉，见贵贱之等焉，见亲疏之杀焉，见爵赏之施焉，见夫妇之别焉，见政事之均焉，见长幼之序焉，见上下之际焉。此之谓十伦。"〔3〕这里罗列了祭祀活动所需遵循的十种道义和礼仪，其中针对"长幼"这一礼仪的分析是："夫祭有昭穆。昭穆者，所以别父子、远近、长幼、亲疏之序而无乱也。是故，有事于大庙，则群昭群穆咸在而不失其伦。此之谓亲疏之杀也……凡赐爵，昭为一，穆为一。昭与昭齿，穆与穆齿，凡群有司皆以齿，此之谓长幼有序。"从这一段话来看，祭祀时同一宗族之内的所有子孙都要按照父昭子穆的顺序排列，昭辈一

---

〔1〕《国语·鲁语上》，陈桐生译，中华书局2014年版，第94页。
〔2〕王文锦：《礼记译解·王制第五》，中华书局2001年版，第177页。
〔3〕《礼记译解·祭统第二十五》，第715页。

列，穆辈一列，而同为昭辈或者穆辈的，则按照年龄大小进行排列。对于宗族之外的其他来宾以及各种差役，则一律按照年龄大小进行排列。在这里，长幼之序用来区别尊卑先后、远近亲疏的关系，以避免其混乱。

由此可以对古代“长”“幼”概念的界定标准有一个初步认知，在宗族之内，先看辈分，长是长辈，幼是晚辈；同一辈分之内再看年龄，长为年龄偏长者，幼为年龄偏少者。在宗族之外，一般根据年龄的大小区分长幼。同时，从上述引文也可以发现，探讨“长幼”问题的目的，集中于“长幼”之间的关系如何处理。

二、长幼之“序”

先秦儒家学派热衷于探讨伦理话题，“长幼”被视为基本伦理关系之一，象征着尊卑等级。孟子针对不同的伦常关系提出了相应的道德要求，“人之有道也，饱食、暖衣、逸居而无教，则近于禽兽。圣人有忧之，使契为司徒，教以人伦——父子有亲，君臣有义，夫妇有别，长幼有序，朋友有信。”〔1〕父子、君臣、夫妻、长幼、朋友几乎涵盖了社会生活的全部伦理关系，父子之间有骨肉之亲，君臣之间有礼义之道，夫妻之间有内外之别，长幼之间有尊卑之序，朋友之间有诚信之德。这里对长幼关系的阐释落在“尊卑之序”上，是将长幼之间的伦常差别对应为社会生活中的等级秩序。东汉班固提出“三纲六纪”的概念，其中关于“六纪”这样论述：“敬诸父兄，六纪道行，诸舅有义，族人有序，昆弟有亲，师长有尊，朋友有旧……六纪者，为三纲之纪者也。师长，君臣之纪也，以其皆成己也。诸父、兄弟，父子之纪也，以其有亲恩连也。诸舅、朋友，夫妇之纪也，以其皆有同志为己助也……谓之兄弟何？兄者，况也。况父法也。弟者，悌也。心顺行笃也。”〔2〕六纪的提出，意在通过探讨家族社会的基本伦常关系，而申说“有序”原则的合理性，在这其中“长幼”背负了象征社会秩序的意义。

儒家学派的理想是建立一个贵贱有等、尊卑有别、长幼有序的等级社会。而辨

---

〔1〕 杨伯峻：《孟子译注·卷五·滕文公章句上》，中华书局1960年版，第114页。

〔2〕 陈立撰：《白虎通疏证·卷八·三纲六纪》，吴则虞美点校，中华书局1994年版，374～380页。

明区分贵与贱、尊与卑、长与幼各自的名目，即"正名"，便成为其推行政治理想的首要任务。"正名"所依靠的标准是"礼"，正如《礼记》中所描述的君臣、父子、长幼、夫妇、朋友五种伦理关系。具体到长幼，就是要确立长者和幼者之名，建立长者先，幼者后的秩序。荀子从社会学的角度分析了明辨"长幼"的必要。他认为能够结成群体是人类高于动物之处，而人类之所以能够结合为群体正是因为人类自觉地看到尊卑贵贱的区分，并且按照这种区分和名分各自尽其所能、相互配合。《荀子·礼论》说："曷谓别？曰：贵贱有等，长幼有差，贫富轻重皆有称者也。"〔1〕《荀子·荣辱》也说："夫贵为天子，富有天下，是人情之所同欲也；然则从人之欲，则势不能容，物不能赡也。故先王案为之制礼义以分之，使有贵贱之等，长幼之差，知愚、能不能之分，皆使人载其事而各得其宜，然后使悫禄多少厚薄之称，是夫群居和一之道也。"〔2〕明代学者吕坤在《呻吟语·卷一·内篇伦理》中说："朝廷之上，纪纲定而臣民可守，是曰朝常；公卿大夫、百司庶官，各有定法，可使持循，是曰官常；一门之内，父子兄弟、长幼尊卑，各有条理，不变不乱，是曰家常；饮食起居，动静语默，择其中正者守而勿失，是曰身常。得其常则治，失其常则乱。未有苟且冥行而不取败者也。"〔3〕不论朝廷之上、官场之中、家庭之内，乃至饮食起居都须有章法可循。而一家之内，长幼之间的尊卑之序，就是不可僭越的章法。

"长幼""友悌"的观念落实到具体生活中就是遵行"长幼有序"的礼仪。《礼记·哀公问》："非礼无以辨君臣、上下、长幼之位也，非礼无以别男女、父子、兄弟之亲，昏姻、疏数之交也。"〔4〕长幼之礼对幼者而言，就是安于已有的身份等级，满足于自身的地位，履行应该履行的职责；对长者而言，就是不放弃自己的等级，完成道德情理之内的义务。《礼记·曲礼》："君臣、上下、父子、兄弟，非礼不定"。〔5〕《荀子·大略》也说："礼也者，贵者敬焉，老者孝焉，长者弟焉，

〔1〕张觉撰：《荀子译注·礼论第十九》，上海古籍出版社2012年版，第265页。
〔2〕《荀子译注·荣辱第四》，第39页。
〔3〕吕坤：《呻吟语》卷1，广陵书社2009年版，第21~22页。
〔4〕《礼记译解·哀公问第二十七》，第733页。
〔5〕《礼记译解·曲礼上第一》，第3页。

幼者慈焉，贱者惠焉。”〔1〕荀子所谓的“长幼”礼仪就是对待长兄要尊敬顺从，对待年幼者要慈爱。此外，乐与礼一样，同被视为区分等级尊卑的工具。《礼记·乐记》说：“圣人作为鞉、鼓、椌、楬、埙、篪，此六者，德音之音也。然后钟、磬、竽、瑟以和之，干、戚、旄、狄以舞之，此所以祭先王之庙也，所以献、酬、酳、酢也，所以官序贵贱各得其宜也，所以示后世有尊卑长幼之序也。”〔2〕鞉、鼓、椌、楬、埙、篪是六种能发出德音的乐器，它们所制造出来的音乐可以用来区分官职高低，显示身份贵贱，使人们通晓尊卑长幼的次序。

“长幼有序”的具体礼仪规定在古代射礼和乡饮酒礼中有较为明确的说明。《礼记·射义》说：“古者诸侯之射也，必先行燕礼；卿、大夫、士之射也，必先行乡饮酒之礼。故燕礼者，所以明君臣之义也；乡饮酒之礼者，所以明长幼之序也。”〔3〕古代卿大夫在射礼进行时，先举行乡饮酒之礼以明确尊卑先后之序，具体礼仪如《礼记·乡饮酒义》记载：“宾酬主人，主人酬介，介酬众宾，少长以齿，终于沃洗者焉，知其能弟长而无遗矣。”〔4〕敬酒先按照主、宾、介的尊卑顺序进行，到了宾客那里，再按照年龄的大小顺序依次行礼，由此所有嘉宾都能够受到礼遇，大家尽兴而饮，并且井然有序。

值得注意的是，就封建社会的等级秩序来看，“长幼有序”的标准往往受到爵位、嫡庶、辈分等其他因素的影响。倘若在朝廷之上，往往首先以官爵的高低为序，而后再考虑年龄的长幼。《礼记·文王士子》记载，“庶子之正于公族者，教之以孝弟、睦友、子爱，明父子之义，长幼之序。其朝于公，内朝则东面北上，臣有贵者，以齿。其在外朝，则以官，司士为之。其在宗庙之中，则如外朝之位，宗人授事，以爵以官，其登馂、献、受爵，则以上嗣。庶子治之，虽有三命，不逾父兄。其公大事，则以其丧服之精粗为序，虽于公族之丧亦如之，以次主人。若公与族燕，则异姓为宾，膳宰为主人，公与父兄齿。族食，世降一等。”〔5〕可见，如果

---

〔1〕《荀子·大略第二十七》，第 398 页。
〔2〕《礼记译解·乐记第十九》，第 551 页。
〔3〕《礼记译解·射义第四十六》，第 931 页。
〔4〕《礼记译解·乡饮酒义第四十五》，第 926 页。
〔5〕《礼记译解·文王世子第八》，第 277 页。

是在内朝，则位置顺序也只按照年龄辈分排列，不论爵位高低，即令是贵为上卿，其位置也要在父兄之后；如果是在外朝，那就要以官爵的高低排列位置。如果是在宗庙之中，位置的排列如同外朝。如果是国君与族人宴饮，席位的座次要按辈分年龄来排。合族聚餐的活动，按照族人与国君的亲疏关系，每隔一世则递降一等。而在同一级的官爵之间，再按照年龄大小来排列位次，所谓“朝廷同爵则尚齿。”倘若在学校里，同窗之间则完全按照年龄大小排列位次，无需考虑家族的爵位背景。《礼记·王制》：“乐正崇四术，立四教，顺先王诗书礼乐以造士，春秋教以礼乐，冬夏教以诗书。王大子，王子，群后之大子，卿、大夫、元士之适子，国之俊选，皆造焉。凡入学以齿。”[1]王卿大夫的孩子入学之后皆只以年龄大小排列位次的先后，即使是太子也跟诸生一样，不得特殊。此外，在家族之内，确定长幼高低的位次首先看辈分，其次是年龄。而在乡党举行的各项礼仪中，先后的秩序排列又要具体分析。孟子、孟季子和公都子的一段辩论谈到了这个问题：“孟季子问公都子曰：‘何以谓义内也？’曰：‘行吾敬，故谓之内也。’‘乡人长于伯兄一岁，则谁敬？’曰：‘敬兄。’‘酌则谁先？’曰：‘先酌乡人。’”[2]可见，乡党之间举行饮酒礼仪，只按照年龄大小行敬酒礼仪，不考虑血缘关系上的亲疏。而对于在礼仪中担任职务的人，则又不论年龄大小都要把优先的尊敬给予他。孟子接着说：“‘敬叔父乎？敬弟乎？’彼将曰‘敬叔父’。曰：‘弟为尸，则谁敬？’彼将曰‘敬弟。’子曰：‘恶在其敬叔父也？’彼将曰：‘在位故也。’”[3]在祭祀礼仪中，担任祭祀主持的弟弟虽然年龄小，但因为其职务重要而得到更高的尊敬。可见在不同的场合“长幼有序”并非唯一的秩序准则。

关于这一点，明代敖英《东谷赘言》有一段概括：“或问长幼之序，专序齿耶？不专序齿耶？予曰：兄弟之长幼序齿也，伯叔侄之长幼不序齿也。盖伯叔虽孩提尊也，侄虽耄夫卑也，何也？分重于齿也。同父之兄弟亦有不序齿者。立子以嫡不以长，纣，弟也，而为君，微子，兄也，而为臣，何也？嫡重于齿也。同母之兄弟亦有不序齿者。周公，弟也，为王冢宰，管叔，兄也，有土而无官，何也？命官

---

〔1〕《礼记译解·王制第五》，179页。

〔2〕《孟子译注·卷十一·告子章句上》，第238页。

〔3〕《孟子译注·卷十一·告子章句上》，第238页。

以德，德重于齿也。宗族乡党亦有不序齿者。一命齿于乡，而再命不齿，再命齿于族，而三命不齿，何也？命重于齿也。为师为弟子亦有不序齿者。韩子曰：'生乎吾后，其闻道也亦先乎吾，吾从而师之，吾师道也。'故王通十五，教授河汾，其弟子有白首北面者，何也？道重于齿也。"[1]年龄、辈分、嫡庶、道德、王命、道义等因素，同为影响秩序排列的标准。

三、尊老重"悌"

古代典籍中常常出现的"孝悌"之"悌"，探讨兄与弟、长与幼之间的行为准则，与"长幼"概念所论话题相仿，谈长幼伦常的问题必然离不开"悌"。从字源学的角度来看，汉代许慎《说文解字·五下·弟部》这样解释"悌"："弟，韦束之，次弟也，从古字之象。"[2]根据《说文》，悌通弟，是一个会意字，字形是一条绳锁捆绑着兵戈的样子，绳索缠绕着兵戈，有攀附之意，也有保护之意。这象征着弟弟在家庭中的地位，依附于被宗法制度赋予特权的哥哥，辅佐哥哥实现家族繁荣昌盛。同时，哥哥也要友爱照顾弟弟。缠绕的绳索出现了一圈一圈的次第，寓意兄弟之间有次序之先后，兄在先弟在后，为了顺应这个次序，做弟弟的就要顺从兄长，以兄长为尊。这就是兄弟、长幼之间的互动关系。《管子·五辅》说："为人兄者宽裕以海，为人弟者比顺以敬。"[3]《墨子·兼爱下》："故君子莫若审兼而务行之，为人君必惠，为人臣必忠，为人父必慈，为人子必孝，为人兄必友，为人弟必悌。故君子莫若欲为惠君、忠臣、慈父、孝子、友兄、悌弟，当若兼之不可不行也，此圣王之道而万民之大利也。"[4]儒家典籍更将"兄良弟悌"视为基本道义，《礼记·礼运》说："何谓人义？父慈、子孝、兄良、弟弟、夫义、妇听、长惠、幼顺、君仁、臣忠，十者谓之人义。"[5]汉代贾谊在《新书·道术》中也说："兄

---

〔1〕 敖英：《东谷赘言》，南昌得庐民国1916年影印版，第7页。

〔2〕 许慎：《说文解字·五下·弟部》，中华书局1963年影印版，第113页。

〔3〕 《管子·五辅第十》，黎翔凤撰，梁运华整理，中华书局2004年版，第198页。

〔4〕 《墨子·兼爱下》，方勇译注，中华书局2011年版，第150页。

〔5〕 《礼记译解·礼运第九》，中华书局2001年版，第298页。

敬爱弟谓之友，反友为齹。弟敬爱兄谓之悌，反悌为敖。"[1]此外，《左传·隐公三年》记载了卫国大臣石碏进谏卫庄公的一段话，石碏提出"六顺"的道义，其中亦提到"悌"："公子州吁，嬖人之子也，有宠而好兵，公弗禁，庄姜恶之。石碏谏曰：'臣闻爱子，教之以义方，弗纳于邪……夫宠而不骄，骄而能降，降而不憾，憾而能眕者鲜矣。且夫贱妨贵，少陵长，远间亲，新间旧，小加大，淫破义，所谓六逆也。君义，臣行，父慈，子孝，兄爱，弟敬，所谓六顺也。去顺效逆，所以速祸也……'"[2]在符合道义的六种行为中，兄爱弟和弟敬兄是相辅相成、天经地义的。

综合上述观点，论及兄弟、长幼之间的关系，兄对弟、长对幼的行为标准皆指向"友""爱"，而弟对兄，幼对长的行为标准皆指向"敬""顺"。虽然"兄友弟悌"是兄与弟、长与幼之间的互动关系，但这对关系的重点往往落在幼对长的顺从、恭敬上。例如，《孟子·告子章句下》记载："曹交问曰：'人皆可以为尧舜，有诸？'孟子曰：'然。''交闻文王十尺，汤九尺，今交九尺四寸以长，食粟而已，如何则可？'曰：'奚有于是？亦为之而已矣。有人于此，力不能胜一匹雏，则为无力人矣；今曰举百钧，则为有力人矣。然则举乌获之任，是亦为乌获而已矣。夫人岂以不胜为患哉？弗为耳。徐行后长者谓之弟，疾行先长者谓之不弟。夫徐行者，岂人所不能哉？所不为也。尧舜之道，孝弟而已矣。子服尧之服，诵尧之言，行尧之行，是尧而已矣；子服桀之服，诵桀之言，行桀之行，是桀而已矣。"[3]在这里，曹交询问孟子怎样成为尧舜那样的圣人，孟子告之以"悌"，强调做到了恭敬顺从长者这一点，就可以成为尧舜了。孟子把长幼先后之秩序所代表的社会价值置于无以复加的高度，与战国时期混乱无序的社会忧患有关，也体现了维护社会秩序对于统治者的根本意义。《四书章句集注·论语集注》中解释"孝悌"说："善事父母为孝，善事兄长为弟"。[4]《孝经》借孔子的话说："君子之教以孝也，非家至而日见之也。教以孝，所以敬天下之为人父者也。教以悌，所以敬天下之为人

---

〔1〕 贾谊：《新书·卷八·道术》，方向东译注，中华书局2012年版，第252页。

〔2〕 《左传·隐公三年》，郭丹等译注，中华书局2012年版，第33页。

〔3〕 《孟子·卷十二·告子章句下》，第255页。

〔4〕 《四书章句集注·论语集注·学而第一》，中华书局2011年版，第50页。

兄者也。教以臣，所以敬天下之为人君者也。”〔1〕这几段话都强调了“悌”是尊敬顺从长者的意思，兄与弟之间带有了一层主从关系。

此外，作为基本道义的“悌”，还成为儒家品评人物的标准。子贡请教孔子什么样的人可以称得上“士”，孔子就谈到了孝悌。《论语·子路》：“子贡问曰：‘何如斯可谓之士矣？’子曰：‘行己有耻，使于四方，不辱君命，可谓士矣。’曰：‘敢问其次。’曰：‘宗族称孝焉，乡党称弟焉。’曰：‘敢问其次。’曰：‘言必信，行必果，硁硁然小人哉！抑亦可以为次矣。’”〔2〕在孔子看来，第一等的士是能够治国平天下，有才华和贡献的人；第二等的士是在乡党和家族之内，能够遵从长幼孝悌礼仪的人；第三等的士是能够管理好自己的言行的人。可见，孔子认为只要行为上做到了孝悌，即使未曾做出什么治国平天下的大事，也可以被评价为“士”。《礼记·射义》记载了孔子从射箭者的行为举止是否符合“悌”来判断其人的故事：“孔子射于矍相之圃，盖观者如堵墙。射至于司马，使子路执弓矢出延射，曰：‘贲军之将，亡国之大夫，与为人后者，不入，其余皆入。’盖去者半，入者半。又使公罔之裘、序点扬觯而语。公罔之裘扬觯而语曰：‘幼壮孝弟，耆耋好礼，不从流俗，修身以俟死，者不？在此位也。’盖去者半，处者半。序点又扬觯而语曰：‘好学不倦，好礼不变，旄期称道不乱，者不？在此位也。’盖仅有存者。”〔3〕孔子列出三条筛选人才的标准，第一条排除了败军之将、亡国大夫和求作别人后嗣的人；第二条则遴选出了能够孝顺父母、敬事兄长、讲究礼法的人；第三条则遴选出了爱好学习、坚持礼法、言行毫不糊涂的人。这三条选才标准，一是强调忠诚，二是强调顺从，三是强调坚持。其中第二条，见出孔子对“悌”的重视。

---

〔1〕《孝经译注·广至德章第十三》，胡平生译注，中华书局1996年版，第29～30页。

〔2〕《论语译注·子路篇第十三》，杨伯峻译注，中华书局1958年版，第138页。

〔3〕《礼记译解·射义第四十六》，第934～935页。

理学范式，心学旨趣：张九成思想特质辨析

李敬峰 *

[内容提要]

张九成作为杨时高弟，二程再传，是两宋之际复振洛学的中流砥柱，然因朱子为清理门户、建构道统而对其予以严苛批判致使其在学术史上暗而不彰，遮蔽对其思想特质的厘定。回到具体文本和历史语境下，张九成实际上是接续和推阐两宋之际道学的核心话语，主张以心为本，万物皆由心出，以及通过收缩到意识之内的内向、简约工夫回归形上本体之心，在理学的范式内，开出新的面向，从本体到心性，再到工夫建构出近乎圆融的心学雏形。

[关键词]

张九成　心　工夫　理学　心学

张九成（1092～1159），字子韶，浙江嘉兴人，号横浦居士、无垢居士。有《横浦集》、《孟子传》等著作传世。师承杨时，“龟山弟子以风节光显者，无如横

* 李敬峰，陕西师范大学哲学系讲师，博士后研究人员。本文系中国博士后第57批面上资助项目(2015M570812)、中央高校基本科研业务费专项资金资助项目（15SZYB05）、西安市社科规划项目（15L10）的阶段性成果。

浦。”[1]张九成在学界的影响非同寻常，陈亮说道：“近世张给事学佛有见，晚从杨龟山学，自谓能悟其非、驾其说，以鼓天下之学者靡然从之。家置其书，人习其法，几缠缚胶固，虽世之所谓高明之士，往往溺于其中而不能以自出。其为人心之害，何止于战国之杨墨也。”[2]陈亮的话虽带有门户偏见，但却映衬张九成在当时影响之巨，以至于士人家中皆存其书，研习其法，即使高明之士亦在所难免，其影响可与战国时的杨墨相提并论。

朱子曰：“张子韶、喻子才之徒，虽云亲见龟山，然其言论风旨、规模气象，自与龟山大不相似。”[3]“上蔡之说一转而为张子韶，子韶一转而为陆子静。”[4]朱子认为张九成虽亲师杨时，但在学术宗旨、言论气象上已经偏离师门，成为谢良佐与陆九渊之间的过渡人物，归入心学谱系之中。全祖望亦云：“程门自谢上蔡以后，王信伯、林竹轩、张无垢至于林艾轩皆其前茅，及象山而大成。”[5]全氏明确提出心学的传承脉络，认为心学并非自陆九渊始，程门中已有此种倾向，并将张九成列入心学源流。从往圣先贤的论述中可知，张九成虽然师从杨时，但却倾向心学。无论是作为心学的过渡者或创始者或传承者，皆折射出张九成的心性论思想是归属心学而非理学的。然当前学界的研究或对其视而不见，或在论述时一笔带过，或将其思想按照预设框架进行裁剪，缺乏对其思想的整体观照以及思想特质的厘清，没有将其置于当时的学术背景下予以客观考察，这些不足影响对张九成学术性质的厘定。故回到具体文本和历史语境下，通过与其师杨时以及理学的集大成者朱熹思想的对比，厘清张九成的思想特质就显得尤为必要。

一、以“心”为本

“心”是儒家心性论的核心范畴，宋代理学最重要的贡献之一就在于推动汉唐

---

[1] 黄宗羲：《宋元学案》卷40，中华书局1986年版，第1302页。

[2] 《陈亮集》，中华书局1974年版，第260页。

[3] 朱杰人等编：《晦庵先生朱文公文集》卷41，上海古籍出版社、安徽教育出版社2010年版，第1874页。

[4] 黄宗羲：《宋元学案》卷24，第931页。

[5] 黄宗羲：《宋元学案》卷58，第1884页。

的人性论向心性论转换，凸显“心”的位置。在张九成的哲学中，其对“心”的重视是前所未有的，他建构以“心”为本的哲学体系，他说：“夫规矩之宜，其何在乎？亦曰：‘心而已矣。’夫天下万事皆自心中来，使自礼乐射御书数以养此心，然后致知格物，诚意以正此心，此心既正，则修身齐家治国乎天下，无不可矣。是心者，射之彀而百工之规矩也，论其大体，则天地阴阳皆自此范围而燮理；论其大用，则造化之功、幽眇之巧皆自此而运动。学而不求其心，虽诵书五车，挥毫万字，赋逼凌云，才高吐鳳，于圣贤之道天下国家之用，何所济乎？”[1]在张九成这里，万事万物的规矩之宜，乃由“心”而裁断。“心”是世间万物的本源，万事万物皆出于此，这就是本体；而从发用的角度来说，则万物造化，流动运行皆离不开“心”。古人“六艺之学”旨在养“心”，如此可进行格物、致知、诚意之工来正“心”，“心”正方可齐家、治国、平天下。据此而断，“心”已经上升至本体的高度，担负着造化万物的功能和角色。且若学而不去求“心”，即使学富五车，下笔万字，于圣贤之道和治理国家又有何用？

张九成的表述将“心”的地位无限拔高，已经具有相当于宇宙实体的意味。对此，他更为明确地说道：“心源无际，与天同体，与造化同用。”[2]“盖此心即天心，非此心之外别有天也，此心即民心，非此心之外别有民也。”[3]“心即天也。人有是心，心有是天，第人未之顾諟耳。”[4]张九成认为“心”的源头是没有边际的，而与“天”一致，且具造化万物的作用，这就明确将“心”的地位拔高到“天”的高度，并赋予其与“天”同等的功能。

他进一步认为“人心”即“天心”，此“心”之外别无天心可言，这就将人心的功能无限的上升了，对此，他继续论道：“我之心，即天心也，我之心正，则天之星辰，无不循轨，我心不正，则灾异百出矣。”[5]这段话是对“心”的功能的具体描述。他认为我“心”正，则星辰亦按轨道运行，相安无事。否则就灾害频

〔1〕 张九成：《孟子传》，吉林出版集团有限责任公司 2005 年版，第 276 页。
〔2〕 张九成：《孟子传》，第 98 页。
〔3〕 黄伦：《尚书精义》，台湾商务印书馆 1986 年影印版，第 330 页。
〔4〕 黄伦：《尚书精义》第 332 页。
〔5〕 黄伦：《尚书精义》第 605 页。

现。这里，张九成对“心”的功能等同于“天”的功能。此“心”涵盖一切，“心”已成为宇宙的主宰，成为宇宙的本体。这是其比王苹更为接近心学的缘由。

张九成在回应“心”与其它范畴的关系时，亦体现与理学相异的学术风格。以最为典型的“心”与“理”为例，张九成说：“所谓格物者，穷理之谓也。一念之微，万事之众，万物之多，皆理也。……夫如是，则心即理，理即心。内而一念，外而万事，微而万物，皆汇归在此，出入在此。非师友所传，非口耳所及，非见闻所到，当几自见，随事自明，岂他人能知哉！”〔1〕

陈来先生说：“一个被称做理学家的学者，可以不讨论道器、性命、甚至理气的问题，但不可能回避心与理的问题。”〔2〕在此，张九成所诠释的“理”的范围从一念到万物，皆是“理”。而这“理”也内在于心。通过格物之工夫，即可实现“心即理”，心与理的合一。显然，张九成这里的“心”不是一般的意义上的心，而是具有本体意义上的“心”，万事万物乃至一切念虑皆由“心”起，可见张九成的“心即理”与陆王心学的“心即理”的差异是明显的，陆王心学的“心即理”主张的是“心”与“理”的自然合一，而张九成的“心即理”则需要下一番格物工夫而后可至。这就类似于朱子的观点，以朱子为代表的理学派最终所要实现的也是心与理的合一，当然这种合一需要历经下学工夫而成。当然，这并不是说张九成就与朱子相同，他们的差异仍然是明显的，在张九成哲学中，“心”是先在性的，第一位的，而朱子则以“理”为第一性的，先在性的。张九成哲学的这种矛盾反映出其心学思想的不纯粹性，故遭到学者的质疑和批评。〔3〕

“心”与“性”的关系亦是两宋之际道学关注的核心内容，在此问题上，张九成提出：“夫心即性，性即天，心体甚大，尽之者少耳。”〔4〕这是张九成对孟子的“尽心知性”的解释，与王苹的观点相似。他直接将“心”“性”“天”三者直接等同为一，“心”作为本体是至善无二的，那么与“心”为一的“性”该如何诠

---

〔1〕 张九成：《孟子传》，第196页。

〔2〕 陈来：《有无之境——王阳明哲学的精神》，三联书店2009年版，第22页。

〔3〕 刘玉敏：《心学源流——张九成哲学与浙东学派》序言，人民出版社2013年版，第10页；何俊：《南宋儒学建构》，上海人民出版社2004年版，第63页。

〔4〕 黄伦：《尚书精义》，第516页。

释，张九成的思想亦有明显的特色。他说："孟子言'性善'，深合孔子之论，而超百家诸子之上。是其所见人人皆可以为尧舜，其补于名教也大矣。"[1]"夫孟子之所论性善者，乃指性之本体而言。非与恶对立之善也。"[2]

可见，张九成恪守正统儒家性善论的主张，但并不固守，他认为孟子所说的"性善"所指的是"性"之本体，而这种"性"之本体的善是不与"恶"对的，这种本体之性是没有恶的，显然张九成这里所指的善恶并非伦理意义上的。[3]之所以如此限定"性"，与其将"心"设定为本体是有关联的，"心"与"性"是为一的，作为本体，"心"只能是至善无恶，"性"也必须与"心"一致，只能是超越一般意义上善恶的至善。当然，这里需要明确是张九成的思想并不是"性无善无恶"。"性无善无恶"说的是"性"没有善恶的倾向，显然张九成并不是这种论调。但他也保留其师杨时的"性不假修"的观点，他说："子思言'率性'，扬子言'修性'，性又如何修得？是戕杞柳为杯卷也。"[4]

先看其师杨时的观点："夫物有变坏，然后可修。性无变坏，岂可修乎！惟不假修，故《中庸》但言'率性'、'尊德性'，孟子但言'养性'，孔子但言'尽性'。"[5]"六经不言'无心'，惟佛氏言之。亦不言'修性'，惟扬雄言之。心不可无，性不假修。故《易》止言'洗心尽性'，《记》言'正心尊德性'，孟子言'存心养性'，佛氏和顺于道德之意。"[6]杨时认为物是可以修的，但"性"是"具足圆成，本无亏欠"的，也就是圆满自足的，故经典文本都不提"修性"，只说"养性""率性""尽性"，因此他提出"性不假修"。张九成显然是秉承道南学派的观点，与杨时观点一致。

在心学体系的建立上，张九成还通过对洛学门下热点问题一心与仁的关系的阐发来强化此主旨。"心"作为认知主体，"觉"是其应有的功能。以"觉"言

---

[1] 张九成：《孟子传》，第260页。
[2] 张九成：《孟子传》，第260页。
[3] 曾问学杨时的胡宏亦主张类似的观点，详见陈明：《胡宏思想的逻辑与意义——从朱子对《知言》的批评说起》，《湖南大学学报（哲学社会科学版）》2009年第6期。
[4] 于恕编：《日新》，齐鲁书社1997年影印版，第196页。
[5] 杨时：《龟山集》，文津阁四库全书，商务印书馆2005年版，第76页。
[6] 杨时：《龟山集》，第63页。

“仁”，实际上是为了更精微地论述“心”与“仁”的关系。以“生理感受”言“仁”始于程颢，谢良佐予以阐扬，张九成继续探索，推进仁与心关系的研究，并通过“仁即是觉，觉即是心”来强化他的心学体系的建立。对于“仁”与“觉”的关系，程颢最先说道：“医家以不认痛痒谓之不仁，人以不知觉不认义理为不仁，譬最近。”，这就明确将“觉”与“仁”联系起来，但并未直接表述。谢良佐则明确说道：“心有知觉之谓仁”，把“心”的感通性作为“仁”的定义。张九成不满谢良佐的定义式的提法，他对此诠释道：“心有所觉谓之仁，故草木之实谓之仁，以其得土而生也。四体不知病痒谓之不仁，故利在一己、害及他人而不恤者谓之不仁，以其学脉不通也。”〔1〕张九成在这里以人与草木之例来说明通畅对仁的特性。它又进一步提出：“仁即是觉，觉即是心。因心生觉，因觉有仁。脱体是仁，无觉无心，有心生觉，己是区别。于区别熟，则融化矣。”〔2〕张九成已不再像程颢、谢良佐那样含蓄，而是直接明白地将“仁”“觉”“心”三者关系明白点出。“因心生觉，因觉有仁”则点出三者的生成关系，“觉”是“心”的属性，而“心”则因为有“觉”而有“仁”，“觉”将“心”与“仁”联系起来。张九成将心作为“觉”产生的主体，与“仁”相联系。而张九成的这种提法“实际上是将觉（或心）提高到本体的地位，完全突破了二程以生、觉来譬喻仁的界限，也将谢良佐以知觉言仁的思想进一步向前推进到了心本论的高度，开始了心学的创立。”〔3〕可见，张九成通过以觉训仁、以心训仁继续建构以“心”为本体的心学体系，并且在“心”与“天”、与“性”、与“仁”的对扬中凸显“心”的第一性、主体性。

二、由内向工夫返归本体之“心”

工夫论是区分理学和心学的重要论域。作为洛学弟子，张九成对从二程以来对

---

〔1〕张九成：《孟子传》，第153页。

〔2〕黄宗羲：《宋元学案》卷40，第1308页。

〔3〕刘玉敏：《论张九成“仁即是觉，觉即是心”的思想及其意义》，《孔子研究》2007年第2期。

未发已发问题也给予回应，他继承二程、杨时重视《中庸》的洛学传统，借《中庸》阐发己说，他首先对“中”进行论述：“《大学》谓之‘格物’，在《洪范》所谓‘中’也。惟知格物之学者，为足以得中，得中则以中为体。以中而出，以中而入，千变万化，一以中为准而已。何偏陂以至反侧之足忧哉？亦何不好德之人之足以乱吾治哉？”〔1〕张九成认为《大学》里所说的“格物”即是《洪范》中的“中”，这是颇具新意的。他将“格物”等同于“中”，以“中”为一切的标准，千变万化，皆围绕“中”而行。这就将“中”在理学中的位置拔高至本体的层面。

他接着论道：“中衍天命之义，和衍修道之义。喜怒哀乐之未发，此指言性也，故谓之中。发而皆中节，此所谓发也，故谓之和。中指性言，故为大本；和指教言，故为达道。”〔2〕“心无所倚则中，所倚在理则为和。”〔3〕他提出与吕大临早期思想一致的观点—“中即性”，这就把“中”作为超越的本体，他比杨时的观点更为明确，亦是把“中”贯通心、性的本体，“喜怒哀乐未发”指的是“性”，是“天命之性”，而这就是“中”。为学注重“求其所谓内心”，以求中为务。这就与吕大临、杨时哲学工夫的“求中”目的相似，而具体手段则不尽相同。他抛弃杨时门下的以“静坐”体中的修养方法，转而以“戒慎恐惧”“深致其察”去求中，他说：“未发以前，戒慎恐惧，无一毫私欲。”〔4〕“中庸之道赞天地之化育如此……而其所以入之路，又止在戒慎不睹，恐惧不闻而已。”〔5〕“喜怒哀乐未发以前，天也；戒慎不睹，恐惧不闻，于不睹不闻处深致其察，所以知天也。”〔6〕张九成继承道南门下在未发上用功的主张，主张在未发之时要涵养，具体方法就是“戒慎不睹，恐惧不闻”，就是要于不睹不闻处“深致其察，警惕谨慎”，如此，便可以扫清私欲。可以看出，张九成所主张的求中工夫仍然是在意识内用功，通过克制邪念，警惕谨慎来达到“求中”之目的。当然，朱子对张九成的“戒慎恐惧”之工

〔1〕 黄伦：《尚书精义》，第467页。
〔2〕 张九成：《中庸说》卷1，商务印书馆1936年版，第3页。
〔3〕 于恕编：《日新》，第240页。
〔4〕 朱杰人等编：《晦庵先生朱文公文集》卷72，第3475页。
〔5〕 张九成：《中庸说》卷1，第3页。
〔6〕 张九成：《中庸说》卷1，第13页。

夫是不认可的，他认为“未发以前天理浑然，戒慎恐惧则既发矣”，[1]也就是说，朱子认为“戒慎恐惧”是已发工夫，不能在未发时使用。

“格物致知”是洛学工夫的“车之两轮，鸟之双翼”之一。程颐、杨时对“格物致知”的重视，为张九成承之，他解释道：“大学之道以格物为主，格物则能穷尽天下之理、人伦之理。惟格物者能识之，识者，明也。惟能识之，则能用之，以为天下国家。舍人伦而曰学，此异端邪说先王之所诛者也，学者不可不谨。”[2]“格物者，穷理之谓也。使天下之理，一物不穷，则理有所蔽，理有所蔽，则足以乱吾之智思，惟无物不格，则无理不穷，无理不穷，则内而一念，外而万事，知其始，知其终，知其利害，知其远近，是以念动乎中，事形于外，微而未着，兆而未章，吾已知之矣。”[3]张九成强调“格物”的重要性，他亦认同释“格物”为“穷理”的程门宗旨，在格物的范围强调“物”的遍在性，强调遗漏一物所导致的后果。如果不往前推，则张九成的哲学无疑恪守洛学的传统。

但他并未止于此，他进一步说道：“惟深知格物之学，明天理之归，则或怨或不怨，皆知心之所由归矣。”[4]“夫学者以格物为先。格物者，穷理之谓也。穷一心之理，以通天下之理；穷一事之理，以通万事之理。”[5]在这里，张九成对“穷理”的途径及效验则与理学派的主旨不同。程颐在此问题上主张：“或问：格物须物物格之，还只格一物而万理皆知？曰：怎生便会该通？若只格一物便通众理，虽颜子亦不敢如此道。须是今日格一件，明日又格一件，积习既多，然后脱然自有贯通处。”[6]程颐主张格物积累至一定阶段，可达至对天下之理的认识，并非只格一物即可通众理。其师杨时因为物的繁多，直接将“格物”定为反身而诚，收缩到意识之内用功。张九成则认为穷“心”之理即可通晓天下之理，穷一事之理则可知晓万物之理。他说道：“格物知至之学，内而一念，外而万事，无不穷其终始，

---

[1] 朱杰人等编：《晦庵先生朱文公文集》卷72，第3475页。

[2] 张九成：《横浦集》，台湾商务印书馆1986年影印版，第385页。

[3] 张九成：《孟子传》，第155页。

[4] 张九成：《孟子传》，第279页。

[5] 张九成：《横浦集》，第398页。

[6] 《河南程氏遗书》，《二程集》，中华书局1981年版，第188页。

穷而又穷，以至于极尽之地，人欲都尽，一旦廓然，则性善昭昭无可疑矣。”[1]可见张九成认为“顿悟”是可以成就格物致知的。总之，张九成在工夫上已经向心学工夫的内向、简约靠近，将其收缩在意识之内，并通过此内向工夫回归思想的逻辑起点一心。

三、小结

张九成将“心”提升至本体地位，以“心”贯通一切，将意念、万物等打并为一皆归于心，并在工夫上主张内向、简约，以此达至本体。至此，张九成的思想已经接近“心学”的主张，也就是说，从本体到心性，再到工夫，张九成已经基本奠定心学的理论格局。较之同门王苹，张九成的观点在心学倾向上更加明显和系统，他们被视为心学肇始者或过渡者，乃却有思想作内在的支撑。实际上，张九成之所以发展出心学思想，并非偶然，以杨时为首的道南学派主张在静坐中去体认未发本体，可谓是“本体意义上的程颢之学”。然这种偏于内向体验，从本体入手的工夫是极易发展为心学的，张九成有意无意便做了这种尝试，他发出心学先声，并最终被纳入到心学源流之中。虽然如此，张九成的思想在形式上仍然是理学范式，没有跳出理学窠臼，他的工夫等仍然是从理学的格物致知入手，仍然须由工夫返归心体，但其思想内核和旨趣已经转向心学，而彻底的完成这一转向则有待陆九渊、王阳明等来实现。

[1] 张九成：《孟子传》，第164页。

中国书院的历史价值与现代意义

——答《原道》记者

朱汉民 *

编者按：近年来，随着传统文化的日益升温，传统书院研究和当代重建也渐成热点。为澄清有关书院文化的若干基本问题，更好地指导当代书院重建，本刊记者采访了中国书院学会会长、湖南大学岳麓书院院长朱汉民教授，并将访谈稿整理发表，以飨读者。

中国书院与西方大学的自治权有区别

《原道》记者：近期有一股复兴中国传统书院的潮流。素闻您对中国书院文化有研究，特邀您接受我们的采访。不乏学者将中国历史上的书院文化与西方大学制度相提并论，请您谈一谈中国古代书院的兴起、组织形式等方面与西方大学制度有哪些异同？

朱汉民：中国书院与西方大学的历史比较，是一个很有意义的问题，甚至可能会涉及到中西文化的历史特征和近代命运等一系列重大问题。中国书院产生于10世纪的宋代，但继承了先秦儒家的教育传统、学术传统；而西方大学也产生于中世纪，比书院稍晚两百多年，继承了古希腊的教育传统、学术传统。应该说，中国书院与西方大学均在各自的文明发展上做出重大贡献，而且二者的组织制度方面均有

* 朱汉民，中国书院学会会长，湖南大学岳麓书院院长。

一些重要的共同点，其中最突出的是它们均是学者的自治组织。学界认为，西方大学的主要特征是它作为学者的自治组织而具有的自治权。其实，中国书院也是中国古代士人的自治组织。书院作为一种官学系统之外的教育组织，它是“士大夫留意斯文”而建立的学者团体的自治组织。在宋代，书院没有朝廷的正式诏令而建立，一般也不纳入朝廷或地方的行政管理。书院作为一种官学之外的独立教育机构，在高度中央集权的中国古代社会有相对的自治权，宋代书院学者可以根据自己的需要创建和修复书院，以便能研究与传播学术思想；能够独立自主提出自己的办学理念，在教学内容的选择、教学方式与方法的运用、内部管理体制等方面都表现出独立性。

但是，中国书院与西方大学的自治权有区别。西方中世纪大学拥有的自治权是一种法权，这种自治权的获得则是师生仿效城市自治和行会自治，通过不断向教皇、君主和市政当局争取而来的，而且被以法律的形式固定下来。大学可以颁布独立于教会和世俗政权的法令，大学法定的自治权主要表现为对外争取发展空间和独立处理学校内部事务两个方面。中国古代书院的自治权不是一种法权，以皇权为主导的行政权力决定着书院自治权的有无和大小。元明清以后，随着中央集权的加强而皇权对书院的控制逐渐深入，其形式也由间接向直接转变。所以，中国书院在近代化过程中的改制，不能仅仅从教学内容的变革来理解。

宋学与书院是一种互动的关系

《原道》记者：我们知道，历史上的书院在学术思想的传承、学术派别的形成、乃至学术思想的争辩等方面扮演重要的角色，请您从中国学术思想史的角度谈一谈，书院文化在中国学术思想史上的功能与作用。

朱汉民：中国学术史存在一个非常突出的现象，就是学术与教育的紧密结合。这里以中国学术史的重要阶段和形态——宋学与书院为例来谈谈。宋学与书院是一种互动的关系：宋学学者推动和影响了书院教育，书院则为宋学学术的繁荣和发展提供了条件。宋学主要是一种自下而上的学术思潮，学者们特别需要一个来自民间的研究学术和传播学术的基地，而独立于官学之外的书院满足了这种需要，从而促进了宋学思潮的蓬勃发展。宋学思潮的发展离不开下列几个途径：第一，在深入研究儒学的基础上实现对新的学术体系的建构；第二，广泛而持久地传播这种新的学说，培养宋学人才；第三，在前二者的基础上建立学派。由于宋学学者能充分利用书院的特殊条件潜心研究学问，同时，他们在书院广泛持久地传播宋学，培养新学术人才，从而促进宋学思潮的发展。书院不仅是教育中心，也是学术研究中心，其教育活动和学术研究又有着十分密切的联系。从宋初到庆历的数十年间，正是书院初兴、成型的重要时期。以范仲淹为首的庆历士大夫集团，在推动宋学兴起的同时，亦推动了书院的兴起。范仲淹对书院教育的推动，主要表现在他在睢阳书院的教学活动。“宋初三先生”石介主持徂徕书院、孙复主持泰山书院，推动了宋学的发展。张栻、朱熹、陆九渊、吕祖谦是南宋四位著名的理学家，他们主持的岳麓、白鹿洞、象山、丽泽四所书院成为“南宋四大书院”。全祖望说它们“并起齐名，四家之徒遍天下”。南宋四大书院的学术影响大，教学卓有成果，成为闻名全国的四大理学学派即湖湘学、闽学、婺学、江西学的学术基地。因此，“南宋四大书院”的出现既标志着中国书院史发展到了一个新的历史时期，其实，它同样标志着宋学史发展到了一个新的历史阶段。

书院复兴的关键是继承与弘扬书院精神

《原道》记者： 在传统文化日渐复兴的今天，书院应该承担起怎样的功能？如何传承书院文化的精神？据您了解，目前现存几大书院开展了哪些有意义的工作？

朱汉民： 中国书院是中国传统文化的重要组成部分，一百多年来，它们都面临严重的挑战。近些年来，在中国文化复兴的大背景下，中国书院也得到人们的关注，传承书院精神、复兴书院的呼声愈来愈高。许多传统书院与新建书院也在从事教育与学术活动，主动承担起中国文化复兴的功能和使命。

中国书院的复兴，离不开下列几个途径：

其一，修复现存的中国古代书院，继续发挥它们在中国传统文化的承传和发展的功能。许多古代书院在历史上就是传统学术、传统教育的重要基地，它们的复兴与激活，具有特别重要的文化象征意义。岳麓书院、嵩阳书院、白鹿洞书院等传统书院就是这一类书院的代表。

其二，在有条件的地方创办新的书院，这包括由学者群体创办的书院，它们可以成为国学研究、国学人才培养的重镇，如80年代北京大学的中国文化书院，近年来新建的圣源书院、原道书院等等；另外还有更多传统文化普及型的书院，这些书院在发挥国学的普及工作。

其三，中国书院的复兴，关键的是我们应该继承与弘扬中国书院精神。中国书院精神的最大特点是求道与求学的统一，体现出价值关怀与知识追求统一的精神。同时，中国书院是“士大夫留意斯文”而建立的学者自治组织，故而书院能够保证价值关怀与知识追求统一的精神得以实现。一方面，我们必须重视中国书院精神及其书院制度对现代中国大学建设的重要意义，中国现代大学应该继承中国古代书院的精神文化与制度文化，使中国现代大学具有明显的中国气派。另一方面，无论是重修的古代书院还是创办的现代书院，要能够承担起中国文化复兴的功能和使命，必须继承与弘扬中国书院精神，并且继承学习书院作为“士大夫留意斯文”而建立的学者自治组织制度方面的特色。

道统、学统与教统

传统书院的基本精神与社会功能如何传承

韩　星 *

[内容提要]

中国古代道统的传承绵绵不绝，很大程度上有赖于传统书院。传道、弘道、讲道、明道、修道，这就是现代书院要传承的中国文化的基本精神。历代经学通过学统传承担当重建道统的任务，儒家道统与教统的关系是在儒学发展的历史过程中逐渐形成的，“道统”是“教统”价值之源和指导思想，“教统”是“道统”落实的基本途径。“教统”主要是通过书院讲学，进行社会教化来实现的。在今天书院传统与未来发展问题上，最重要的是怎么从道统的高度，从学统的深度，从教统的广度来传承传统书院的基本精神，发挥书院的社会功能。

[关键词]

道统　学统　教统　传统书院　中国文化

* 中国人民大学国学院教授、博士生导师。

一、重建道统，以传承中国文化的基本精神

中国传统文化的核心价值观主要深含在“道”这个概念当中，“道”本意是指地上人行之道。古代思想家们把它引申、抽象为自然界和社会领域中的最一般性法则，有“天道”“人道”“地道”之别。作为中国文化最高的一个观念，从哲学层面看，道是本源、根本、本体、最高实在；从宗教学层面看，道也可以说就是昊天上帝。“道”这个观念不仅仅属于道家，先秦各家都谈道，只不过因为以道家谈的最完备，人们就觉得好像一谈到道就是在说道家。其实儒家谈道的也非常的多，且十分重视“道”，《汉书·艺文志》还说“儒家于道最为高”。

儒家的道统学说从理论体系上形成比较晚。儒家的道统思想早就有了，但没有专门提升出来，直到唐代的韩愈才明确提出了儒家的道统，即尧舜文武周公孔孟以来圣圣相传的儒家最高价值和基本理念、理想的传承体系。这个体系不是凭空杜撰的，是从中国古代文明发展的历史当中经过儒家学者的总结阐发提出来的，因此。它在中国历史上起着指导思想的作用。道统在中国历史上有衰有兴，有断有续，但始终是我们民族生命力的一个内在源泉和基本动力。如果失去了这个系统，就可能走错方向，甚至误入歧途。

近代以来，西学东渐，西方文化全面进入中国，对我们传统文化形成巨大冲击，国人激烈地批判以儒家为主的中国传统文化，中国文化经历了历史上最深刻、最广泛的一次全方位的危机。主体性丧失，道统失落，政统断裂，特别是五四新文化运动激烈地反传统主义，割断了几千年历史文化传统，纲常堕毁，礼崩乐坏，学绝道丧。如钱穆先生所说：“辛亥革命，民国创建，政统变于上，而道统亦变于下。民初即有新文化运动，以批孔反孔，打倒孔家店为号召。孔家店中之伙计，即本文所谓社会下层之士。自此以下，社会有民无士。上无君，下无士，此则庶及可谓之全盘西化矣。”[1]由于背离了中国文化生生不息的“道”，导致民族危机，国家危亡，社会没有了方向，人们受到不同文化思潮的影响，形成了许许多多的文化观点，如中体西用，全盘西化，马克思主义，以至今天的综合创新，长期的争论不

---

〔1〕 钱穆：《国史新论》，北京三联书店2012年版，第174~175页。

休，结果还是不知道往什么地方走，只好跟着感觉走，失败了再爬起来，做错了就当交学费。为什么会出现这样的混乱局面？用孔子的话说就是“大道既隐”。大道一隐，我们就没有了核心价值，没有了公认的标准，董仲舒说：“天不变，道亦不变”，道不是一个可有可无的东西，而是不可须臾离的大本大源、全体大用。而近代以来我们则是“为道屡迁”“唯变所适”，没有了常道、恒道。

20 世纪形成的现代新儒家在中西文化的视野中对传统道统论进行了新的发挥和发展，试图重建道统。余英时有一个总体概括，认为现代新儒家有三种道统观：一是为钱穆先生所批评的由韩愈首先提出、由宋明儒学加以发挥倡导的“主观的”“一线单传的”道统观，它表现为某种具体的传道谱系；二是钱先生本人所主张的从历史文化大传统言的“此一整个文化大传统即是道统”的“思想史家的道统观”；三是熊十力、唐君毅、牟宗三等先生思想中表现为以对“心性”的理解和体证为标准的“哲学家的道统观”。〔1〕这一“哲学家的道统观”就是唐君毅、牟宗三、徐复观、张君劢《为中国文化敬告世界人士宣言》中所说的“中国历史文化中道统之说，……乃源于中国文化之一本性。”〔2〕此“一本性”即指“以心性之学为其本源”，也就是以心性学说为儒家道统的本原。余英时说：“自熊十力起，新儒家都有一种强烈的道统意识，但是他们重建道统的方式则已与宋明以来的一般道统意识不同。他们不重传道世系，也不讲‘传心’，而是以对‘心性’的理解和体证来判断历史上的儒者是否见得‘道体’。”“在他们看来，一部中国文化史的精神仅在极少数的儒家圣贤的身上获得比较完整的体现和发展。……道统便代表了这一精神的历史，而且也是唯一有意义的历史。新儒家所说的道体、心体、性体等都是这一精神内核，不过因观察的角度不同而有种种不同的名称而已。但这一精神的内核又是中国自古以来所特有的，古代希腊、以色列、印度的哲学和宗教都见不及此。所以新儒家才说：‘心性之学乃中国文化之精髓所在。’这一中国的‘道’正是所谓‘放之则弥六合，卷之则退藏于密’。新儒家的历史任务便是以现代的哲学语言来展示此‘退藏于密’之‘道’，然后再求‘放之则弥六合’，即全面重建一

〔1〕 余英时：《钱穆与新儒家》，《钱穆与中国文化》，上海远东出版社 1994 年版，第 53、75 页。
〔2〕 唐君毅：《中国文化与世界》，香港《民主与评论》1958 年第 1 期。

个现代的中国文化系统。”[1]新儒家的道统观不但自身没有统一，也没有取得广泛的社会认同，没有成为中国社会发展的指导思想。

在政界以革命家孙中山自称继承了儒学道统，并在革命斗争中加以提倡和发扬光大。1921 年 12 月，共产国际的代表马林曾经问孙中山先生：“你的革命思想，基础是什么？”孙中山先生明确地回答说：“中国有一个道统，尧、舜、禹、汤、文、武、周公、孔子相继不绝。我的思想基础，就是这个道统，我的革命就是继承这个正统思想，来发扬光大。”[2]孙中山深知“道统”是中华民族立国之本，帝制可废，道统不可废；深知以民国政统取代两千多年的帝王政统可能带来的隐患，所以，明确宣告：国民革命的目标，就是继承并光大这个正统思想。尽管孙中山对中国道统的认知没有什么新意，不完整也不深刻，但在当时激烈反传统的大风潮中已是难能可贵。民国成立以后，道统被作为封建意识形态打倒，政统方向不明确，特别是不明白政统以道统作为依据。孙中山逝世之后，中国政治就发生了大裂变，传统道统断裂，国家政治分裂，至今未能统一起来，道统与政统的重建都还没有完成。比较而言，国民党在孙中山以后发挥为四维八德，尊孔读经，新生活运动，使道统的核心价值观基本保留了下来。

近代以来，这种传承和重建道统的意识也体现在一些民间宗教性组织，如一贯道、道德学社等。可见，道统的重建仍然是当今中国一个紧迫而关键的问题。

在中国古代，书院就是大儒传承道统的重要场所。一般认为，“书院”肇始于唐朝，至宋代大兴，是因为科举成为利禄之门，士人趋之若骛。因此，一些对这种现象不满的大儒，往往于山水之胜处，修建书舍，教授生徒，以正人心，明道学，这样书院便特别兴盛起来。朱熹就是创建书院的积极推动者和实践者，曾明确声称建立书院是为了讲学传道，并不是为了科举考试：“前人建书院，本以待四方友士，相与讲学，非止为科举计。”（《朱子语类》卷 106）朱熹制定了著名的《白鹿洞书院揭示》为学规，提出了“父子有亲，君臣有义，夫妇有别，长幼有序，朋友有信”的五教之目，“博学之，审问之，慎思之，明辨之，笃行之”的为学之

[1] 余英时：《钱穆与新儒家》，《钱穆与中国文化》，第 66、74～75 页。
[2] 蔡尚思主编：《中国现代思想史资料简编》第 2 卷，浙江人民出版社 1982 年版，第 602～603 页。

序，“言忠信，行笃敬，惩忿窒欲，迁善改过”的修身之要，“正其义不谋其利，明其道不计其功”的处事之要，“己所不欲，勿施于人；行有不得，反求诸己”的接物之要。在学规文本之后，朱熹做了这样的解释：“熹窃观古昔圣贤所以教人为学之意，莫非使之讲明义理以修其身，然后推己及人；非徒欲其务记览为词章，以钓声名取利禄而已。今人之为学者，则既反是矣。然圣贤所以教人之法，具存于经，有志之士，固当熟读深思而问辨之。苟知其理之当然，而责其身以必然，则夫规矩禁防之具，岂待他人设之而后有所持循哉！近世于学有规，其待学者为已浅矣；而其为法，又未必古人之意也。故今不复以施于此堂，而特取凡圣贤所以教人为学之大端，条例如左，而揭之相间，诸君相与讲明遵守，而责之于身焉。则夫思虑云为之际，其所以戒谨恐惧者，必有严于彼者矣。其有不然，而或出于此言之所弃，则彼所谓规者必将取之，固不得而略也。诸君其亦念之哉！”从中可以看出，朱熹认为书院教人为学的目的，不是要人们学一些杂乱的知识，写得出华丽的文章，借以沽名钓誉，谋取利禄，而是为了要人们诵习儒家经典，读书穷理，修己治人，希贤希圣，成为对社会有用的人才。他规定了书院教育的核心，是讲明道德。这既是书院教育内容，也是所以教育目的。这就使书院可以摆脱世俗功利，江湖之远，而与天地自然相亲近，淡泊名利，体现从孔子以来“谋道不谋食”，“不义而富且贵，于我如浮云”的优秀传统。因此，道统的传承绵绵不绝，很大程度上有赖于中国传统书院。而书院之所以能够担当传承道统的功能，主要是因为办书院的大儒有自觉的道统意识，他们心忧天下，有“为天地立心，为生民立命，为往圣继绝学，为万世开太平”之担当精神。

蒋庆先生说：“书院规模不在大，而在体现中国文化的精神价值。”[1]那么，怎么体现中国文化的精神价值呢？他认为书院不是传授知识，而主要的功能是传道、弘道、讲道。这点我很同意。如果要我说，我还想在蒋庆先生“传道、弘道、讲道”基础上补充两个：“明道、修道”，我想，传道、弘道、讲道、明道、修道，这就是现代书院要传承的中国文化的基本精神。

---

〔1〕《蒋庆先生谈书院建设及儒学传承》，http：//www.rujiazg.com/article/id/724/。

二、学以载道，以为往圣继绝学

能够担当道统的士人所有的特长则是学，古代士人所谓的“学”非今天一般的文化知识的学，而是包含了非常广泛深刻的含义，即从一般文化知识到做人处事的道理。儒家之学就是经学，是由孔子开创的，可分成互相关联的六个部分，即传统“六经”，用今天的话说就是“诗、政、社会、史、形而上学”，[1]这样的“学”是在自身和社会中被广泛展开的，而不仅仅是现代意义学术的传承。儒家所追求的理想之“学”是“为己之学”，重点指向自我，基础是做人。完善自我，成就理想人格，达到理想的人生境界，正是儒家的基本价值取向。

孔子把自己当时所能够见到的古代典籍差不多都进行了整理，形成了《诗》《书》《礼》《乐》《易》《春秋》“六经”。他的学术旨趣是“述而不作”，即对古典文献只是整理而不是创作，实际上是在整理过程中表达自己的思想观点，“有述有作”，“述中有作”，开创了儒家经学传统，遂成一家之学，形成了儒家学派。在一定意义上，“述而不作”成为了中国经典诠释的基本形式特征。

由孔子开创的“学统”意识在汉唐正史《儒林传》《艺文志》《经籍志》已有所体现，形成了以六经为源，以儒家为宗，以子学为流的统系。宋明以后继南宋朱熹《伊洛渊源录》、陈亮《伊洛正源书》之后，元代有《宋史·道学传》、元代吴澄《道统图》；明代有黎温《历代道学统宗渊源问对》、杨廉《皇明理学名臣言行录》、谢铎《伊洛渊源续录》、杨应诏《闽学源流》；明末至清代，有孙奇逢《理学宗传》、汤斌《洛学编》、冯从吾《元儒考略》和《关学编》、周汝登《圣学宗传》、黄宗羲《明儒学案》、黄宗羲、全祖望等《宋元学案》、万斯同《儒林宗派》、李清馥的《闽中理学渊源考》、唐鉴《清学案小识》、江藩《国朝汉学师承记》和《国朝宋学渊源记》；民国初期编纂有《清儒学案》。《宋元学案》《明儒学案》与《清儒学案》又合称“四朝学案”。这些思想学术史著作，都体现出强烈的“学统”观念，许多著述源于儒者强烈的社会危机感、学术危机感和历史反思意识。特别值得提及的是康熙年间熊赐履著《学统》一书，鲜明地提出“学统”这

[1] 杜维明：《道学政——论儒家知识分子》，钱文忠译，上海人民出版社2000年版，第5页。

一概念，并这里分别了正统、翼统、附统、杂统、异统，这显然是从程朱理学的道统观点立论的。所以，饶宗颐说：学统就是“以正统观念灌输于学术史”。[1]

近代以来，我们传统的“学统”断裂，而我们引进西方的哲学史、思想史研究概念、范畴、模式又产生了许多问题，至今“学统”没有接续起来。

孔子开创的“学统”主要是经学传统，孔子整理、诠释“六经”的宗旨是为了明道、传道。《白虎通·五经》云：“孔子所以定五经者何？以为孔子居周之末世，王道陵迟，礼乐废坏，强陵弱，众暴寡，天子不敢诛，方伯不敢伐，闵道德之不行，故周流应聘，冀行其道德。自卫反鲁，自知不用，故追定五经，以行其道。”孔子自卫返鲁之后，自知王道不行，遂通过师儒传习的方式明道、存道、守道。后世儒者深契孔子整理六经之意，把经训为常、常道，都把经典看成是载道之书，强调经以载道，以经见道，研读、诠释经典是为例求道、明道、得道、行道，通过经典诠释彰显儒家之道，重建道统。这样就形成了道统和学统相辅相成的密切联系。经典的研究是学术方面，形成学统，但更重要的是经典文本背后所表达的宇宙、社会、人生之道。历代儒者通过阐发经典当中的这些宇宙、社会、人生之道形成了道统，担当起中华民族核心价值观构建的重任。历代经学通过学统传承担当重建道统的任务，使中华文化的道统一脉相传，绵延不绝。

传统书院的主要功能是传道、弘道、讲道、明道、修道，不是传授知识，当然，“书院有传授儒家文化知识的功能，但这不是主要的，主要的是传承儒家的道统。”“而书院所谓讲学，也是讲‘道’意义上的学，即经学、道学、心学等，而不是讲现代学术意义上的学，即纯粹知识性的学。”[2]

宋元明清时期书院大兴，在传承儒家学统的同时也传承儒家道统，形成了各时期的学术重镇与学派。书院学统形成的过程是与道统的传承相辅相成的，为了提高书院的学术地位，掌门山长大儒往往由学致道，注重学以载道，通过学统彰显道统，具有为天地立心，为生民立命，为往圣继绝学，为万世开太平的抱负与担当。如张载创立的横渠书院就是“关学”的诞生地。横渠书院的前身为崇寿院，张载

[1] 饶宗颐：《中国历史上的正统论》，上海远东出版社1996年版，第59页。

[2] 《蒋庆先生谈书院建设及儒学传承》，http：//www.rujiazg.com/article/id/724/。

年少时曾在此读书，晚年隐居后，一直在此兴馆设教。他死后，人们为了纪念他，将崇寿院改名为横渠书院。他的思想学说被称为“横渠之学”，即“关学”，他本人也成为关学的创始人。张载认为儒家自孔孟而后虽经两汉兴盛，此后逐渐衰落。到了北宋，“儒门淡泊，收拾不住”，宋初儒者纷纷提出要复兴儒学衰败的学统，以传承道统，解决儒门淡泊的问题。张载认为，要解决儒门淡泊的问题虽然属于学统，但是对于儒家，学统是支持道统的，又须道统的维系，他认为能够担当学术道统的有七人，“伏羲、神农、黄帝、尧、舜、禹、汤，制法兴王之道，非有述于人者也”（《正蒙·作者篇》），这与孔孟以来普遍认为的尧、舜、禹、汤、文、武、周公、孔、孟的道统体系不同，更延伸到了上古的伏羲、神农、黄帝。所以，有学者说：“张载眼中的道统，其内涵不仅包括儒家文化，而且还包括整个华夏文化的优秀传统。体现了当时士人在文化上的自信自尊，代表了理学家的文化自觉意识。可以认为：张载所欲继承的绝学既是儒家之学，也是整个中华文化学术发展的主流传统。张载一生付出努力最多，成就最高，对后世影响最大的正是其为往圣继绝学的贡献，可以说这一理想目标在他身上是实现了”。〔1〕张载提出“四为”成为后世许多知识分子的座右铭。其中的“往圣”，指历史上的圣人；“绝学”，指儒家中断了的学以载道的传统。理学家普遍认为，儒家道统与学统自孟子之后就中绝了。在张载之前，在韩愈那里已经意识到了这个问题，他说：“周道衰，孔子没，火于秦，黄、老于汉，佛于晋、魏、梁、隋之间，其言道德仁义者，不入于杨，则入于墨，不入于老，则入于佛。”（《原道》）确实，从历史上看，孟子，特别是汉代以后，受佛、道的冲击，从魏晋南北朝至隋唐，儒学确实出现了衰微现象。这不仅表现在社会上的影响减小，在政治上的地位的下降，更表现在千余年间大道不明，儒家学术的不景气。张载试图通过学统的传承来重振道统。对于张载思想，史称“以《易》为宗，以《中庸》为体，以孔孟为法，黜怪妄，辨鬼神”（《宋史·道学传》），他以“民胞物与”的仁爱精神，“敬德爱民”的道德风范，“精思力践”的学风，用“大心体物”的气度与他“太虚即气”的宇宙观，和“一物两体”的辩证思想，共同构建起关学思想的学术体系，把儒学拓展提升到一个全新的阶段。

---

〔1〕 林乐昌：《“为天地立心”——张载“四为句”新释》，《哲学研究》2009年第5期。

王夫之在《张子正蒙注 · 序论》评价说："张子之学，无非《易》也，即无非《诗》之志，《书》之事，《礼》之节，《乐》之和，《春秋》之大法也，《论》、《书》之要归也"，是说张载对《六经》有整体性的理解和把握，对孔孟思想进行了整合。又说："张子之学，上承孔孟之志，下救来兹之失，如皎日丽天，无幽不烛，圣人复起，未有能易焉者也。"就是说，继往圣之绝学者，续道统之正传者，应该是张载。所以，张载的"继绝学"应该理解成既是继承儒家之学的学统，更是在学统基础上继承儒家之道的道统。

三、修道之谓教，以为生民立命

《中庸》"修道谓之教"，历代对"修道之谓教"虽然有不尽相同的理解，但大致都是说所谓"修道"指的是修学圣人之道，而圣人之道是以人伦为主体的人道；"教"是说这是一种教化过程：对他人而言是教化、教育，对自己而言是自修、自证。《中庸》将人们的这种对圣人之道的修学称为"教"，可见此时的"教"是同人们的道德实践活动一致的。这个"教"不是宗教的教，但也有宗教的蕴涵，就是儒教之"教"的基本含义。儒家讲修道之教，这不是佛家道家离世孤修的纯粹生命修炼，而是儒家经过自我修养（修己）基础上安人、修己安百姓、正己正人的内圣外王之道在"教统"上的体现。

儒家的教统渊源甚古，至少尧舜时代已经有了五伦之教，《孟子 · 滕文公上》："契为司徒，教以人伦：父子有亲，君臣有义，夫妇有别，长幼有序，朋友有信。"至西周应该已经很普遍了，《周礼》中，大司徒的职责中有所谓的"十二教"："因此五物者民之常，而施十有二教焉。一曰以祀礼教敬，则民不苟；二曰以阳礼教让，则民不争；三曰以阴礼教亲，则民不怨；四曰以乐礼教和，则民不乖。五曰以仪辨等，则民不越；六曰以俗教安，则民不偷；七曰以刑教中，则民不虣；八曰以誓教恤，则民不怠；九曰以度教节，则民知足；十曰以世事教能，则民不失职；十有一曰以贤制爵，则民慎德；十有二曰以庸制禄，则民兴功。"其教民的内容可谓具体而广泛，涉及民生的各个层面。

春秋时代孔子以"存亡继绝"的历史使命感，抢救并整理了濒临散失危险的上古文化典籍，同时，以此为教本，创办私学，实行“有教无类”的办学方针，从而打破了教在官方的局面，使学校教育、社会教化融为一体。由孔子开创的儒学其教的内容就是价值理性的“仁义道德”，而其手段则是诗书礼乐。儒家之“教”即通过宣讲、表彰、学校教育以及各种祭祀仪式等方式，向人们灌注儒家价值观念，使其自觉道德修养，遵守社会秩序。儒家还非常重视礼乐文化中的祭祀传统，形成了“神道设教”的宗教性传统。概括地说，教统是古圣以道化人、化世的“教化、教育、宗教之传统”，这些在历史上是不分的，今天我们已经形成了西方分析的思维习惯，故不得不分而言之。

传统上“教统”的展开就是由孔子开创的“六艺之教”，即礼教、乐教、诗教、书教、易教、春秋教。《礼记·经解》中引孔子一段话说：“入其国，其教可知也。其为人也，温柔敦厚，《诗》教也；疏通知远，《书》教也；广博易良，《乐》教也；洁静精微，《易》教也；恭俭庄敬，《礼》教也；属辞比事，《春秋》教也。”《礼记·王制》：“乐正崇四术，立四教，顺先王诗书礼乐以造士，春秋教以礼乐，冬夏教以诗书。”马一浮据以将中国一切学术分判为诗教、书教、礼教、乐教、易教、春秋教六类学术（六艺之教）；“六艺之教，通天地，亘古今，而莫能外也。六艺之人，无圣凡，无贤否，而莫能出也。散为万事，合为一理。此判教之大略也。”[1]六艺之教范围天地古今一切学术而不遗，可以说是教统的全面展现。

儒家道统与教统的关系是在儒学发展的历史过程中逐渐形成的，“道统”是“教统”价值之源和指导思想，“教统”是“道统”落实的基本途径。“教统”主要是通过书院讲学，进行社会教化来实现的。宋明以降，随着城市、商业、交通以及印刷技术和造纸技术的发达，知识传播更加容易，也越来越超出官方意识形态允许的边界，士绅与市民所拥有的财富资源，也使得另外开辟思想表达和知识传播的渠道成为可能。正是在这样相对自由的背景下，大批士人重新开创了体制以外的讲学风气。[2]这种讲学一定意义上也是“讲道”。儒者办书院讲学就是在解决了自己修己（安身立命）的同时安百姓（为生民立命）。

---

〔1〕 马一浮：《复性书院讲录》，山东人民出版社1998年版，第51页。
〔2〕 葛兆光：《中国思想史》第2卷，复旦大学出版社2001年版，第300页。

张载“四为”中的“为生民立命”，“生民”指民众，“命”指民众的命运。“命”，也叫“天命”，是指与人为相对应，人为所不能左右的，对个人生活产生决定性影响的，带有必然性的某种外在力量。中国历代思想家对命一直很重视。关于命的理论有多种学说。孔子讲“知命”“畏命”，孟子讲“立命”“正命”，庄子讲“顺命”，荀子讲“制天命”，墨子讲“非命”。这涉及儒家的“命运观”和一直关注的“安身立命”问题。儒家认为应该知天命顺天时，但绝不可只言天时，忽视人事，凡事推诿给天命，消极被动。人要努力发挥其主体性、主动性，尽人合天，以人力完成人事，以人事补成天功。史称，张载“喜论命”。而张载的“立命”思想直接来源于孟子的“立命”。《孟子·尽心上》有云：“尽其心者，知其性也。知其性，则知天矣。存其心，养其性，所以事天也。夭寿不二，修身以俟之，所以立命也。”“尽心”，就是让心体之“仁”得到充分发挥。“知性”就是明白心性的义理。而能够明心性的义理，也就知道天命了。人心性是所受于天，存心养性就是在事天。对天命不存疑虑，因为天命为人难以抗拒的力量，只能通过修身以应之——这就是“立命”。“立命即肯定自己的命运。”[1]即只要通过自己的道德努力，尽心知性知天，人就能够在精神价值方面掌握自己的命运从而赋予生命以意义。张载所标示的“为生民立命”，即为“民吾同胞”来“立命”，就是为万千生灵确立精神家园，确立灵魂的安顿之处。正如蔡仁厚先生《为张子“四言”进一解》所说：“儒家圣贤开显的‘安身立命’之道，正是为了生民。有了这个道，‘百姓日用而不知’，却能潜移默化，加上伦常政教的设施，使生民的生活有了依循，而得以护持生命，贞定活路，这就是‘为生民立命’了。”

讲学作为儒者所参与社会的一种主要途径，在明代中期阳明学兴起以后，得到了令人瞩目的发展。可以说，在整个宋明理学的发展史上，明代的讲学活动与前代比较起来更为活跃，蔚然成为一种时代风潮。甚至毫不夸张地说，阳明学之展开过程本身也是一部讲学运动史。据史载：“正、嘉之际，王守仁聚徒于军旅之中，徐阶讲学于端揆之日，流风所被，倾动朝野。于是搢绅之士，遗佚之老，联讲会，立书院，相望于远近。”（《明史》卷231）阳明讲学还是以学理为基础，但并不是纯

---

〔1〕 张岱年：《中国哲学史大纲》，中国社会科学出版社1982年版，第400页。

粹的学理研究或学说传授。这一点可以从阳明对自己所谓讲学之特定内涵的强调中看得十分清楚。弘治十八年乙丑阳明在京师任兵部武选清吏司主事，针对当时“学者溺于词章记诵，不复知有身心之学”的风气，“首倡言之，使人先立必为圣人之志”，并开始“专志授徒讲学”。[1]注重“身心之学”可以说就是他讲学的出发点。他说：“大抵此学之不明，皆由吾人入耳出口，未尝诚诸其身。譬之谈饮说食，何由得见醉饱之实乎？仆自近年来始实见得此学，真有百世以俟圣人而不惑者。”[2]正德十五年庚辰，阳明在《答罗整庵少宰书》中说：“世之讲学者有二：有讲之以身心者，有讲之以口耳者。讲之以口耳，揣摸测度，求之影响者也；讲之以身心，行著习察，实有诸己者也，知此则知孔门之学矣。”[3]由此可见，阳明所倡导的讲学，虽然也包括学理研究在内，但他首先强调的是自我修身和道德践履。他还说：“君子之事，敬德修业而已。虽位天地、育万物，皆己进德之事，故德业之外无他事功矣。乃若不由天德，而求骋于功名事业之场，则亦希高慕外。”[4]阳明的讲学强调“敬德修业”，即道德人格修养与社会事功兼备，是儒家内圣外王之道在明代的向内展开。儒学的通俗化、社会化成为阳明学的重要特征，并深刻影响了当时的文化教育。

阳明后学如以王艮为代表的泰州学派论“道”、论“学”以“百姓日用”为最后归宿，先后曾在复初书院、安定书院、南京的新泉书院、家乡的东淘精舍等处讲学。王艮具有独创性的观点是“百姓日用即道”。他说：“即事是学，即事是道。人有困于贫而冻馁其身者，则亦失其本而非学也。”（《明儒学案》卷 32）这里的“事”是指当下存在与发生的任何事；“道”是指儒家的圣人之道。王艮认为“百姓日用条理处，即是圣人之条理处。圣人知，便不失；百姓不知，便会失。”（《王心斋先生遗集》卷 1）又据王艮《年谱》载：“先生言百姓日用是道。初闻多不信。先生指僮仆之往来，视听、持行、泛应动作处，不假安排，俱是顺帝之则，至无而有，至近而神。”可见他所说的“道”不假思索、不用安排、自自然然、简易

---

〔1〕 吴光等编：《王阳明全集》，上海古籍出版社 1992 年版，第 1226 页。

〔2〕 吴光等编：《王阳明全集》，第 180～181 页。

〔3〕 吴光等编：《王阳明全集》，第 75 页。

〔4〕 吴光等编：《王阳明全集》，第 960 页。

直接，它体现于“百姓”的“日用”之中并对日常生活起规范的作用，这显然是形而下的，但同时此道又“至无而有，至近而神”，不知不识，随感而应，神妙莫测，却也是形而上的。为了救世渡人，他“周流四方”，甚至离开传统的书院，直接以社会为讲坛，进行广泛的讲学传道活动。

明代书院讲学的对象主要是社会大众。余英时通过考察认为晚明儒学的转向就是由“上行”的“得君行道”改为“下行”的“化民成俗”。[1]当时儒者们所关注的“在下而不在上，在社会而不在朝廷。明儒无论在朝在野多以‘移风易俗’为己任，故特别重视族制、乡约之类的民间组织，不但讨论精详，而且见诸行事。”[2]所以，这时候的书院“面向平民成为其发展的一个重要特点。城镇官府书院向平民百姓开放，乡村书院大量出现，山林布衣、乡村长者、普通百姓、佛教僧侣都可以进院听讲，甚至登堂讲说。这是宋元时期罕见的现象。书院讲学以化民成俗为主要目的，讲求日用百姓之学，服务于乡村民众的文化建设，出现了儒学诠释的平民化倾向。”[3]儒学的这一转向是由书院讲学带动的，其社会功能从个体来讲就是百姓日用，安身立命；从社会来讲，就是化民成俗，和谐社会。

四、结语

21世纪以来，传统书院在中国大陆得到复兴，如雨后春笋般发展，已经呈现出向现代化和国际化发展的趋势。据湖南大学岳麓书院邓洪波教授统计，截至2012年底，我国有591所实体书院，网络虚拟空间办的书院有100多所。目前中国大陆书院大致可分成三大类：一是传统有名书院的复兴，如湖南大学的岳麓书院、郑州大学的嵩阳书院，但这些书院实际上是挂靠现代大学的传统文化研究或国学教育机构；二是文化名人办的一般性的文化书院，如山东作家张玮的万蒲松书院、陕西作家陈忠实的白鹿书院等；三是各种民间书院。许多书院其实都不是传统的，也

[1] 余英时：《士商互动与儒学转向》，《现代儒学的回顾与展望》，北京三联书店2004年版，第248页。
[2] 余英时：《士商互动与儒学转向》，《现代儒学的回顾与展望》，第146页。
[3] 邓洪波：《儒学诠释的平民化：明代书院讲学的新特点》，《湖南大学学报（社会科学版）》2005年第3期。

不是儒家书院，有许多其实是体制外的读经学校。一定程度上说，今天的书院已经名不副实，一些书院失去了传统书院的基本精神，也很难更好地发挥其应有的社会作用。古代书院毕竟历史悠久，形成了许多优秀传统。一百多年来的传统文化割断，书院也未能逃脱同样的命运。在今天书院传统与未来发展问题上，我以为最重要的是怎么从道统的高度，从学统的深度，从教统的广度来传承传统书院的基本精神，发挥书院的社会功能。

英语世界对书院与学术关系的研究

陈 仙 *

[内容提要]

作为一门近代边缘性学术，海外汉学研究的日趋深入揭示了中国学术研究的国际化趋势。书院研究在汉学研究领域属于后起之秀，对海外书院研究的研究，目前还没有出现相关系列的研究专著和论文。英语世界对书院与学术关系的研究，既具有理论意义，也有现实价值。本文从学人学派和理学基地这两个视角分析英语世界对书院与学术关系的研究，有助于我们了解西方对书院的研究现状与发展方向。通过发掘海外学者对书院研究的新视角与理论方法，能够开阔国内书院研究视野，突破书院研究的瓶颈，使中国书院研究具有国际化风尚。

[关键词]

海外汉学　学人学派　理学基地　书院研究

---

* 陈仙，湖南大学岳麓书院博士研究生，中南林业科技大学外国语学院讲师。本文获湖南省教育厅科研项目“英语世界书院研究的多视角考察”和湖南省社科基金外语科研联合项目“海外中国书院研究”资助。

一、引言

书院是士子的公共活动场所。学者在书院通过讲学、授课等形式自由的进行学术传授；不同学派的学者采用书院会讲的形式开展学术交流。兴趣相投的学人聚集在同一书院相互切磋学习，久而久之，书院便发展成为思想学派的宣传活动基地，与学术研究呈现一体化的繁荣状态。20 世纪 50 年代起，汉学家卜恩礼、林懋、穆四基、本杰明·艾尔曼等开始研究东林学派与东林书院的学术思想。20 世纪 80 年代开始，随着宋明理学研究逐渐发展为汉学显学，狄百瑞、贾志扬、万安玲、李弘祺等汉学家开始关注倡导理学精神的书院。清代书院研究学者如秦博理、麦哲维等人则着重考察乾嘉学派与书院的互动关系。海外对书院学术思想的研究，逐步经历了以精英学者为考察对象到以社会史为研究内容的过程，研究方法以“外在进路”为主，即将研究对象放在特定的社会背景下进行分析。〔1〕

二、以学人学派和书院运动为中心的诠释

书院作为介于官学和私学之间特有的教育和学术研究机构，其独立性和开放性导致书院学术思想自由，不同的书院追求的学术目标也不尽相同。以书院为基地，政治思想、学术主张比较一致的学者群体聚集在书院形成某一特定学派。例如以岳麓等书院为基地，胡安国、胡宏、张栻等人创建了湖湘学派。岳麓书院“盖欲成就人才，以传斯道而济斯民也”为目标，〔2〕培养传道济民的人才。金华学派代表人物吕祖谦曾订《乾道四年九月规约》，次年又订《乾道五年规约》，通过“预此集者”、“会讲”的形式将金华学人集合起来，若不能一心达成目标则令其退学。利用学规的约束，丽泽书院成为婺学的形成和传播基地。

---

〔1〕 黄俊杰：《东亚儒学研究的回顾与展望》，华东师范大学出版社 2008 年版。

〔2〕 张栻：《南轩文集》卷 10，台北故宫博物院影印宋本，1981 年刊印。

书院整合学人形成学派，最有代表性也是最先进入汉学家研究视野的是东林书院与东林学派。卜恩礼论文《东林书院与它的政治、哲学意义》[1]介绍了北宋政和元年至明末东林书院的兴建、修复、禁毁和讲学的历史，重点阐述了万历三十二年至天启五年这21年间轰动晚明的东林书院政治和哲学意义。他指出在政治上东林书院倡议读书和爱国的精神，成为议论国事的主要舆论中心；哲学上东林书院直接批判王学，将学术由阳明心学转向程朱理学，扭转了浮夸虚无的学风。全文重点叙述了顾宪成、高攀龙、孙慎行的政治活动。顾、高二人的政治意识和政治活动，对东林书院的政治发展起着至关重要的导向作用。文中提到东林书院聚会诸友，顾宪成曰“自古未有关闭门户独自做成的圣贤，自古圣贤未有离群绝类、孤立无与的学问。”[2]对学者“群”的强调，体现了东林书院的社团特征。学者聚集，既是学术团体，又是政治组织，以东林书院为基地，开展学术与政治活动。东林学人学术上拥护程朱理学，反对引儒入禅的王学末流，政治上“讽议朝政，裁量人物，”哲学上称为“东林学派”。论文最后卜恩礼总结明末东林书院讲学和议政相互渗透，学术上倡导“主敬”和“慎独”，最终政治上的“东林”与书院逐渐脱离，涵盖面更广，影响更为深远。

作为海外第一部书院研究成果，卜恩礼《东林书院与它的政治、哲学意义》选择东林书院和东林学派为研究对象，具有历史视野和哲学眼光。卜恩礼在文首介绍中就提到，之所以选择研究此课题，一是哲学上东林学派讲学在学术上扭转了学术风气，反对王学末流之弊。顾宪成虽然赞同王阳明的良知说，却“于阳明无善无恶一语，辩难不遗余力，以为坏天下教法，自斯言始。”[3]另一个让卜恩礼选择此课题的原因就是政治上东林讲学与治国治民相结合，针对贵族大地主集团专政，提出破格育才、提拔贤能的政治主张。他们“讽议朝政，裁量人物”，将学理和治国结合起来，真正做到“志在世道”。卜恩礼指出东林学人不畏宦官专权，破格用人，改革科举制度，将程朱理学作为其政治斗争的武器。如万历年间“梃击案”

---

〔1〕 Heinrich B. *The Tung-Lin Academy and it's Political and Philosophical significance* [J]. Monumenta Serica, 1955 (14): 1～163.

〔2〕 顾宪成：《会语》，《顾泾阳先生东林商语》上，雍正《东林书院志刻本》卷3。

〔3〕 黄宗羲：《明儒学案》卷58，中华书局1985年版，第1397页。

"红丸案""移宫案"三案时，东林学者以东林书院为舆论宣传基地，积极参与辨议。在东林讲会时，他们"远必称孔孟，近必称周程"。[1]他们所主讲的东林书院，成为学人学派与理学运动的典范。

卜恩礼文中所提到的学人学派与书院运动的互动关系引发了其它汉学家的共鸣，为后来的海外书院研究者指明了方向。林懋的论文《评明季禁毁书院》分析了明代中后期嘉靖、万历、天启的书院禁毁活动，对学人学派与书院的密切关系也进行了诠释。林懋认为书院嘉靖之毁，针对的是以王守仁为代表的阳明学派和湛若水为代表的甘泉学派在书院的讲学。王阳明否定程朱理学的"性即理"，推崇"心即理"，追求知行合一。他曾在龙冈书院、文明书院、稽山书院等地宣传心学。不同于宋明理学家对朱子章句的推崇，王守仁的教学更侧重于精神上对经义的理解，强调"经学即心学"，目的在于"致良知"。[2]湛若水则以"随处体认天理"为宗。正德年间，湛若水与王守仁在北京相会，二者学说既有相通之处，也有心学门户之分。湛若水的甘泉学派顺应明代学术之势，接近王学，与之合流。王、湛两位大师带来了明代书院的兴盛局面。然而，嘉靖元年开始，反对派先是针对王守仁的学说进行攻击，在王守仁逝世后，又对湛若水及其讲学的书院展开禁毁活动。经历了嘉靖、万历之毁后，因为东林学派在东林书院的讲学活动又招致了天启之毁。林懋认为明季书院禁毁受到学人学派的政治表现与书院讲学活动的影响。文中指出明初学术沉寂，明朝中后期书院逐渐兴盛，成为学术思想的研究传播基地。拥有相同学术追求的学者聚集在书院中，结成密不可分的网络关系。这种学术网络又投射在社会政治活动中，极大地影响到书院的兴衰。

关于东林学派与东林书院的关系，本杰明·艾尔曼著《中华帝国晚期的帝国政治和儒学团体，翰林和东林书院》将翰林和东林这两大政治和儒学团体并列，通过详细描述明清翰林院和明中后期禁毁笼罩下的书院，突出了东林书院的社团性和政治性。明清翰林学士是从进士中选拔出来的翰林院最高长官。明代主管文翰，以备皇帝咨询。清代主修国史，记载皇帝起居注，主讲经史并草拟典礼文件。文中

---

〔1〕 顾宪成：《顾端文公遗书》卷22，上海古籍出版社1993年版。
〔2〕《王阳明全集》卷7，上海古籍出版社1992年版。

指出明清翰林院制度发展完善，清因明制，通过科举进入翰林院的大臣们集合成一个政治儒学团体。东林书院既讲学又议政，吸引了许多学者和因朝政被贬斥的官吏，许多在朝任职的官员也与东林讲学相呼应，一时东林书院成为舆论中心和学术基地，聚集在书院的学术团体也形成一个政治派别，被反对派称为“东林党人”。艾尔曼突出强调了翰林一派的群体性，这种社团性也是“联讲会、立书院”东林学派特征之一。同时，明末东林书院支援政治活动，反抗当权太监魏忠贤。艾尔曼将明清翰林和东林书院两大政治和儒学团体作为研究对象，把政治网络与书院网络进行横向比较研究，拓展了书院研究的新思路。作者考察了翰林和东林书院在政治上和儒学上的建树表现，总结出明清时期的翰林和东林书院是当时社会政治运动和学术思想的缩影。论文开篇诠释了士子科举与选拔官员的关系，之后描述了明清翰林院的职掌功能以及“东林党”的讲学活动。文章指出翰林院作为国家重要的选才、育才和储才基地，与书院有着相通性。考议国家制度、咨议政事的翰林院与评议时政的东林书院相比，一个是国家职官机构，一个是民间社会团体。作者用Club（社团）来描述翰林学者，用Schoolmen（经院学者）和Partisan（党人）分别描述学派和东林党人，可见其用词的准确性。

除东林书院与东林学派外，汉学家还关注了其它学人学派与书院运动。万安玲《新儒学的制度背景：中国宋元学者、学派与书院》以宋元明州（宁波）地区地方精英的书院活动为研究对象，按照时间顺序考察了新儒学产生的社会教育制度背景。〔1〕开篇作者描述了北宋庆历五先生杨适、杜醇、王致、王说、楼郁“就妙音院（在府学西）立孔子像讲贯经史，学者宗之”。〔2〕庆历五子从事讲学活动，后又创立书院，如楼郁的城南书院等，致力于传播儒学，教化民生。他们促进了宋代儒学地域化，是明州新儒学的发端，可惜“五先生之著述，不传于今，故其微言亦阙”。〔3〕之后文章通过12世纪明州学校重建和教学等地方史料，指出南宋作为

〔1〕 Walton L. *The Institutional Context of Neo-Confucianism: Scholars, Schools, and Shu-yuan in Sung-Yuan China* [A]. *In Neo-Confucian Education: The Formative* [C]. Berkeley: University of California Press, 1989. 457 ~ 492.

〔2〕 宋濂：《文宪集》，上海古籍出版社1991年版。

〔3〕 全祖望：《鲒埼亭集外编》卷16，《四部丛刊初编本》，上海商务印书馆1929年版。

官学和私学的过渡阶段，学校除了教学功能以外，更多的丰富了祭祀、讲学等教育制度。12 世纪晚期，甬上淳熙四先生杨简、袁燮、沈焕和舒璘传承陆九渊心学，提倡尊德性，创立了四明学派。他们在明州诸书院讲学，因其传播陆学角度的不同，又各自形成慈湖学派、絜斋学派、定川学派、广平学派。作者随后主要依据王应麟和狄百瑞的宋元文献，讲述了元代明州地区书院重建以及庆历五子、明州四先生对之后书院学术思想的影响。由于元代官方推崇程朱理学，同时有感于有感于陆学弊端，元代理学出现了“和会朱陆”、“由陆入朱”的情况，书院官学化日益加强。文章最后总结到地方学人以书院为基地，通过讲学、祭祀、创办新书院等手段宣传自己的学术思想，形成具有影响的学派。

秦博理著《中华帝国最后的传统书院：1864 年至 1911 年长江下游的社会变迁》讲述了乾嘉学派在书院的传承。[1]书院从成为理学的传播基地之后，不同学派一直在争夺书院这一重要的学术宣传网络。清代针对理学的空疏和空谈，加上文字狱的压力，以训诂考据为主的乾嘉学派兴起。继清中叶阮元创办诂经精舍、学海堂之后，兴办专习经史词赋、不课举业的新型书院成为文化发展的必然趋势。秦博理在描述钟山书院、南菁书院时，也对书院的学术思想进行了阐述。作者首先按照时间顺序论述了钟山书院的学术思想变化。乾隆年间江宁的钟山书院注重考据，以汉学教授生徒。汉学大师卢文弨、钱大昕、朱珔等先后任书院山长，以经术导士，为书院奠定了训诂之学的基本方向。1790 年至 1815 年间，桐城派大师姚鼐任钟山书院山长，他提出“义理、考据、辞章”三事说，提倡古文，宣传程朱理学。姚鼐通过钟山书院传播自己的学术理念和古文义法，桐城古文的影响遍布天下。1828 年之后的四十年，湖南籍官员陶澍、唐鉴均在书院儒学教育中强调实学的重要性。之后曾国藩继承桐城学派传统，推行“义理之学”。作者在谈到南菁书院的学术流派时，提到最多的则是书院“供郑朱两先儒栗主，掌教率诸生朔望行礼”。[2]南菁书院既维护汉学正统，又十分尊崇程朱理学。秦博理在书院与学术思想方面，仅仅

---

〔1〕 Keenan B C. *Imperial China's Last Classical Academies: Social Change in the Lower Yangzi*, 1864 ~ 1911 [M]. Berkeley: University of California East Asian Institute, 1994.

〔2〕 柳治徵：《江苏书院志初稿·左宗棠奏创建书院片》，《中国历代书院志》，江苏教育出版社 1995 年版。

只是进行基本的史实论述，并没有从思想史切入对书院进一步分析，这也是西方作者受到知识广度的影响，在研究书院历史上容易犯的通病。秦博理本人也正是在完成此书后意识到这方面的不足，他在之后的学术道路中，逐渐转向理学研究，还出版了《理学的自我修养》一书。

三、作为理学研究宣传基地的书院

17 世纪以来，传教士汉学以寻找理论“支持他们基督教的教义”为目的开始关注宋明理学。[1]以利玛窦为代表的传教士指出宋明理学是对佛教之类偶像崇拜学派的模仿，认为天主教义中有更接近儒家思想的学说。[2]不同于利氏推崇儒学贬斥宋明理学，白晋、傅圣泽等“索隐派”教士反对传教士对儒学的“过度附会”。[3]1874 年英国圣公会传教士麦格基翻译了朱熹关于“理气”的文章；1918 年英国浸礼会教士卜道成与李约瑟辩论了朱熹理学的唯物与科学性问题。[4]虽然通过传教士译介让西方学界初步接触到朱子哲学，引起了一定的关注，但西方汉学研究整体上重心仍在孔子儒学这一阶段，只有几个学者对朱子学说作了零星的研究，欧洲汉学对理学的兴趣仍停留在收集翻译资料的阶段。20 世纪 70 年代，美国中国学兴盛，美国首位中国哲学教授、北美大陆“儒家拓荒人”华裔学者陈荣捷，在将中国哲学史上的代表性著作翻译成英文的同时，对新儒学进行了大力推广，开启了汉学朱子学研究的时代。[5]作为朱熹研究名家，陈荣捷向西方学界传递了理学“道统”学说，确定了新儒学道统的哲学原理。陈荣捷的合作伙伴、东亚思想史专家狄百瑞也是美国新儒学研究奠基者之一。

由于中西学者的共同努力和国际宋史研究的发展，宋明理学研究逐渐成为汉学

---

〔1〕 陈荣捷：《朱学论集》，华东师范大学出版社 2007 年版。

〔2〕 顾立雅：《孔子与中国之道》，高专诚译，大象出版社 2000 年版。

〔3〕 刘耕华：《诠释的圆环：明末清初传教士对儒家经典的解释及其本土回应》，北京大学出版社 2005 年版。

〔4〕 卢睿蓉：《美国宋代思想史研究的多视角考察》，浙江大学 2011 年博士学位论文。

〔5〕 施忠连：《现代新儒学在美国》，辽宁大学出版社 1994 年版。

研究的显学。在书院研究领域，狄百瑞、万安玲、李弘祺、包弼德、贾志扬等汉学家分析了作为理学研究宣传基地的书院。狄百瑞与贾志扬主编的《成型阶段的理学教育》书中共有25处明确讨论书院（精舍，Academies），另有7处分析了理学书院。[1]由此可见，作为理学运动基地，书院是汉学家研究理学教育时一个重要的方向。书中收录的陈荣捷《朱熹与书院》和贾志扬《朱熹在南康：道学与政治教育》等著作均明确阐述了朱熹、书院与理学的密切关系，指出书院是理学社会化的主要途径和重要手段，也是理学发展的重要机制。

陈荣捷著《朱熹与书院》开篇用大量笔墨详细描述了“精舍”一词的起源与定义，辨析了“精舍”与“书院”之间的相互联系。[2]他指出书院原意是用来保存编辑“书籍”的封闭“院落”，精舍则是隐居的场所，更偏重私人性质。后来两者都逐渐演变为教育学习的地方，因为“教学场所”这一共同点，因而精舍也被称为书院。在解释了朱熹创办的寒泉精舍、武夷精舍、竹林精舍即为书院后，陈荣捷讲述了朱熹兴复白鹿洞书院和在岳麓书院、城南书院讲学等活动。通过对白鹿洞书院教学、学规、课程设置、讲学、祭祀、藏书等书院制度分析，以及岳麓书院朱熹与张栻会讲等活动的描述，作者总结朱熹在学术思想上阐明了“理”“气”之间的关系，“理”是“气”的本原，“理一分殊”，完成了对理学基本方向的定义，发展了“太极”的范畴，认为“太极”是“理”最初也是最终极的状态，并将“仁”的思想贯穿其中，最终创建了“道学”传统，编撰了《四书集注》。陈荣捷认为精舍和书院是朱熹完成这一成就的“工具”（tools）。

贾志扬著《朱熹在南康：道学与政治教育》叙述了淳熙年间朱熹知南康军任内兴复白鹿洞书院的事迹。作者讲述了当时朱熹理学书院兴起的教育与社会政治背景。[3]教育上，由于金兵入侵、北宋南迁、东京太学废弃，地方州县学校疲软，士人只能通过书院来获取更多的教育机会，书院兴复是必然之路；政治上，由于唐

---

〔1〕 Theodore D. B, Chaffee J W. *Neo-Confucian Education*: *The Formative* [M]. Berkeley: University of California Press, 1989.

〔2〕 Wing-tsit C. *Chu Hsi and the Academies. In Neo-Confucian Education*: *The Formative* [M]. Berkeley: University of California Press, 1989: 389 ~ 413.

〔3〕 Chaffee J W. *Chu Hsi in Nan-k' ang*: *Tao-hsueh and the Politics of Education* [A]. *In Neo-Confucian Education*: *The Formative* [C]. Berkeley: University of California Press, 1989: 414 ~ 431.

末五代朝政崩坏，纲纪废弛，加上北有金朝对峙，面对内忧外患，赵宋政权迫切需要重整纲常，加强中央集权，此时能论证封建道德纲常、等级秩序和专制集权合理性、神圣性的理学也进一步发展壮大。贾志扬指出不同于北宋五子对理学奠基和宣传，南宋理学最大的特点是以书院为传播工具来宣传理学，这也成为当时的社会潮流。朱熹则将书院作为理学据点，推崇书院理学教育，贬斥官学与科举。贾志扬总结认为，朱熹通过《白鹿洞书院揭示》来弘扬理学精神，同时以书院为阵地的讲会、祭祀等活动成为理学社会化的重要手段和途径，书院也成为理学得以发展的重要机制。文章最后通过参考日本田中健次和陈荣捷对朱熹门徒的研究，讲述了考亭学派通过创办书院、讲学、联讲会等手段来弘扬朱子道学。

包弼德著《历史上的理学》认为书院是宣扬理学的重要场所，书院学规也渗透了理学家的思想，通过对宋元时期理学书院的分析，能够更加清楚的了解理学所传递的“道统”与学说。[1]书中第七章“社会”（Society）第一部分谈及理学是宋元时期士人之学的一种选择时，专门用一小节阐述了书院。包弼德指出朱熹将理学完善成一个能满足士人全部学术领域需求的新课程，他的四书集注为理学提供了一套完整的学习教材，而这种课程学习实现的场所就是“书院”。作者认为书院最初起源于南方私人学校，由大家族或是学者、退休官员创办，是一个教育、学术交流、获得一定名誉的场所。在理学尚被官学大肆推崇时，理学家就发现了书院这个能自由实践他们的理学教学理想的地方。以朱熹为代表的理学家宣传“为己之学”，排斥科举和官学，创办理学书院。朱熹的《白鹿洞书院揭示》则成为所有理学书院的共同的教学方针。作者提出朱熹出任南康知军重建白鹿洞期间，不同于二程强调官学资助，他舍弃了以州县学为理学学习中心的想法，转而大力扶持书院。他建议“书院功役虽小，名颇具载国典，事体似亦非轻；若不申明乞赐施行。窃恐岁久复至湮没”，希望利用朝廷资源将白鹿洞书院建成朝廷批准、赐名额、赐御书的理学书院，构建以书院为学习基地、以理学为教学目的的教育体制。庆元党禁结束后，越来越多担任官员的理学家开始大量创建理学书院。他们仍然践行朱熹创

[1] Bol P K. *Neo-Confucianism in History* [M]. Cambridge (Massachusetts) and London: Harvard University Asia Center, 2008.

建的白鹿洞书院模式，在朝廷承认下，获取地方精英的支持和地方政府的资助。宋末至元代政府对理学书院的支持，甚至影响到了官学的发展。包弼德在文章中反复提到理学书院一词，他指出并不是所有的书院都提倡理学，大部分的理学书院由担任官员的理学家建立、兴复、讲学，或者是由理学大师的祠堂发展而来，例如建康程颢的明道书院。理学家们利用理学书院这一学习中心，成功的宣传了理学，保持了学术的独特性。

万安玲著《新儒学的制度背景：中国宋元学者、学派与书院》除了表达学人学派与书院运动的关系外，在全书第二部分也特别阐明了13到14世纪书院制度化和理学官学化。宋末元初，宋遗民通过创建书院、退隐讲学、受聘教学等形式来抒发亡国的遗恨。他们通过在书院研究和传播程朱理学来减轻心理压力，以捍卫儒家道统的尊严。宋遗民的大肆兴学，获得了元统治者的保护和支持，政府承认其所创建、讲学的书院，并将书院制度化，视为地方官学，委任遗民为山长，变"遗民"为"臣民"。在官方的支持下，南方理学书院继续发展的同时，理学以书院为依托向北方推广。理学与书院北移，蒙古贵族将理学从异端提升为官方正统哲学，并定为科举考试的内容，书院则成为传播程朱理学最重要的途径。万安玲另一部著作《中国南宋书院与社会》书中第5~9、17、20、33、46~47、51~53、62~63、70、85、113、203、206、209等页均明确提到理学。[1]书中第一部分第一章节就描述了理学与书院运动。具体来说，因为唐末五代礼乐崩坏，南宋政府偏安江南，统治者采用了抑武扬文政策来维持中央集权。面对内忧外患，以朱熹为代表的学者们通过理学这一学术思想来重新诠释儒家精神，表达对教育的人文关怀。为了宣传理学思想，再加上遭受"庆元党禁"的限制，为了对抗政治压迫和学术专制，他们放弃传统的官学教育宣传，另辟蹊径，通过创建兴复书院、讲学、祭祀、著书等书院运动形式来宣传理学。理学家以书院为依托，书院也自然而然与理学交融一体。书中第51页还回顾了书院精神与佛教、道教的关系。万安玲首先辨析了理学产生的渊源，涉及到常见的"佛道儒三教合一说"和"排佛抑道说"。冯友兰先生在《中

〔1〕 Walton L. *Academies and Society in Southern Sung China* [M]. Hawaii: University of Hawaii Press, 1997.

国哲学简史》中说："宋代经过更新的儒学有三个思想来源。第一个思想来源当然是儒家本身的思想。第二个思想来源是佛家思想、连同经由禅宗的中介而来的道家思想。在更新的儒学形成的时期，佛教各宗派以禅宗为最盛，以至更新的儒家认为，禅宗和佛教是同义词。如前所述，就某种意义说，更新的儒学可以认作是禅宗思想合乎逻辑的发展。更新的儒学还有第三个思想来源便是道教，在其中阴阳学家的宇宙论观点占有重要地位。更新的儒家所持的宇宙论观点，主要便是由来于此。"[1]万安玲虽未明确引用冯友兰的观念，却也指明了理学可能是佛、道、儒三教思想整合而来。同时，在对比理学思想与佛教、道教的区别时，万安玲也指出理学是对佛教、道教思想挑战的一种回应。解释完理学思想来源后，万安玲指出南宋时理学精神成为书院的传统精神，即是以书院为中心的理学运动的内在精神。理学精神的这两种来源，直接影响到书院精神，因而作者在其后花费笔墨研究了佛教、道教圣地与书院的关系。从解读书院精神与理学精神这一角度，作者也表明了理学与书院的一体化关系。

四、结语

综上所述，海外汉学家对书院学术思想研究主要从学人学派与理学基地这两点切入，指出书院在学术思想宣传、交流、传承上的重要作用。从现实上讲，他们的研究符合新史学研究趋势，适应文化与时代的需求。

值得注意的是，海外汉学家普遍具有较好的汉语阅读能力，口语沟通却受到一定的限制。这个特点在学术研究中，最大的表现就是论文引用书面文献材料较多，实践研究成果略显不足。美国约翰霍普金斯大学历史系教授，东亚研究中心主任罗威廉就曾坦言自己在研究湖北麻城地方史时，由于汉语说得不太好，没有能够采访当地居民，深感遗憾的同时，只能凭借较高的汉语阅读能力翻阅了七部麻省地方县志。[2]在汉学家的书院著作中，大量的数据统计等均非第一手资料，这也与海外

〔1〕 冯友兰：《中国哲学简史》，新世界出版社 2004 年版。
〔2〕 姜异新：《以中国的方式阐释中国——罗威廉教授访谈录》，《书屋》2009 年第 12 期。

书院历史资料缺乏有关。在用词方面，也有较大的差异。例如西方学者对“理学”一词的描述，秦博理在《中华帝国最后的传统书院》一书第 34、37、38、55、64 等页用 Cheng-Zhu Neo-Confucianism（程朱新儒学）表示；第 123、142 页描述为 Neo-Confucian education（新儒学教育）；在第 34、84、85 等页也用 Song learning（宋学）来指代理学。另外，书中第 100、124 页出现了 school of principle（理学派）一词来指理学。包弼德著《历史上的理学》中文版序中解释到英文“Neo—Confucianism”指代的是《宋史》中的道学，也就是宋明理学，通常直译为“新儒学”。[1] 万安玲的《中国南宋书院与社会》则用 True Way Learning 和拼音（Tao-hsueh）同时来诠释理学。

〔1〕 包弼德：《历史上的理学》，王昌伟译，浙江大学出版社 2010 年版。

读书与评论

超越、对话、和谐——“理解精神”对谈录

刘　勇　李清良 *

编者按： 1985年，从老山战场胜利归来的“保边疆、献青春”演讲报告团成员刘勇先生，在与首都大学生汇报交流时提出了“理解万岁”的口号。不久，“理解万岁”就成为了整个社会的流行语，后来更被评为改革开放以来对人们观念影响最大的十句口号之一。近年来刘先生又进一步提出要大力提倡和弘扬“理解精神”。最近，他与诠释学专家、湖南大学岳麓书院李清良教授专就“理解精神”进行了深入交流。本刊特整理发表，以飨读者。

刘　勇： 李教授，我们今天一起来深入讨论一下“理解精神”如何？

李清良： 好啊！您是怎么想到要提出“理解精神”的？

刘　勇： 三十年前，我提出“理解万岁”，主要是为了表达浴血前线的将士们的心声，希望他们的牺牲奉献精神能够被全国人民所理解。不料这句口号在社会上广泛而持久地流行开来，这说明，实际上我们每一个人都需要理解。所以，近年来我从更普遍的立场，呼吁大力提倡“理解精神”。

李清良： 我很赞赏这个想法。我所研究的诠释学就是专门探讨理解问题的，现在诠释学在全世界都很流行，为什么会这样？就是因为理解问题是我们每个人都要面临的最根本的问题之一。随着现代化进程的加深，人们虽然可以更方便更

* 刘勇，中国人民解放军理工大学政治部主任。李清良，湖南大学岳麓书院教授、博士生导师。

迅捷地交流，但相互理解却更缺乏。可以说，理解问题已经越来越成为整个社会、整个时代的问题，而且是一个全球性的大问题，国际国内的许多矛盾都是因此而起。所以，现在不仅是我们中国，整个世界都需要大力提倡和弘扬“理解精神”。

刘　勇：是的，我们应从全球视野和时代要求来看待这个问题。

李清良：关键是我们要准确理解什么才是真正的“理解精神”。

刘　勇：“理解精神”首先是努力寻求共识的精神。

李清良：不仅仅是寻求共识，也包括理解差异、尊重差异。所以，更准确地说，应该是求同存异。

刘　勇：是的。所以我一直强调，强求理解不是真正的理解，理解别人的不理解也是一种理解。

李清良：我们所见相同啊！我在十多年前的那本《中国阐释学》里也提出：“真正的理解就是既能理解别人的理解，也能理解别人的不理解”。我们讲求同存异的精神，实际上是继承了孔子讲的“人不知而不愠”尤其是“和而不同”。“和而不同”也包括“不同而和”这层意思。

刘　勇：老一辈革命家周恩来总理在处理复杂的外交关系时，也把“求同存异”作为基本方针。我们讲理解精神首先是求同存异的精神，可以说也继承与发扬了这个新传统。

李清良：理解是为了求同存异，求同存异又是为了达到“和而不同”。

刘　勇：我们强调“理解精神”，就是希望更为切实地推进和谐社会的构建。习近平同志说：“和而不同是一切事物发生发展的规律。”还说“中国‘和’文化源远流长，蕴涵着天人合一的宇宙观，协和万邦的国际观，和而不同的社会观，人心和善的道德观。”这说明，“和而不同”真实地反映了天地万物在本质上的多元性和差异性，是和谐思想的核心价值。现在大家都在讲和谐，可是不重视理解，不求同存异，不能“和而不同”“不同而和”，就不可能达到和谐。

李清良：所以理解的目的其实包含两层，切近的目的是求同存异，最终的目的是追求和谐。

刘　勇：就此而言，“理解精神”就是求同存异的精神，就是崇尚和谐的精神。可以说，只有崇尚和谐，才能做到求同存异；也只有做到求同存异，才能真正达到和谐。

李清良：这个概括很好。不过，对于“理解精神”的界定，除了从目的和追求方面来讲，还要从理解的条件方面来讲。我们要达到理解，首先必须有超越自我、尊重他者的观念。没有这种观念，我们就根本不会想到要去理解。因此，“理解精神”也应包含超越自我的精神和尊重他者的精神。

刘　勇：我提出“理解万岁”，提倡“理解精神”，就是要呼吁人们从自我的狭隘境域中超越出来，从更广阔的境域中来思考和确定生命的意义。我们要与他人乃至自然环境和谐相处，共生共荣，就一定不能固执己见，自以为是，完全不去尊重和理解他者的具体的生存状态和生存感受。大家都很熟悉苏轼的这首诗：“横看成岭侧成峰，远近高低各不同，不识庐山真面目，只缘身在此山中”。如果我们总是“身在此山中”，就会对于本来可以理解的事物根本不能理解。所以我们一定要意识到自己总是有局限的，一定要力求超越自己。所谓超越自己，就是走出自己，走出“此山”。走到哪里去呢？走到他者那里，走进“远近高低各不同”的立场与视角，尊重他们，从他们的角度来看问题。只有这样，我们才能超越自己，真正识得“庐山真面目”。中国古人就特别强调要从自身出发去理解他者，设身处地，推已及人、换位思考，所以常说“已所不欲，勿施于人”“老吾老以及人之老，幼吾幼以及人之幼”“行有不得，反求诸已”等等。总之，超越自我与尊重他者是连在一起的。只有具有这两种意愿和观念，我们才会去理解他者，所以理解精神必须包含这两个方面。

李清良：这样来阐发，真是既准确又形象。我们讲“理解精神”，除了从目的和条件层面来讲，还要从操作层面来讲。我认为，要达到理解，还必须在理解过程中坚持实事求是的原则。坚持实事求是，就是坚持具体问题具体分析，不能固执己见，不能搞教条主义和本本主义。只有坚持实事求是，才能真正尊重他者，尊重各种特殊性与差异性，从而才能真正超越自我。

刘　勇：是的。“实事求是”既是我们古人特别重视的，也是老一辈无产阶级革命家特别强调的，毛主席就非常喜欢这四个字，他之所以能够领导中国革命走向成功，就是因为坚持了实事求是这个原则。所以我们讲“理解精神”是实事求是的精神，这既是对我国古代优良传统的继承和发扬，也是对现代革命传统的继承和发扬。

李清良：除了讲实事求是，我们还需要讲协商对话。所谓理解，其实就是通过协商对话来了解彼此间的差异并力求达成某种共识。

刘　勇：李瑞环同志在《学哲学用哲学》中也特别强调“要协商、对话，不要战争、对抗”。

李清良：之所以既要讲实事求是又要讲协商对话，就是因为大家其实都会同意“实事求是”，关键是这个“实事”究竟“是”什么，应该怎样来看这个“实事”，怎样来“求”这个“是”，这就不可避免地存在着分歧和差异，你说这个“实事”是这样，我说这个“实事”是那样。只有通过协商对话，反复交流和沟通，我们才能对于“实事”和“是”达成共识。

刘　勇：所以，“理解精神”也必须包含实事求是的精神和协商对话的精神。

李清良：是啊。如果完整地表述“理解精神”，它至少要包括六个方面：超越自我、尊重他者、协商对话、实事求是、求同存异、崇尚和谐。换句话说，“理解精神”就是超越自我的精神、尊重他者的精神、协商对话的精神、实事求是的精神、求同存异的精神、崇尚和谐的精神。这六个方面实际上分为三层，头两个方面是从前提条件来讲，中间两个方面是从操作规范来讲，最后两个方面是从目的和追求来讲。

刘　勇：这样来概括“理解精神”就比较全面、系统。如果更简单地说，我们也可以将“理解精神”概括为“超越、对话、和谐”。通过上面的讨论我们可以看到，“理解精神”不仅继承和弘扬了我国优秀的传统文化，也继承和弘扬了我国现代以来的革命传统，更与当前构建和谐社会的时代要求完全吻合。

李清良：不仅如此，我们这样讲“理解精神”，也与专门研究理解问题的西方现代诠释学相通。只有通过总结古今中外的优良传统，我们才能真正把“理解精神”讲清楚、讲准确、讲全面。

刘　勇：西方把专讲理解问题的学问称作诠释学或阐释学，我倒是觉得叫理解学更好。李教授如何看这个问题？

李清良：这实际上是一个重大的理论问题，需要大家共同来讨论和研究。我的基本看法是，讲理解学是可以的，但不要把理解学完全等同于诠释学，因为理解学显然要比诠释学更宽泛。要想讲好理解学，必须充分借鉴诠释学，甚至要以诠释学为核心和基础。

刘　勇：在中国传统文化的典籍中，虽然没有“理解学”这个概念，但并不表示没有关于理解如何可能与如何发生的理论探讨，只是其思维特点和表述方式与西方不同而已。中西方文化属于不同的文化系统，它是从各自不同的文化语境中发展而来，但人类追求与探索真理的终极关怀是一致的，关于理解问题的探讨也是这样，这就是和而不同，殊途同归。关于这个问题我们以后再详细讨论。（**张军德整理**）

地方文化精英的自觉与自证

——以 DH 文庙的神圣性重建为例

杨 莉 *

“在历史学研究中，特别是明清地方社会史研究，常采用国家和地方精英作为模型分析地方社会的分层以及结构；地方精英，在美国汉学家孔飞力看来，是地方上富有影响力的人物，这种影响力以其声望为衡量标准”。[1]地方精英在传统中国也被称为乡绅、士绅或者缙绅，是中国社会的一个重要阶层。可以认为，这个阶层在某一地方社会中，具有较高的声望，并且拥有相当的政治权利和社会资源；在当地社会的文化、政治和经济等活动中占据主导地位；他们掌握着当地社会历史、文化记忆和评述的话语权，在某种程度上可以影响当地的社会。

DH 县文庙在 2011 年由县委、县政府批准重建，主要倡议人是 SRF 老人，曾任县人大常委会主任。根据 SRF 的讲述，DH 文庙的重建并非他一人的动议，而是很多当地老人，尤其是老教师的集体意见。SRF 所说的这些当地老人主要是指 DH 县的退休干部、知识分子、教师或是一些文化骨干。这些人在当地的社会中属于在政治和文化上占有优势地位的精英阶层，基本上属于“地方精英”阶层。这些人

* 杨莉，中国社会科学院世界宗教研究所博士后研究人员。

〔1〕 参见孔飞力：《中华帝国晚期的叛乱及其敌人中华帝国晚期》，谢亮生等译，中国社会科学出版社 1990 年版，第 2 ~ 5 页。

往往对当地的历史和文化具有较高的热情和责任，这种热情和责任也往往会促使这些人参与到地方的各种文化、宗教、民俗等活动当中；他们既是这些活动的促进者同时也是建构者。他们具有的社会知识和经验、社会地位以及相关的社会关系是传统和文化促进和重建的保障。

一、地方文化精英的身份自觉：集体记忆中的身份认同

DH 县文庙在 2011 年决定动工重建，DH 县文庙复建领导小组办公室印制了《文庙复建的宣传手册》（简称《手册》）和《DH 县文庙复建简讯》（简称《简讯》）。SRF 在《手册》中的第一篇文章《DH 文庙——文脉传承近千年》中写了 DH 文庙的来历，包括历史上文庙的多次重建和移址、对文庙的记忆以及文庙对 DH 县儒风的滋养几个部分。第二篇文章通过县志的梳理列举了学宫的大事记。

SRF 在访谈中也提到过重修文庙是他们的责任："DH 县的文庙历史很悠久啊，经历了几十次的重建，从宋朝时就有了这个文庙，那时不在这里，县志都有啊，每次文庙的重建都是很不容易的。我们这些人也算是在这里读过书（按：此处指文庙旧址上创办的 DH 县一中），有些文化吧，而且以前有点小职务当小官啊，算是还有点儿能力吧，如果我们要是不重建起来，我们老祖宗这点好东西就没了，也没人记得了啊。"

除此以外，SRF 也谈到文庙重建动议的缘起：

"S：没有谁具体提议啊，是大家的想法。

"问：大家？没有具体的负责人吗？

"S：是这样，以前我们就在这里读书，23 年的时候，文庙这里是 DH 县立中学。后来，JJ 中学迁到了这里，抗战胜利后回到了 QZ。52 年这里就成了 DH 一中，校址一直在文庙。79 年才被火烧毁的，一中的很多老师，以及县里的很多老人儿都是在这里上学的，在文庙里读书，看着文庙的消失啊，我们年轻时候的很多记忆都是和文庙相关的啊，如果你问谁办的这事儿，（不好意思的笑）那就是我吧，以前在县里担任点儿小职务，所以就我来跑这些手续文件的事吧。"[1]

---

〔1〕 摘自 SRF 访谈。根据学术惯例，有关人名地名使用字母代号。

从 SRF 的访谈中可见，首先，他们梳理了县志，对文庙重修的历史进行了厘清；其次，他们对自身在文庙上过学的经历十分重视，认为自身与文庙之间存在某种特别的关系，自己可以代表以文庙为象征的传统文化；第三，他们在当地具有一定能力，可以将文庙发扬光大。对县志进行梳理于 DH 文庙的重建具有非常的意义，它为 DH 文庙的重修提供了历史的合法性，同时在地方精英的群体中延续并建构了关于文庙和自身身份的集体记忆。

《DH 县志》里记载了文庙的多次重修。其中有一点值得注意，文庙无论毁于天灾、兵燹或是人祸，重修的主持者都是知县或教谕、训导。教谕是“儒学府教授一人，训导四人。州，学正一人，训导三人。县，教谕一人，训导二人，教授、学正、教谕，掌教诲所属生员，训导佐之”。（《明史·职官志四》）可见，教谕和训导通常为科举出身，是县学中的官员，和现在学校的教师不同，是属于官僚体系中的一员。但是，《DH 县志》记载，清乾隆时期开始有乡绅参与：“乾隆二十七年教谕朱仕玠倡修，三十二年教谕赖楫重修，四十三年洪水冲塌两庑及明伦堂垣墙，绅士捐修，五十年教谕吴维新训导江云霆详请率绅士大修至五十七年告成。道光元年，署县艾荣模命绅士郑吹笙、温尚志等募捐重修并移建学署。同治六年邑绅李鸿章、郭尚品、郑祥、郑吹笙、陈煦、苏邦翰、颜佩玉、苏震东、郭尚莹、郭为纲、郭枣梨、郭克明、邓泰运，总理吴熙春等重修。……”

从县志上记录可以看出，乡绅参与文庙（庙学）的重修意义非凡。第一，详细记录了每次重修以及重修的时间、主持重修的人员、历时。第二，详细列举了重修的人名。县志所记的同为国家祭祀的社稷坛、武庙等的重修，虽偶有提及重修的乡绅，但详细程度远不及文庙。由此可见，文庙的重修是摊派制的观点不甚准确。第三，县志中其他民间祠祀的修建的记录就更为简略，既无官方参与也少见乡绅募资的记录。因此，这里可以得出结论，首先乡绅参与文庙的修建是一种自发的行为，是对向往已久的神圣事物的参与。其次，希望这种行为可以流传后世，从县志的所记之详细可见一斑。清中期以后，因为国家权力和力量的削弱，使得一直掌控在官方手中的文庙允许民间参与，这种参与如同对神圣性的分润。通过对文庙空间的建设，使得自身分润到了这种符号所代表的象征。此处的士绅不能完全等同于现代的地方精英，虽然他们在社会中所具有相似的社会地位和社会功能，所以，以

SRF 为主的 DH 地方精英在重修文庙的时候可能在潜意识中将自己与历史中的士绅阶层在身份上建构了认同，使自己的身份与士绅重合。由于文庙既是国家祀孔的庙宇也是国家设立的“庙学制”的场所，所以文庙成为了一种象征符号。这种符号既代表了被国家政治化和宗教化的儒家文化，又成为了中国古代士绅阶层重要的身份和文化认同所在。这种认同在当下的社会依然发挥着作用，这些地方社会的精英其主要的文化优越性就是来自历史和传统。

中国的士绅阶层与当下所说的地方精英是否还是一个群体，确实值得商榷，但是就这个群体在其所在的社会中所承担的社会功能而言，实具有同一性。正如前所述，地方精英通常被理解为那些在政治上具有一定权力、在文化和道德上具有相当声望的人，以及在当下社会中致力于社会公共事业的具有相当财力的等方面占有较大优势的群体。故此，这些人可能不同于县志上所记载的“乡绅”“邑绅”，因为他们曾经的或是现有的官职不是科举所得，在文化上和道德上的声望可能不是来自县学的儒家教育，但是在不同社会中无论是通过什么途径获得的这些，其具有文化影响力的结果确实具有相似性。在过去称其为“士绅”“乡绅”，而今称之为“地方精英”。在中国，无论帝制是否解体，宗族是否存在，社会中都有这样的一个群体，扮演着相似的社会角色，那么他们就具有一定的共性。这种共性会使该群体在社会中产生相似的身份认同并承担相似的社会功能。这种集体记忆和认同会通过相似的社会情景中传递。故此，SRF 等人在倡导文庙重修的时，梳理了县志关于文庙学宫的内容，考证了重修碑，厘清了文庙的历史以及重修的历程和次数。当现在的文庙重修与县志的情况相类似时，他们的身份就与县志上所记载的重修文庙的乡绅的角色有一种不自主的重合。

当这种身份重合时，这种对于文庙的历史记忆和他们自身的经历、记忆也开始重合，“我们所谓记忆的集体框架，就只不过成了统一社会中许多成员的个体记忆的结果、总和或某种组合”。[1] 所以，文庙的神圣性不仅仅存在于这些地方精英的记忆中，也存在与社会赋予而且认可的这种社会角色之中。当象征着他们记忆和身份特殊性的符号消失的时候，他们希望通过重建神圣性来获得他们的特殊性，因

---

〔1〕［法］哈布瓦赫：《论集体记忆》，毕然等译，上海人民出版社 2002 年版，第 70 页。

此，他们的记忆就会形塑他人的记忆，使这些地方精英的记忆外化，“集体框架恰恰就是一些工具，集体记忆可用以重建关于过去的意象”。[1]学者廖华生在类似的研究中，将这种类似的现象解释为“婺源庙学的修建历程不仅集中表现了该县官绅之间在维护地方文化象征的一致性，还反映了在这一领域中的管理权由官府向士绅阶层转移的趋势”。[2]该文章中以及县志中所提及的乡绅是中国传统社会中所特有的一个群体，他们具有和政府不同的力量和权力。

如前所述，士绅是当地政治、文化、经济精英的代表。因此，在清中期后，士绅参与到了文庙的修建这一原因就值得思考了。有学者认为是一种摊派的徭役行为，另有学者认为是政府权力与地方权力的交替。例如廖华生解释原因有二：一者“庙学本是生员们受业读书之处，但这一制度似乎从来就没有落实过。它的真正实际意义是朝廷教化礼仪的载体和地方士绅文化霸权的象征”；二者“地方公共事务只有在一定的权力关系下才能得到处理，在处理过程中又会产生新的权力关系，因而公共事务是地方社会各种权力实践的主要载体，也是地方权力的来源之一”。[3]据此结论，首先，庙学不仅是朝廷教化礼仪的载体，更是儒学正统的载体，也是儒教信仰的载体。因此，对于文庙的参与不仅是地方士绅文化霸权的象征，应该是士绅对于国家正统文化的参与。因为文庙所象征的儒教信仰和祭祀文庙所代表的国家权力，不是平民可以参与的。那么当政府允许“绅修”时，是对其所处的阶层的一种肯定，也是士绅阶层儒家身份的构建。其次，士绅阶层对于文庙的重修体现了文庙神圣性，重修庙宇具有文运上的功德。这是乡绅阶层对于文庙神圣性的分有，修建文庙的行为使士绅阶层在当时社会中具有独特性，这种独特性是由文庙在当时社会的独特的神圣性所赋予的。同理，当代社会中的地方精英通过自身的记忆和认同建构了新的社会记忆，并通过这种身份的传递，将历史中的文庙的神圣性通过“士绅—地方精英”这一模式传递。

---

〔1〕［法］哈布瓦赫：《论集体记忆》，毕然等译，第71页。

〔2〕廖华生：《官府、士绅与庙学的修建——明清时期婺源庙学的个案考察》，《中国社会经济史研究》2008年第2期。

〔3〕廖华生：《官府、士绅与庙学的修建——明清时期婺源庙学的个案考察》，《中国社会经济史研究》2008年第2期。

二、地方文化精英身份的自证：精英记忆对社会记忆的形塑

我们再看一段访谈摘录：

“问：79 年文庙就毁于大火啊，三十多年来已经从人们的视野中，为什么选在这个时候重建呢？

“S：这个问题啊，以前没这个条件啊，其实我们这些人一直都想重建文庙啊，那时候批孔的余波还在啊，早提出来响应的人少啊，现在形势好了啊，县里的领导也支持，而且这个社会都推崇孔子，推崇传统文化啊，而且各地的文庙都在复兴啊，我想是重建我们 DH 文庙的时候啊。

“问：我看 DH 文庙建的非常漂亮，建庙的资金是？

“S：文庙总的经费是 1700 万元啊，都是民间集资的，不是政府出钱，但是政府很支持的呢，其实以前也是民间集资重修庙啊。

“问：年轻人很多没见过以前的 DH 文庙，有的也没什么记忆了，他们在重建文庙这件事里表现的积极吗？

“S：积极啊，很多年轻人都是听着老人讲诉有关文庙的过去长大的啊。（问：通常讲什么?）讲文庙以前的样子啊，我们在这里读书的故事啊，还有就是讲孔子啊，讲仁义啊，讲道德啊，现在的年轻人越来越喜欢这些传统文化的东西了，捐款也很积极啊。”

上面的访谈传达出了两点信息。一是文庙重建是老一辈人记忆的重现和延续，而年轻人对文庙的记忆来自上辈人的叙述。二是重建 DH 文庙的资金来源。

文庙重建是记忆的重现。“记忆的集体框架不是依循个体记忆的简单加总原则而建构起来的：它们不是空洞的形式，是由来自别处的记忆填充；相反，集体框架恰恰就是一些工具，集体记忆可用以重建关于过去的意象，在每一个时代，这个意象都是与社会的主导思想相一致的。”所以，这些文庙记忆的承载者，通过自身记忆的外化，对社会其他群体的集体记忆进行删减、修正，甚至是取代。虽然他们对文庙的记忆不是文庙本身，而是成为县中学后的文庙，正如《通讯》中《我心中的 DH 文庙》文章所讲述的文庙记忆只是中学的记忆，但是在重建文庙的时候，这种记忆从曾经占用文庙的县中学到文庙本身，再从文庙本身到文庙所承载的传统文

化（其实是指儒家文化，但是因为传统文化比儒家文化更广泛，也更符合政府的意思，所以他们通常使用这种称谓，但是在聊天的时候，这些老人还是习惯用儒家文化），于是这些属于地方精英的老人们所谓的文庙记忆被他们不自觉的修正。这些地方上具有政治地位的人（“精英”），在促成民意动向一致的过程中扮演着十分重要的促进角色。考察他们在各种公共场合中的发言和发表的文章可以发现，这些有助于认识 DH 这个地方的文化认同和集体记忆的走向。“既然历史是认同的话语，谁‘拥有’或占有过去的问题就是一个谁拥有能力在给定的时间和空间上识别他或她自己和他人的问题”。[1]相对于此，年轻人对于文庙的记忆来自于家里长辈的叙述，“人们通常正是在社会之中才获得了他们的记忆的。也正是在社会中，他们才能进行回忆、识别和对记忆加以定位”。[2]这些在文庙读过书的老人在讲述的文庙时会不自主的进行修饰，强调其中的文化内涵和对社会的独特作用，这使得文庙的重修得到了当地各年龄段的支持。

文庙的资金来自民间资助的集资。《通讯》中每一期都详细列出了捐献钱物的名单，从政府干部到普通民众，其名为《DH 县文庙重建芳名录》，这种形式似乎与修建佛教庙宇的功德碑有相似之处，因此，这种对于捐钱修庙的记忆也使得文庙在筹建之处就有了神圣性，而政府捐款的列出，使得文庙具有合法性，这种合法性既包括文化也包括宗教层面。故此，政府的支持可以让文庙的重建具有官方的合法性。从访谈中不难分析出，文庙对于 SRF 这批老先生而言是青年时代的集体记忆，参与动议文庙重建的群体主要是知识精英或政治精英。

综上所述，DH 文庙的修建首先是由当地的地方精英通过梳理县志产生了和历史上与文庙密切相关的士绅阶层的身份认同，强化了自身与文庙的集体记忆，再通过集体记忆的外化形成了社会上关于文庙的社会记忆，这种社会记忆中所保存的历史合法性被神圣化成为新建文庙神圣性的来源。

---

〔1〕［美］乔纳森·弗里德曼：《文化认同与全球性过程》郭建如译，商务印书馆2003年版，第48页。
〔2〕［法］哈布瓦赫：《论集体记忆》，毕然等译，第68～69页。

三、地方文化精英的神圣化叙事：通过神圣化历史建构神圣空间

一个神圣空间的建构往往基于各种灵异事件、显灵事迹以及历史上的神圣性的遗存。例如宣称此地有异象、掘出古碑、将神像提前放置于正在建造的庙宇中，增加神圣空间的存在感，以及神像带来的神异传说。[1]而文庙作为历史上儒家文化的正统的象征，国家祭祀的构成部分，其中鲜有这种民间习惯的灵异叙述。

作为地方精英的 SRF 等人通过给自己重建 DH 文庙的行为找到了身份上的合法性，但是这种合法性的神圣性是属于这个特定的群体。因此，类似于 SRF 的人心里产生的神圣性并不能完全通过他们的集体记忆辐射到整个社会。要像辐射到整个社会，需要形成一个新的被神化了的叙事。“社会表述的形式是通过某种观念、某个图示，或某种姿势、某个事物的符号反映出来的。”[2]在福建，社会中保留了很多民间信仰中的神灵和各种香火鼎盛的庙宇。在调研期间，笔者曾有疑问，DH 人在集资修建文庙的时候与出资修建其他的，例如地头公的庙宇在修建心态上有什么区别。依 SRF 的访谈所见，虽然他强调文庙的重建是一代人集体记忆的结果，但是在调研中依然可以听到一些传说：文庙这个地方虽然不是原址，但是和原来的文庙，“同龙脉、同方向，踞凤冠、俯龙津……古庙重光、凤凰于飞，为 DH 县增添祥瑞之气。”[3]

民间信仰保存的相对较好，因此，福建人有出资建庙的传统，而且在此间表现得甚为积极。所以笔者曾经思考过，DH 人修建文庙可能与修建其他的地头公庙之类的民间神灵的庙宇无本质区别。所以在调研中试探的询问这个问题。当地的居民则说的更为直接：“文庙建起来好啊，建起来又文气啊，我们 DH 以前出了很多的名人，大知识分子哩，而且文庙这里风水好啊，以后 DH 县就不一样啦。所以没事我就来看看帮帮忙啊，以后对子孙也有好处。”（男，57 岁）

在 DH 文庙重建的《通讯》中，有关于文庙历史关于风水的文章《文庙佚事

---

〔1〕 段玉明：《从空间到寺院——以开封相国寺的兴建为例》，《世界宗教研究》，2004 年第 3 期。

〔2〕 ［法］哈布瓦赫：《论集体记忆》，毕然等译，第 68 ~ 69 页。

〔3〕 SRF：《文庙轶闻》，《DH 县文庙复建简讯》第 3 期，2012 年 7 月印行。

(一)》《瑞莲兆》，所记的趣闻已经成为了当地民众心中关于文庙的新传说。[1]故此，对于历史的梳理和认可已经成为文庙神圣化的背景。

综上所述，DH文庙的修建首先是由当地的地方精英通过梳理县志产生了和历史上与文庙密切相关的士绅阶层的身份认同，强化了自身与文庙的集体记忆，再通过集体记忆的外化形成了社会上关于文庙的社会记忆，这种社会记忆中所保存的历史合法性被神圣化成为新建文庙神圣性的来源。

---

〔1〕《DH县文庙复建通讯》第3期，2012年7月印行。

老蚌新珠，凤凰涅槃：经学与理学之历史及儒学未来

翟奎凤 *

一、不死鸟的传奇：儒学与中华文化的历史和新生

冯友兰先生早年写《中国哲学史》曾把两千多年的中国哲学发展史划分为子学时代和经学时代。这个划分自有冯先生的道理，然而确实也容易抹杀宋明新儒学之“新”的特殊性。基于两千多年儒学发展史的考量，笔者这里尝试提出一种三分法。我认为可以把先秦以孔孟为代表的原始儒学及两汉魏晋南北朝，甚至隋唐的儒学看作是一个大的阶段，这个阶段可以称为六经儒学时期，而从中晚唐到宋元明是一个新的阶段，这个时期可以称为四书理学阶段。从明末到清至今又可以说是当下仍在展开中的一个新的探索创新期。这种尝试提法，是基于这样一种文化生命观的考量：任何一种思想学说和文化文明体系如果长期在一个封闭的体系内，不与其他思想流派，不与其他文化文明体系发生冲撞、冲击、对话和交流，则其生命力必然会逐步走向萎缩，最后走向死寂。中医讲人体的正常生命运动是在与外在气机不断进行“开合、升降、聚散、化”中展开的，我认为，这种生命观同样适用于一个思想流派和文化文明体系的生存命运。

---

* 翟奎凤，山东大学儒学高等研究院副教授，哲学博士。本文一些观点受到陈来先生《孔夫子与现代世界》（北京大学出版社 2011 年版）一书的影响，特别是该书最后所论《走向真正的世界文化——全球化时代的多元普遍性》对笔者启发很大。

概要来说，之所以把先秦到魏晋隋唐的儒学发展看作是一个大的阶段，主要是因为在这个时期，儒家主要是与中华文化母体内的其它诸子思想作了融合和混化，其主要经典体系是六经。两汉之际传入中国的印度佛教文明经过魏晋格义时期，到南北朝隋唐，逐步融入中华文明体系，对以儒家为代表的中华文化造成了巨大的冲击和挑战，为应对这个冲击和挑战，儒家逐步展开了深入的反省、调整和积极的融合创新阶段，最后反攻为守，形成了从中晚唐到宋元明的新儒学运动，即以四书为代表性经典的理学时期。晚明时期，以天文历算为代表的西方科技文明与以天主教为代表的西方宗教文明作为一个奇怪的混合体同时传入中国，中国的天学历算在西学的历算面前一败涂地，中国天学的失落，其实是唱响了中华文化的挽歌，标志着没落的中华文明已经输给了冉冉升起的西洋文明，至于近代的丧权辱国、几于沦为殖民地可以说这种惨败的局面在晚明就已经注定了。无疑，在这个亘古未有的冲击面前，代表着中华文化的儒家又首当其冲，这个冲击远比印度佛教文明大得多，儒学连带整个中华文明体系在欧风美雨的猛烈打击下被毫不留情地连根拔起。至今我们仍处于应对这种根本性冲击的探索中，在现代性与全球化中来重新建构儒学与中华文化的新体系。

本文认为，六经与四书，经学与理学，可以类比为一种老蚌结新珠的关系，而1910年代的新文化运动和打倒孔家店，可以说标志着老朽的中华文化的全面解体，但死去的只是中华文化老朽的“身体”，其根本精神和活的灵魂是不朽的，必将浴火重生的中华文明如同西方传说中的“不死鸟”，必将焕发出全新的生命力——凤凰涅槃，而再次影响世界文明的进程。

二、孔子与六经儒学的建构及其演变

关于孔子与六经的关系，很多人因为孔子自己曾说他“述而不作”，就认为他只是先圣先贤所作文献的整理者而已，但也有人认为六经为孔子创造，材料虽有所祖述，但其意维新，微言大义，寄托了孔子的思想和理想。“温故而知新”，应该说孔子与六经的关系是有继承有创新，继往而开来。特别是《春秋》和《易传》其“新”的成分无疑更大，《春秋》寄托了孔子天下大同的政治理想，而《易传》可以说是孔子“性与天道”哲学思想的主要代表。

孔子去世后，儒分为八。孔门弟子的多样性，也可能反映了孔子一生教化的不同重点及其思想境界中多维度的丰富、灵魂性。孔门前三代弟子的详细情况，我们已经无法详论，这方面出土文献可以帮助我们了解到更多传统文献所找不到的一些思想线索。孟子、荀子是战国晚期弘扬儒学的两位大师，从他们的著作中可以了解到，他们的思想主旨虽然强调都是源于孔子，但从具体论述来看，无疑融入了很多时代新思潮，如“气”的因素在孔子那里讲得很少，而孟子、荀子则非常重视，常结合“气”的思想来阐发自己的学说。《荀子》一书也透露出较强的法家精神，一些人也认为《易传》中融入了较多的道家思想因素。这些都表明了战国晚期不同思想流派之间的相互影响与内在融合。

秦始皇“焚书坑儒”对六经儒学是个沉重的打击，儒学的生命力第一次被以行政的手段打压到低谷，然而物极必反，真正有生命力的思想是压不住的，到了汉武帝时期，六经儒学可以说展开了其历史辉煌期。两汉儒学，先是西汉时期今文经学非常兴盛，董仲舒及其公羊学《春秋繁露》为主要代表，加上各种纬书的流行，阴阳五行灾异、天人感应说大行其道。目前也有一些学者主张要重新评价汉儒和董仲舒，应该更多地看到其合理和积极因素。但无论如何，从历史上看，谶纬和谴告说的泛滥无疑也带来了很多致命性弊端甚至灾难，最后连带整个今文经学不得不“消停”下来，而为以《左传》为代表的富有务实和现实精神的古文经学所取代，可是不久古文经学考究的繁琐和琐碎也容易让人们感动“望而生畏”，甚至“望而生厌”，这样到东汉末期儒学的生命力整个地萎缩下来。

西汉时期的经学还是很有活力的，一方面，可谓“不愤不发”，秦始皇的打压一定会刺激了不少儒生矢志不渝地去谋求孔子儒学的复兴，可以想象秦汉之际一些儒生一定是有着卧薪尝胆的刻骨铭心。一种思想学派，往往越打压，其生命力越强硬，如果经常被捧着反而很快会不行，可谓“生于忧患死于安乐”。另一方面，西汉儒学也确实积极吸收了其它诸子（如阴阳家）甚至民间思想（如术数类）的很多因素，做到了一个新的比较大的融合。后来儒学成为一尊后，今文经学与古文经学的斗争某种程度上推动了儒学生命力的进一步展开，但到了东汉末，今古文经学的不断调和，又没有外在强有力思想流派的刺激，儒学的生命力不得不枯竭。矛盾是事物发展动力，一种思想学派的命运也难逃乎此。

西汉初期黄老曾经很盛行，经过一段时间的较量，儒学成为主流，黄老退居非主流，无力与儒学再抗衡。东汉末，太平道、五斗米道盛行，黄老道融合神仙方术以宗教的形式又强有力地开始崛起。在这种大背景下，魏晋时期的何晏、王弼等玄学家开始用道家的思想资源来重新诠释儒家经典，人们开始以异样的眼光来重新打量孔子儒学，发现孔子与儒学经典原来也可以像道家一样“美”：自由、飘逸、生动，并不只是僵化的、被异化的礼教。笔者倾向于认为它是一种融合了老庄思想的新儒家，是儒道会通融合的产物。但这种新儒家的思想也许是过多地受到了道家的影响，玄学家及其思想气质明显不够厚重，在乱世中，玄学家的个人命运往往都很让人感叹，这个思想流派并没有产生强烈的持续的历史影响。但是某种程度上也可以说它穿越了历史，对宋明理学的形成产生了一定的影响。

魏晋时期，是人性解放、个体生命意识觉醒的时代。在不断的战乱和突如其来的各种危机的颠簸中，面对浩瀚宇宙，个体生命存在的意义何在，如何安身立命，如何应对和处理各种复杂的外在变乱和内在焦虑，这些最贴近生命的难题成为那个时代思想家必须要面对和解答的问题。这既是魏晋玄学产生的重要原因，也是后来佛教能够逐步征服中国人心的根本原因所在。在生命和人生问题上，无疑，佛教远比玄学家的思考深刻和究竟得多，加上佛教又给人以只要信受奉行就能解脱的信心，所以表面好听漂亮但实际并不大中用的玄学清谈式微之后，佛教在南北朝时期大行其道。玄学清谈某种程度上来讲只是少数高级知识分子精神娱乐的一种方式，对底层百姓并没有多少实际影响。而佛教则不然，在南北朝时期，无论是王公贵族，还是草野乡民，均受到其深刻影响。

三、佛教文明的传入与四书理学的兴起

两汉之际传入中国的印度佛教文明深深地影响了中华文化。魏晋时期，又开始用老庄或玄学化了的名词来理解佛教概念，这就是格义佛教时期，即比附中国文化来宣传自己。南北朝时期，随着对佛教义理理解的不断加深和大量佛教梵文经典的不断传入并相继翻译成中文，人们对其特殊性的认识也越来越深刻，佛教在中国文化中也慢慢独立成熟起来，其固有概念体系的中文化表达也逐步明晰精确起来。然

而中文化了的佛教也深深地打上了中国文化的烙印，这种影响是双向的，自佛教传入中国起，一方面是佛教逐步深入影响中国人的世界观和思想世界，另一方佛教也接受了中国文化的塑造和选择性凸显。佛教刚传入中国时，多是小乘佛教的具体修行法门，观念上对人世间也偏于厌离和出世，后来标榜自渡渡他的大乘佛教成为中国化佛教的主流，强调“众生度尽，方证菩提”，对人世间不弃不离。隋唐时期，佛教达于鼎盛，中国化大乘佛教的八大宗派：天台、华严、唯识、法华、净土、禅宗等宗派相继确立，显示了中国化佛教开始走向成熟和自信，特别是慧能南禅的确立标志着佛教中国化运动的完成。

隋唐时期佛教不但在思想活力上臻于全盛和辉煌，在现实影响上更是几乎无孔不入，上到皇帝，下到农夫，众多知识精英也为之折服。东汉末年在黄老道基础上形成的道教，经过魏晋南北朝时期不断改革完善，包括对佛教义理的不断吸收融合，其活力和影响也逐步扩大，到隋唐时期，特别是唐代因为姓李的缘故对道教也很尊崇。相形之下，从魏晋到隋唐，“儒门淡薄，收拾不住”，所谓淡薄，所谓收拾不住，就是对现实社会人心没有吸引力，儒家已经没有活力，死气沉沉。尽管这一时期，官方和朝廷也一再提倡儒家和儒教，也认为社会秩序和伦理纲常的维持还必须得靠儒家，但古老的六经难以慰藉人们的灵魂世界，难以打动人们的心灵和情感。尽管唐政府主持修订了《五经正义》，但实际上并没有多少新意，这种总结式的钦定正统经文似乎可以看作是两汉以来经学发展的一个终结。

可以说，魏晋隋唐时期，佛老之所以能够征服人心，主要是因为这一时期是个体生命意识觉醒的时代，人们对生命存在体验具体化，生老病死的生存焦虑特别凸显。就这方面来说，六经显然不如佛老来的直接、干脆和动人，如果说古奥、繁琐、宏阔的六经于人们的生命的安顿如望梅止渴，而新鲜、活泼、易简的佛老于人们则如饮甘泉。魏晋时期是中国人心灵和思想世界的一大转折，如果说此前的思想心灵偏于宇宙空间和社会整体秩序的流动，天地与人们自然一体，在宗法社会的大家庭和社会秩序中，人们在大家庭中自然感动意义的充盈，没有太多的玄思和追问，这是六经形成的大背景，也决定了六经的特质。而魏晋以后，人们的时间意识突然强烈起来，对现实的转瞬即逝和生灭无常特别敏觉和感伤，战乱中宗法社会秩序的破坏和瓦解，人们的个体孤独感和无助感也一下子涌现出来，如曹操《短歌行》、王羲之《兰亭序》、陈子昂《登幽州台歌》等大量诗歌都反映了这一时期人们的心灵世界，即个体生命意识觉醒后的孤独和一切无常幻灭感的无助。人们心灵的这种感伤，古老的六经显然不能给人以慰藉。

作为先圣先觉的孔子，其早年历尽人生各种艰辛，后期为了政治理想又颠沛流离于列国，可以想见孔子一生可谓阅尽沧桑。有人根据孔子所说"未知生焉知死"，就认为未了达生死究竟。这是一种极大的误解。孔子很早的时候就经常帮人家主持丧礼，直面和处理死亡问题可以说本来就是儒家一种职业，不可想象一个严肃的处理死亡职业者，他会对死亡问题没有深邃的思考。流亡列国时，多次直面武力、饥饿和死亡种种生存极限的考验，孔子弦歌自若、从容不迫，这完全是一位彻悟生死的觉者的形象和境界。孔子去世前曾回顾自己的一生，不惑，没有了烦恼，无明漏尽；知天命，天命之谓性，已明心见性；耳顺、不逾矩，生命臻于圆熟的化境，所以可以说孔子四十就已经悟道了，去世前已经是一位大彻大悟的觉者。孔子早年汲汲于改造现实世界，他教学生修身学道的从政导向性很强，所以不大谈"性与天道"的问题。政治理想幻灭后的晚年孔子一心学术，他对"性与天道"体悟更深，这方面的思想一方面保存在《易传》中，另一方面一些学生也得到了他这方面的真传，这是《大学》《中庸》等书的重要思想渊源，而孟子的思想无疑也可以说孔门后学性天派的一支。

儒家经典体系似乎可以分为前孔子系和后孔子系。前孔子系，孔子主要是述前人，如五经，作的成分不多，后孔子系经典如四书，述的成分少，作的成分多。孔子性与天道的思想无疑主要保存在后孔子系的经典中，然而这一系的经典在秦汉以来主要是依附于六经，并没有受到太多的重视而独立出来。在生龙活现的佛老压力下，儒家不得不反思、调整自己的经典体系。唐代中期以后，佛教的泛滥和无限度弥漫扩张，开始引起儒家的强力反弹。韩愈发起的古文运动，其实骨子眼里是一场儒学复兴运动，他力排佛老（其实主要是排佛），开创儒家道统说。韩愈有着强烈的道统担当意识，《大学》的重视也主要是从他开始，在他看来，《大学》集中体现了孔门的内圣外王之道，相形之下佛老皆为异端。尊孟，推《大学》，是韩愈的重要功劳，儒教原教旨主义的火药味很浓厚，这种要"灭佛"的极端主张其实并不能挽救儒家衰弱的现实命运。相比之下，韩愈的学生兼朋友李翱对佛教的态度显然温和地多，李翱受佛教思想影响很大，他推崇《中庸》。

唐代以后，佛教的创造活力显然大为衰减，任何一种思想流派都很难长时间独领风骚，佛教中国化完成后走入稳定发展期，中国文化也没有资源能再刺激佛教来应对。相反，佛教倒是刺激了中国文化作出了一系列后续反应。尽管中国化大乘佛教反复强调真俗不二，在家甚至做官一样可以修行，然而他毕竟把此世间看作是虚幻，灭弃人伦纲常的出世化倾向是佛教不可能完全摆脱的，这与中国人骨子眼里的现实主义精神毕竟还是有着一定的隔膜。所以，这时如果有一种思想资源既能让人安身立命，又可以不用出家苦修，不离开人之常情，这种思想无疑会比佛教更受欢迎。这是宋明理学得以兴起的重要原因。

而实际上，儒家在性与天道、安身立命这一问题也确实有着自己独特的魅力，用后来王阳明《别诸生》中的诗句，这叫“不离日用常行内，直造先天未画前”。佛教偏重智慧解脱，而儒家讲晓之以情，动之以理，情理交融，儒家的道和理是建立在人之常情基础上的。无疑，宋明理学大师们也看准了这一点。笔者关于理学与经学的关系曾有个说法叫“选择性凸显及其自我建构”，就理学最为重要的经典来说，《大学》《中庸》本来就是经学里《礼记》的两篇文章，但在唐宋之前，这两篇文章淹没在《礼记》中，并没有获得相对于其它篇章的特殊性和独立性，其主动独立出来是理学家的抉择。唐宋时期的孟子升格运动，使得《孟子》一书跃出子书而获得了经典地位。《论语》尽管秦汉以来就一直受重视，但与六经相比显然要低一格。在理学家的视野里，“四书”不但获得了与六经一样的经典地位，某种意味上他们更为重视四书，先四书而后六经。在他们看来，六经迂阔，古奥难读，而四书不但切近身心而且易读易懂。值得一提的是，在宋明理学思想体系的自我构建过程中，尤其是在北宋五子中，《易传》的地位和重要性一点也不亚于四书，往往我们用《四书》来代表宋明理学的经典体系时有意无意间忽略了《易传》在理学家心目中的重要性。很多理学范畴如天、命、性、道、诚、敬、仁、义、中和、穷理、格物、致知等等也都来自《四书》和《易传》中，在对这些范畴的诠释中也常常是综合《四书》、《易传》或六经中的很多讲法来发挥。理学于经学的这种选择性凸显和自我架构的关系，也许我们可以“老蚌”和“新珠”来作比喻，经学为老蚌，理学为新珠，理学是古老的六经儒学在佛老的打磨下结的新珠，新珠晶莹剔透，显然要比老蚌耀眼能吸引人。

无疑，《四书》和《易传》凸显了孔门一直以来隐而不彰的“性与天道”传统，不得不说这是佛老刺激的结果，同时虽然很多宋明理学家力排佛老，但他们的思想中也有意识无意识地渗透了佛老的智慧。佛老都不大重视人间秩序的积极建构，这是儒家与他们的一个很大不同。长期以来，研究宋明理学的思想及其代表人物，我们过多关注的是其性理思想，余英时的《朱熹的历史世界》试图扭转我们的这种偏颇，认为外王建构、人间秩序的重建同样是理学家思想中极为重要的维度，否则我们对理学家思想的了解只能是片面和肤浅的。话虽这样说，但我们还是不得不承认，就历史影响来看，理学家主要是深刻地影响了宋明六百年人们的心灵世界，是那时人们世界观、人生观和价值观的主要建构者，也就是说其主要成就也还是在内圣、性与天道层面，这是为应对佛老挑战所作出努力而形成的特殊发展局面和态势。理学家在外王层面既没有根据儒家思想创造性地设计出新的真正有活力的积极有效的社会制度，也没能像汉儒那样以其思想设计和观念来强有力地影响现实社会的政治运行。相反，王安石变法失败后，随着两宋之际君主专制的加强，儒学的影响也进一步被钳制在心性道德和礼俗教化上。

日本内藤湖南提出的唐宋变革论，引起了很多人的讨论。笔者认为，唐宋时期中国文化在思想和精神世界发生了一个深刻的由外而内、由玄远而平易的转向，或者说是心性化的转向。就道教而言，完成了由外丹向内丹发展的转向，内丹完全以自己的身体、自己的精气神为天地鼎炉，内丹重视心性修炼，提出性命双修，这种人体生命修炼学与先秦带有一定自然科学气息的外丹烧炼有了根本不同。就佛教而言，慧能南禅的兴起也标志着佛教中国化运动的完成，而禅宗更是个体化、自主性、自足性、心性化非常强烈，不依靠任何外在经典和权威，一切本心具足，当下即是，修行生活化，没必要出家。随之，儒学在北宋、南宋时期也发生了类似的转变，相对以前宏阔的“天道”，二程所言“天理”无疑更是切近生活和人心、人性、人情，朱熹、吕祖谦所编《近思录》也体现了儒学的这种精神。从程朱的“性即理”到陆王的“心即理”，天道也完全内心化、“当下化”了，与禅宗所强调的当下本心具足在精神上非常类似。

如果说《五经正义》一定意义上可以看作两汉以来经学发展的一个终结，那么《四书大全》似乎也可以看作北宋以来理学运动的一个总结。当然由于《四书大全》是以程朱为圭臬的，陆九渊心学一系的合理性没有得到充分承认和展开，随后阳明心学的崛起可以看作陆九渊心学一系光彩的绽放，阳明以其赫赫事功和思想活力使得心学耀眼夺目，然而这也是整个宋明理学所绽放的最后花朵。

从世界历史来看，明代中期以后，中国其实已经开始全面衰落。一方面是君主专制制度一直沿袭而没有有效反思和突破性革新，这种制度的封闭性和压抑性已经严重阻碍了人民生命力的积极性和主动性，一些天才被视为异端而遭到厄运。另一方面是创新性思想资源的枯竭，宋明理学的活力在阳明之后基本收尾，中国文化资源的内部融合很难再激起创新性思想火花，儒、佛、道的相互融合已经基本平衡，三者之间已经相互太熟悉，不再能产生大的刺激，导致了中国思想界基本停滞的局面。而大致同一时期，西方展开了极富创新创造活力的文艺复兴运动，其文明运势蒸蒸日上。

四、西学入侵下儒学及中国文化的解构

明晚期中国社会思想停滞，百弊丛生，利玛窦天主教裹胁西方科技传入中国，真正意义上的西洋文明敲开了古老而沉寂的中国文化的大门。中华民族在近代所遭遇的几乎亡国灭种的惨痛命运不得不从这时说起。

不管是出于什么信仰背景，也许我们都应该对利玛窦致以尊敬或崇敬的目光。他想尽各种变通办法来接近、亲近中国人，其修身之高洁、人格之纯粹逐渐感动了不少中国士人。儒家强烈的入世精神某种程度上也难免使其深陷世俗，遂使乡愿横行，而真儒难见，也就是说儒家修身的超脱性、超越性和神圣性不够强烈。而天主教对“天”上帝至高至上和神圣性的强调，某种程度上与前孔子儒学时期殷商人对上帝的崇敬有些类似。所以利玛窦的策略是利用古老中国的上帝文化信仰资源来为天主教在中国的传播作助力，主动搞协调好与儒家的关系，而把异教批判的锋芒直指佛教。应该说利玛窦是一位非常成功的传教士，他知道哪些能够妥协，哪些是必须保守的原则，他比较成功地处理了天主教与以儒家为代表的中国文化的关系。

事实上，利玛窦在人格上在精神信仰的纯粹上确实感染感动了不少当时中国先进的知识归向天主，他甚至还得到了朝廷的赏识。

利玛窦本身也掌握了当时西方比较先进的科学技术，特别是几何学、数学和天文历算。他后来发现中国人对科学技术的兴趣超过了他最想传的天主之教，于是他也依此为引诱，待相互加深了解熟悉之后再宣扬他的天主信仰，也许他自己也没有想到在历史上会成为早期传播西方科学技术到中国的使者。晚明中国的天文历算已经非常落后，而且也没有有识之士能够革新中国的天学。而这在当时中国又是非常实用和迫切的一门学问。在多次的较量和实际测验中，中国的天文历算彻底输给了利玛窦所带来的西洋历算，这在当时很多人也许都没意识到这到底意味着什么。今天来看，这意味着在那时中国文化已经输给了西方，已经败在了西方的脚下。天学的没落意味着中华文明的全面失落。

天学在中国文化中有着极高的特殊地位，它不仅仅是一门技术，更是一种天道之学。它包括对日月星辰运转规律的认识和把握，特别是日月食的预测，这是国家政治生活中的大事，如果日月食预测的不准确，主管部门的领导甚至会有玩忽职守的杀头之罪；天学也包括着对一个王朝来说最为核心的机密，即这个王朝的气数和天数。一定程度上，中国古代的天学也是中国的宗教，“天”高高在上，主宰着自然和人世间的一切。用今天的话来说，中国古代的天学是集宗教、政治和科学为一体的综合体系。这种天学可以看作是中华文明的基石。这种学问长期以来为官方所垄断和解释，禁止民间私自研习。由于岁差等原因，历法要经常修订才能准确反映天时，然而中国的历法体系长期以来只是简单地修修补补，到了晚明，天象已经发生较大变化，原有基础上的修补往往很难精确反映天时。

天学也象征着中国古代科学技术的水平，中国古代的天文历算曾经长期领先世界，然而它最终没能步入现代科学的轨道。说到中国古代的科学技术，人们常自豪地称道所谓的“四大发明”，然而指南针、造纸术、火药、印刷术这四大实际应用技术发明其实并不足以代表中国古代科学的精神。三垣、四象、二十八星宿、天干地支、六十甲子、五音、十二律吕、吐纳导引、经络气血以及象数思维这些极具中国式科学精神的理论学说很多在孔子之前就已经比较成熟，也就是说中华文明在前孔子时代的夏商周甚至更早在很多方面已经有着较高的成就，虽然我们对这方面的认识还有待具体化，但可以直觉到周孔之前的中华文化其道德说教并不突出，而更多地是弥漫着天真烂漫和奇思异想，无疑这种状态是最具发明创造潜质的。我们可能需要更多的从前孔子时代文化的蛛丝马迹来感悟中华文明源发时的磅礴气势、天马行空和自由精神。孔子儒学一方面是之前文化的一个汇总和提炼，另一方面也极大地影响和塑造了后来中国文化的气质，即过于强调德性说教和现实秩序的稳定。加上君主专制制度的封闭性一直没有得到突破，这些可以说都束缚了中国人的个性和创造性。当然，如果综合考虑《大戴礼记》和《孔子家语》等文献，而不是仅仅局限于《论语》来了解孔子，我们仍可以发现孔子本身的思想是多面的和复杂的，有着很强的弹性和灵活性。孔子当时以常人难以想象的博学而被称为圣人，他似乎无所不知，但他教导弟子主要是在修身实践以为官从政，其学说的道德性和政治性后来又被进一步放大，汉儒与宋儒在这一点上是一致的，这一方面也许影响到中国社会的超稳定结构，另一方面也限制了中国人思想的活力，对自然科学也不大重视。

随着明朝的覆灭，传教士以自然科学开路来传播福音的良性输入也随之中断，虽然后来康熙大帝一度也很重视并热衷于学习西方的科学，但他仍是一己之爱好兴趣使然，并没有把他放在政治高度上来以推进其发展。然而不久，由于传教士在宗教立场上的强硬态度，不愿入乡随俗，没能像利玛窦那样有效处理协调好他们与儒教的关系，这引起了朝野对传教士的强烈反弹，干脆最后把他们驱除出境，而中国开放的大门也随之关闭，中华帝国又开始做起了夜郎自大的梦。

明末很多人就已经开始反思阳明心学的弊端：张狂、空疏、轻浮、虚无，试图重振程朱理学来消除阳明后学的不良影响。明亡后，不少人也把罪过归为心学影响下的士大夫的清谈误国，这是明末清初的重要学术思潮。程朱理学的沉潜笃实性格客观上也有理于社会人心的稳固，所以清初统治者也顺应了这一社会思潮而大力肯定宣扬程朱学。但是程朱理学的时运已经过去，清初并没有太多革新的意识形态化的程朱学显然已经不能适应社会人心的实际需求，加上一些知识分子内心深处对满族统治者的抵触情绪，被利用的官方化的程朱学也逐渐为人所唾弃。从清初到晚清民国，儒学发展演变的内在逻辑是一次又一次的返归式否定，先是以程朱否定陆王，接着程朱也被否定，不但程朱被否定，整个宋学不管是理学还是心学统统成为被反思和否定的对象，这就是乾嘉考据学的兴起，有人称之为汉学的复兴，于是在当时形成了汉宋之争。其实，乾嘉学派只是与汉学中的古文经学在某些方面更为接近，而晚清的今文经学复兴无疑又是对乾嘉学派的否定。晚清今文经学发展到康有为又进而追溯到孔子，在孔子的前提下，重新塑造出一个革命的孔子。这种不断返古式演变逻辑像剥葱一样，越剥越见根柢。

晚清民国，在亡国灭种的生存危机下，人们对以儒学为代表的中国文化展开了亘古未有的反思和批判。此前的思想文化的演进，人们虽然对孟子、荀子、董仲舒、程朱、陆王这些大儒都有过非议甚至批评否定，但从未出现过对孔子进行大规模的尖锐的全盘否定。然而在民国初期的新文化运动中，人们竟然喊出了“打倒孔家店”的口号，不久经学和祭孔也全面退出了逐步西化的教育系统。其实，打倒“孔家店”，打倒的不仅仅是已经僵死的儒家，已经失去生机和活力的整个中华文化也随之倒下。从清初到晚清民国的儒学和中华文化的演进，可以看作是否定之否定之反思不断深入的过程，也是儒学和中华文化逐步解构的过程。新文化运动标志着丧失生命活力、陷入“生死疲劳”的儒学与中华文化的解体。

前孔子时代可以看作是中华文化的建构和结构过程，以孔子、老子为代表的先秦诸子大体上构造了中华文化的基本结构及其思想特质，而后的演变基本上是充实和调整。印度佛教文明的融入使中华文化变得更加充盈，并没有撼动中华文化的基石。然而再坚固的建筑也会有朽败的一天，历经五千年风雨的中华文化到了清代如同一座处于风雨飘摇中的古庙，在冲撞力异常强大的西洋文明的冲击下，其倒下和垮掉是必然的。

五、汉宋并重与综合创新

从一定角度上讲，在西洋文明的冲击下，儒学与中华文化是“死”去了。但中华文化如同一只不死鸟——凤凰，据说她是人世间幸福的使者，每五百年，它就要背负着积累于人世间的所有不快和仇恨恩怨，投身于熊熊烈火中自焚，以生命和美丽的终结换取人世的祥和与幸福，同样在肉体经受了巨大的痛苦和磨练后它们才能得以更美好的躯体得以重生。新文化运动“打倒孔家店”某种意义上可以看作是老朽的中华文化的“自焚”，然而她并没有彻底死去，并没有消散消亡，而是一种“涅槃”，是一种浴火重生。郭沫若的新诗《凤凰涅槃》某种程度上也可以看作是对中华民族和中华文化浴火重生的期望和期待。

明末到晚清民初，可以看作是儒学与中华文化不断进行反思批判和自我解构的过程，当然近代西洋文明的强势入侵最终加速了中华文化的彻底解构。大开大合，置之死地而后生，在新文化运动展开对儒学与中华文化进行最彻底的批判和否定的同时，很多有志之士也开始义不容辞地担负起中华文化重生的建构工作。梁启超、梁漱溟、熊十力、冯友兰、唐君毅、张君劢、牟宗三等现代新儒家前仆后继、坚定不移地为儒学与中华文化新生命的建构作出了巨大贡献。这些现代新儒家总体上来看，有一个特点就是借鉴西方哲学来重新诠释儒学，他们所做的工作某种程度上可以看作是西方哲学与宋明理学的一个融合。1949 年以后，现代新儒家基于对共产党和马克思主义的看法和态度的不同产生了大分裂，牟、唐等选择了离开，梁、熊、冯继续留在大陆。在社会主义新环境下，梁、熊、冯所作出的共同努力是马克思主义与儒学的协调和融合，这使得他们一定意义上突破了宋学的心性化局限，更多地从政治和社会制度、从辩证唯物史观等方面来重新思考并继续建构儒家。马克思主义与儒学的最大公约数是破私立公，或者说在社会终极理想上，共产主义与大同社会在理念上是一致的。当然，破私立公、世界大同，似乎也可以看作是一切宗教的共同追求。与宗教不同的是，马克思主义和儒家都是现实主义，注重现世，强调人文人本，强调人的主体性和能动性。马克思主义与儒学的融合问题仍然是一个目前继续探讨的重大现实课题。

张岱年先生的文化视野和学术立场一定角度上来讲要比现代新儒家要宽阔、冷静、平实得多，他对儒学与中华文化有个通盘和整体性的反思和打量，他晚年所提出的“综合创新”说仍值得我们继续探索。我理解的张先生所说的“综合创新”，首先就儒学来讲，宋学不等于儒学的全部，汉学也是儒学发展的重要组成部分。近年，有学者提出儒学研究要“汉宋并重”，这可以说是对近现代以来儒学研究过于偏重宋学的一种纠偏和扶正。汉宋并重、汉宋融合，是我们目前儒学研究的一个重要方向。进一步，我们仍需要重新认识了解先秦孔子原始儒学，这毕竟是儒学的根系所在，只要返本才能开新。甚至，我们也需要对前孔子时代源发时期中华文化的丰富性和多样性进行深入探讨。

我们需要从时间、空间两个维度的整体性上来重新认识、反思并建构儒学与中华文化新体系。一个是把儒学放在大的中华文明母体中来重新认识其来龙去脉，这既包括儒学发展的各个阶段的历史展开，也包括儒学与道家道教、佛教以及其它诸子百家的相互影响和内在融合，另外一个就是把儒学与中华文化放在世界文明体系中来重新确立自己的根基，要融合消化近现代以来已经深入中国社会的西方文明。不得不承认，儒家与道家道教、与佛教以及其它诸子百家的相互影响与融合在清代以前的中国历史上已经达到了一种平衡，也就是说如果不融入、吸收西方文明的积极因素，儒学与中华文化的新生是很难进一步有效展开的。现代新儒家之所以能够取得很大成就，主要来讲就是因为他们积极利用了西方哲学的思想和智慧来重新诠释儒学之道在现代的意义。这仍然是我们今天和今后努力的重要方向，但其不足也是很明显的，即“极高明”而不能“道中庸”，这在某种程度上无疑偏离了儒学的大众性和生活性。

从自然科学的角度来融合中西文化似乎一直没有很好的突破性进展。现代新儒家可以说为中国在哲学上争得了一席之地，尽管一些西方哲学家仍然认为中国不存在哲学，但这在今天的多数中西学者看来无疑是一种狭隘哲学观的偏见和傲慢。而科学方面则不然，至今多数中西学者基本上都认为中国古代没有出现严格意义上的自然科学。李约瑟的皇皇巨著《中国科学技术史》似乎为中国人争得了不少面子，但他还是觉察到里面存在的问题，即他也承认中国古代没有发展出西方意义上的自然科学，但他很惊讶中国古人很早就出现的有机自然观把宇宙天地人看作是一个生动的连续整体，这与现代科学的前沿理论有着惊人的相似。现在多数学者都承认哲学有民族性，不能说西方哲学就是标准和模板，与之不同的就不是哲学。但科学强调客观性和普遍有效性，所以科学没有民族性，也就是说数理逻辑和实验实证式的西方科学就是科学的标准。这是目前的普遍认识，这一认识也许需要突破，科学才能打破目前的范式而进入新的天地。作为现代开放的儒学体系，应该努力修正传统儒学对科学的轻视态度，关注中西科学精神的对话与融合，也就是说现代儒学不但需要哲学儒，也需要科学儒。

当然，相对哲学儒、科学儒，现代儒学体系也许更加呼唤的是政治儒。儒学天生具有政治性，然而近现代以来儒学在这方面的努力和贡献并不大。自由、民主、平等、正义是现代政治的根本理念，长期以来我们似乎都认为传统儒学与这些主张恰恰相反，儒学讲宗法，讲等级，讲尊卑，甚至是独裁专制，这样儒学成了现代政治社会必须踢开的绊脚石。如果我们全面解读儒家的原始文献，可以发现这并不是儒学的真面目。就孔子对乾卦“龙”的诠释来看，龙是中华文化和中华精神的象征，龙是刚健不息的生生大道，龙是宇宙本体和宇宙本源生命力的象征，龙有独立性、自主性、开拓性、变化性、创造性、主动性等品格。每个人都是一条龙，都有龙的品格，这与现代政治所追求的自由、民主等精神是完全一致的。一部历史，就是人的解放史，就是人不断摆脱异化状态的历史，就是让人人都能全面发展和自由创造的历史，也可以说就是让每个人的龙德和龙的精神都能够充分实现的历史。无疑，马克思在这方面的认识极其深刻，这方面儒学与马克思学说的对话和融合仍然是有待于进一步展开的重大课题。当然，儒学与现代西方政治理论的对话与交流也是目前儒学发展需要努力的重要方向。

儒学不是宗教，但有宗教性。儒学与基督天主教的对话交流从明末就已经开始实质性地展开了，目前仍然有不少学者在从事这一工作。严格意义上的宗教都有着一定或很强的独尊性与排他性，我们也许可以称之为“父权性”。儒学在历史上的父权性品格也比较强烈，但与基督教、伊斯兰教相比，又是小巫见大巫了。总体上看，儒家与佛教的对话交流在历史上早已心平气和，能够真诚地相互欣赏，看到对方的长处。然而儒家与基督教的对话交流似乎尚未能心平气和及真诚地相互欣赏。就儒学而言，我觉得应该欣赏基督教谦卑、奉献、博爱和执著的精神，也应该欣赏基督教徒一神信仰的纯粹性和虔诚性。长期以来，儒学过于世俗化，其修身的纯粹性、神圣性和超拔性不够，以至于乡愿太多。这一点来讲，基督天主教等宗教信仰修身的严肃神圣性似乎是值得儒家反思和学习的。当然，其它宗教也应该努力来发现和欣赏儒家的长处，比如开放性、包容性和理性精神。

在现代社会，重新建构儒学新体系，需要从很多学科和领域来共同推进，如儒家的乐教精神与现代艺术如何融合并发挥其影响，儒家如何积极主动走向社区和基层来发挥其影响，儒学与现代教育体系和教育理念如何有效结合，等等。

什么是现代性，是目前讨论的重要焦点问题。我想，开放性、包容性、多元性、自主性、平等性是现代性的重要特征。就此现代性精神而言，传统“父权性”宗教如果不进行有效改革以适应这种现代性，那么其命运必然是走向式微。同样，传统一元论和独断论思想影响下的“唯我独尊”“主义”如果不向他者开放，进行平等交流，也必然走向封闭和枯萎。儒学有很多优势能适应这种现代性，但人能弘道，非道弘人，任重而道远，作为开放的现代儒学新体系在与世界文明的对话融合中一定会生机无限。实际上，目前中国已经成为世界文化和文明最为重要的交汇点，一方面我们广纳了西方文化，另一方面又有着雄厚的传统文化资源，儒学与中华文化新生命的展开必然深深地影响到世界文明的进程。

儒家视野下的社会正义观：一个超越自由主义的想象

赵宏宇 *

自20世纪70年代以来，以罗尔斯为代表的西方思想家将正义问题作为哲学研究的中心话题展开论辩，在学界引起了极大的反响。受此风潮所及，关于社会正义问题的研究日益成为学术话语中的重要议题，继知识论转向、语言哲学转向之后，哲学领域的研究再次实现了所谓的政治哲学转向。这种转向既是一种学术话语的偏移，也是出于对现实的深切关注而逐渐明晰的一种问题意识导向。只要我们对当今社会广泛存在的社会不公、日益扩大的贫富差距、不合理的分配方式以及阶层之间的深刻隔阂等顽疾稍有留心的话，就不难发现，关于公平与正义的问题已经成为困扰人类社会发展进步的重大课题，如果这些问题得不到切实有效的解决，那么，作为整体而言的人类社群将遭遇前所未有的困难与挑战。因此，在某种意义上，妥善处理关于社会正义的问题是一项关涉人类前途与命运的未竟事业，需要人们付出巨大的智慧与勇气来认真对待，而如何从哲理层面给出一个合宜的政治哲学理论以回应人类生活中涉及政治领域的根本问题，就成为思想者们所必须要谨慎面对的时代课题。

但正像有学者指出的那样，就现有情势而言，“在今日的学术界和思想界，在关于正义的理论和现实问题讨论中，……人们往往只是在津津乐道着表达着西方的正义话语，转达着西方的正义观念……似乎中国文化传统从来就不曾有过自己的正

* 赵宏宇，广州行政学院哲学与文化教研部副教授，哲学博士。

义论。”〔1〕这也就是说，作为一种建构现实生活的正义理论而言，西方世界以凸显权利、自由、平等为主要特质的正义理论事实上已形成一种“学术话语的霸权”，而在这种学术话语面前，中国传统以儒家为主要代表的正义论，却面临着“一个传统的集体失语”，这种状况既是对儒家正义论的一种遮蔽与无视，某种程度上，也会对理解一种健全的一般正义论造成视野上的偏差。因此，祛除这种遮蔽与狭隘，化解西方中心论所带来的负面效应，亟需我们在中国传统的文化资源中挖掘整理出一种与中华民族之文化气质相符的正义理论，而仔细梳理中国传统特别是儒家思想中的正义观念和理论，无疑也就成为中国当代思想者一项庄严而重大的历史使命。

一、作为建构合理秩序的儒学

在中国古典的思想资源中，儒学作为一种源远流长的传统，经过两千多年的积淀，事实上已经成为传统社会的一支重要力量，它的话语系统塑造着乡土社会的观念，影响着人们的行为，也在潜移默化之间支配着人们感知世界与理解世界方式。因此，从功能上来说，作为政教之本的儒学在传统社会中发挥着文化引导的作用，这一点应该是不成问题的。但儒学的特质究竟是什么，它是宗教还是哲学？是一种意识形态还是一种被普遍认同的文化心理？它是不是一种独特的世界观，又有没有一个完整的政治哲学理论？这些问题由于要牵扯到复杂的历史背景与抽象的哲理认知，因此并不是能够轻易回答的，而如何看待儒学的性质，便成为回答这类问题的关键所在。当前，关于儒学之特质的问题，在学术界也存在一些争论，大致来说表现出三种认知上的歧见，让我们来依次论列之：

首先，以熊十力及其弟子为代表的港台新儒家，基本上是继承了宋明理学的传统，视儒学为一种“生命的学问”，〔2〕注重发扬心性儒学中的一些观念与命题，强调良知的直觉与明照，并通过会通儒家与西方哲学，来完成其体系的构建。基本

〔1〕 黄玉顺：《“中国正义论”：儒家制度伦理学的当代政治效应》，《文化纵横》2010年第2期。
〔2〕 参见牟宗三：《中国哲学的特质》，上海古籍出版社2008年版。

上，港台新儒家是顺着宋明理学的端绪“照着讲”与“接着讲”，对儒学中政治色彩较浓的春秋公羊学却措意稍少，这固然是由其学问的特征所决定，但在某种程度上也反映出他们治学取向上的疏漏与短板，而其过分强调“良知之朗现”的一面也被有些学者批评为是一种“良知的傲慢”。[1]将儒学的内圣之道过度狭窄化，心性化，在学理的探讨中固然是愈来愈精致，但其失也正在于此。

为弥补港台新儒家过分强调儒学传统中心性之学的缺憾，近年来，以蒋庆、秋风、康晓光为代表一批大陆学者，开始挖掘儒家传统中关涉政治问题的面相，即是所谓的“政治儒学”。相比心性儒学以关怀个人精神生命的安顿为其主要特质而言，政治儒学更多的关涉社会秩序与政治制度的构建问题。基本上，这些学者视儒学为一种政教体系或治理架构，在这里，儒学的主要旨趣表现为对良善治理秩序的规范与认同，春秋公羊学因其代表了孔子晚年在政治哲学与历史哲学方面的看法，其中又蕴藏着不少微言大义，集中反映了儒家的政治理想，因此而受到格外的关注。将维系公共秩序的良善看做儒学的主要关怀，这既于史有证，也是儒学所应有之面相，故抱持这样一种学术立场的进路值得引起足够的重视。

此外，还有一些学者受比较宗教学的启发，以一种“类宗教”的视角来看待儒学，并冠之以“儒教”之名。此意自康有为发其端，本来旨在模仿西方之基督教，以教化世风、凝聚人心为要，以孔子为教主，以六经为圣典而成一宗教形态，并可作为民族之精神价值以抵抗西学东渐之风，后来的学者踵事增华，也多有承其余绪之论。这种看法将儒学所言之“性与天道”与一般宗教所谓之神圣价值相勾连，注重阐发儒学中涉及“终极关怀”的观念与命题，特别重视大易玄言与《四书》在儒学义理中的核心地位，并本此与东西方各大宗教之基本教义相类比，对于发扬儒学之精义也往往有交相辉映之功效，其贡献亦不可谓不巨矣。这种对于儒学的看法将儒学中之宗教价值做了集中的展示，这是其优越之处，但儒学究竟在何在意义上可以比附西方一神论的宗教模式，又如何能够将神圣/世俗、天堂/地狱、神性/人性等二元对立的运思方式来类比儒学，这都是颇为踌躇的。因此，以宗教的模式来研究儒学，其合法性与合理性始终都是值得认真考量的问题。

---

[1] 参见余英时：《钱穆与新儒家》，《钱穆与中国文化》，上海远东出版社1994年版。

上述三种对儒学的认知，即心性儒学、政治儒学和宗教儒学，是当前学界对儒学之特质最常见也是最流行的看法。那么，我们究竟应该以何种视角来看待儒学，才最能够符合其本来的面貌呢？儒学，究其核心观念而言，又有没有一个相对稳定的问题意识与关切主旨呢？固然，上述三种看待儒学的视角都从某个方面揭示了儒学的特质，也反映着儒学所包含的宏大主题，但如何恰如其分的理解儒学，依旧是一个值得反复琢磨的问题。

其实，有学者已经指出，儒学在某种意义上与现代社会所谓的哲学或宗教并不完全等同，它也不仅仅是一种世界观或论说系统，就其本质而言，实际上它是一套全面安排人间秩序的思想体系，[1]这也就是说，以个体而言，儒学之目的在于通过仁礼双修，艺德俱圆而逐渐养成一个身心和谐之敦厚君子；就家庭而言，儒学倡导一种和乐融融，孝悌忠信的家庭伦理以实现齐家之道；就国家、天下而言，儒学以王道政治、为政以德、讲信修睦的一套伦理设想来完成大同社会之构建。因此，合理安排身心秩序、家庭秩序、国家秩序乃至天下秩序就构成了儒学关怀的核心问题所在。如此看来，我们把儒学看做是一门建构合理社会秩序的学问，这种秩序小到个人，大到天下，都在其所框定之范围之内，而且这种秩序之构建又遵循有本有末、渐序而行的原则，即由修身拓展开来，直至齐家、治国、平天下，使天下无道回归天下有道的过程，这种看法虽未必完全符合儒学之精义，但它对儒学要旨的理解也许不会离题太远。

总而言之，用现代学科分类或意识形态的话语来理解儒学，难免给人以削足适履之感，这不仅会遮蔽儒学之本意，对于儒学所发挥之社会功能也有不能被畅遂理解的地方。因此，就我个人的理解而言，将秩序重建作为儒学所关怀之主要问题，应该是比较可靠的看法，而在此框架之下，分疏儒家圣贤对于社会正义问题的态度，才能如源头活水，有所依凭。

---

〔1〕 余英时：《现代儒学论》，上海人民出版社1998年版，第230页。

二、儒家思想世界中的正义问题

既然我们将秩序重建看做是儒学关注的核心议题，那么，什么才是合理的秩序呢？这就牵扯到对一个正义社会的看法。一般而言，关于社会正义的讨论可以拆分为以下两个问题，即：第一，对于有限的社会资源，何为正义的分配原则；第二，对于关涉公共生活的政治秩序，何为良善的组织原则？由于受文化传统与价值偏好的影响，不同的社会形态对这两个问题可能有完全不同的理解。在分配社会资源方面，既可以按照机会均等的原则来进行，也可以设立一定的门槛，对德行、能力提出限定的要求，以对应形成资格准入的条件。在构建良善政治秩序方面，君主制、贵族制、民主制、寡头制等不同的政治组织形式都可以被拿来进行优劣的比较。儒家作为中国传统的主流思想，对这两个问题当然也有其独特的回答。下面，我将循着文献的脉络，将儒家的看法做一个尽量细致的勾勒，以从思想层面辨清它的基本面貌。

儒家对合理社会秩序的看法，可以用“大同”世界这个名词来做一总括式的回答，《礼记·礼运》对此有详细的描绘。这是儒家理想中对大同社会的描述，“天下为公”是其最重要的特质，老壮男女，幼孤鳏寡，都被安排在一个秩序井然的社会结构中，这里没有欺诈与不公，没有私利与盗乱，社会的公正与和谐体现在人们恪守公义的秩序之中，“外户而不闭”，因此被称为“大同”。在这一社会中，社会资源的分配采用各尽所能，各取所需的方式，而良善政治秩序的建立有赖于人们讲信修睦的道德观念与责任意识的强化，这种社会也许与现实世界差距甚远，但它却是儒家理想中公正社会的原型。

但是，儒家也非常清楚地认识到，这样一种理想的社会尽管是现实世界所应该仿照的模板，但却是非常难以到达的彼岸，因此，作为一种合乎正义原则的社会，某种程度上，它只能是一种规范的理型，现实世界需以此来建构谋划，以实现其被冀希的理想，至于它是否能达成这样一种要求，则是一个很难兑现的承诺。按照儒家的观点，一个正义社会当然有其适用的标准，用儒家的语言来说，正义的社会是“天下有道”，而反之，非正义的社会则是“天下无道”。当然，这种对“道”的规定是有其特定内容的，而只有在对儒家所谓的“道”之内涵有了确定的理解之后，我们才能清晰的分判儒家关于社会正义的想象。

不难发现，在儒家的经典文献中，关于“道”的论述比比皆是，“道也者，不可须臾离也，可离非道也”，将大道之流行贯穿于生活世界的各个方面，这是儒家念兹在兹的理想，那么，“道”究竟是什么？在我看来，儒家所说的“道”实际上也是一种合理社会秩序的实现，即是建构一个“老者安之，朋友信之，少者怀之”的社会。在这一社会秩序中，个体之间由于有老与幼、壮与弱、智与愚、贤与不肖的差异，往往表现出不同的潜质，因此所谓“正义”，就不是平等的对待所有人，而是按照不同个体的具体情况有差异的来对待所有人。因此，在对社会资源的分配方面，差异原则要优先于平等原则，而社会个体之间多样的诉求也决不能用同质化、原子化的个体来代替，儒家的这种正义模式是建基于对于人性的深刻洞见之上，它与现代自由主义者如罗尔斯所倡导的正义模式有着根本的不同，这是我们讨论儒家正义观必须始终保持清醒认识的一点。

既然儒家的正义观并不是按照平等主义的原则来分配社会资源，那么，确立一种适用于所有人的正义原则就成为一个十分重要的问题，但是，正像有学者指出的那样，“在极大程度上，我们的正义概念是由语境决定的，也就是说在确定一种规则或决定是否公正之前，我们必须充分了解它所适用的环境。”[1]可以说，儒家的正义论也如它的整个学说一样，都是非常境遇化与情境主义的，试图用一两条普遍的原则来概括儒家的正义论，并不是一件容易的事情，但我们还是要尽量对此有所申说，以勾勒出儒家的观点。

值得指出的是，在分配社会物品的过程中，儒家并不是始终按照一种僵化的原则来实现其正义的设想，所谓“义者，宜也”，这也就是说，面对不同的处境与情境，“合宜性”是儒家要优先考虑的首要原则。而一般来说，“合宜性”又可以拆分为以下三个方面的问题来一一应对：1. 在分配诸如福利、财富与其他基本生活物品方面，儒家强调满足民众最起码物质需求的必要性。人民基本的生活品质得到保障，这既是当政者的责任，也是其统治合法性的来源之一。这也就是说，人民的合理需求决定了分配的正义必须按照应得的原则来进行，因此，“应得”也就成为

〔1〕 David Miller：《政治哲学与幸福根基》，李里峰译，译林出版社2008年版，第75页。

儒家正义观中相当重要的一个原则。2. 在对待权力、荣誉、声望方面，儒家倡导一种德性占有的观念。儒家认为人之所以异于禽兽，其中关键性的区分标志在于人的道德意识，所以儒家特别重视人之道德性的觉醒与道德实践活动的完成，并将此作为其优先获取社会资源的条件，靠德性占有而非以身份、血缘关系来获得荣耀，这也是儒家根深蒂固的一个观念。3. 在关于构建政治秩序的方面，儒家虽然有"民为贵、社稷次之，君为轻"这样民本主义的观点，也有"闻诛一夫纣矣，未闻弑君也"这样的民权思想，但儒家从未设想过现代民主的政治形态，这似乎也是事实。在君主制、贵族制、民主制等诸种政治形态中，儒家并不单纯的认可哪一种政体，而是因时因地的不断修正有关治理秩序的问题。按照有些学者的分析，事实上，在中国漫长的历史进程中，至少先后经历过封建制、王权制、绝对主义皇权制、士大夫与皇权共治体制这样四种治理模式，[1]儒家学派形成的时期正是中国历史上由封建制向王权制的过渡阶段，儒家对政治秩序的看法当然会受制于当时历史条件的限制，但它提倡德政、仁政，对治理者的权力滥用多有警惕与批判，对民众的福祉与权利多有关切的争取，这都是显而易见的事实。因此，从消极的意义而言，儒家所向往的政治秩序绝不是对民众的宰制与剥夺，也绝不是对统治者的依附与辩护，这应该是完全可以成立的。

三、王道政治：儒家的政治正义观

一个合理秩序的实现，离不开一种良善政治形式的引领；一个正义社会的实现，同样离不开政治正义的完成。在本节中，我们将视线集中于对王道政治的讨论，通过勾勒儒家王道政治的特质与内容，以展现出一种儒家式的政治构造模式。

值得指出的是，儒家关于王道政治的理想，是与孔子时代受到普遍认同，但在某种程度上已经受到破坏与挑战的封建制度紧密联系在一起的。"天下有道"是与一定的政治秩序相关联的，天子制礼作乐，征暴讨逆，是良善政令所出之源头，而一旦这种施政的秩序被诸侯或大夫掌控，则政治权威已荡然无存，天下之乱也就不

[1] 姚中秋：《华夏治理秩序史》第一卷：天下，海南出版社2012年版，第65~83页。

可避免了。孔子强调政治权威的作用，这是优良治理秩序必不可少的条件，但孔子所谓的政治权威，又与专制集权式的帝王政治不同。专制政治依靠暴力与恐惧来统治，王道政治则依靠德化与仁政来维系，二者的治理机制与治理手段全然不同，这是理解王道政治必须首先辨明的误解。在孔子那里，王道政治通过“为政以德”“选贤与能”“富民而教”“礼乐刑政”“修己以安人，修己以安百姓”等一系列做法而得以实现。因此，王道实际上也就是“仁政”的完成，是良善社会一政治秩序的一种理念化表达，也是儒家念兹在兹的政治理想。这一理想由孔子发其端，在儒家的经典文本中被一再传承和重复。其中，《春秋》因为集中展示了儒家对于王道政治的讨论，因此又是需要被特别观照的。以下，我们便以《春秋》文本为基础，来详细论述儒家关于王道政治的一些观点和看法。

“王道”一词，最早出现在《尚书·洪范》。此后，孔子作《春秋》当新王，以明王者治世之道，而解释《春秋》的公羊学则成为专门阐述王道之学的学派。按照蒋庆先生的看法，儒家的王道政治是“天下归往”之意，既不是由民做主，也不是以民为本，而是为民众的利益而平治家国天下的治理之道。〔1〕所谓王道政治，其最核心的关切是要解决政治秩序的合法性问题，这一合法性的满足，需同时具有民意（世俗）、超越（神圣）、文化（传统）的合法性基础，才可成立，否则，少了其中任何一条则必不合法。〔2〕关于民意的合法性，实际上是要解决政治秩序之主要利益关切的问题。王道政治既不是假借民意以济其私，也不是生民劳碌以为其王，民之所愿与民之所利是施政之目标与主旨，不能符合这一条的政治格局就不能算是王道政治。

其次，超越的合法性是指政治权威的源头要有一个神圣的基础，用儒家的语言来说，就是天意的授权。突出天道的超越性与神圣性，并以此作为约束政治权威的一种神秘力量而存在，它与现代民主政治单维度塑造政治合法性的传统相比，更富自然生态的格调，也更加具有一种神圣之美，这是儒家王道政治的又一个显著特色，也值得被特别提出表彰。

---

〔1〕 参见蒋庆：《政治儒学：当代儒学的转向、特质与发展》，上海三联书店2003年版，第203页。
〔2〕 参见蒋庆：《政治儒学：当代儒学的转向、特质与发展》，第210页。

第三，文化的合法性，即是《春秋》所谓的“大一统”之意。这里说的“大一统”，不是文化专制意义上的以一元思想取代文化多元与自由思想的意思，而是指的《春秋》尊孔子为新王，即尊孔子所代表之历史文化传统为正统之意。对此，蒋庆先生说：“大一统思想尊孔子为王实是尊中国文化为王，即确立中国文化在政治统治中的主位性、权威性和不可取代性，从而奠定中国政治秩序合法性的历史文化基础。”[1]王道政治的实现，只有建立在这三重合法性的基础之上，才算将它的理念落实于人间。董仲舒从造字的角度对“王道通三”提出过一种很有新意的解释，其辞曰：“古之造文者三划而连其中者谓之王。三划者，天地与人也；连其中，通其道也。取天地与人之才而参之，非王者其孰能当是?”赞育天地而化民成物，王者之道于此尽矣!

不难看出，儒家关于王道政治的讨论，贯穿着对于合理人间秩序的理解，这种秩序既满足普通民众的基本欲望与需求，也注重凸显天道人伦与文化传承的维度，以一种健全而理性的态度意欲构建一个承载丰富文化内涵的秩序框架，应当说照顾到了人世间的各种不同面相，是一种富有思想深度与文化高度的政治构造模式。通过对儒家王道政治之内容的梳理，我们可以发现，它既与传统的专制政治不同，也与现代的民主政治有一定的距离，但不可否认的是，它是一种独特而富有思想魅力的政治哲学，这是不容被否定的事实。站在一个比较客观的角度来看，儒家的王道政治观确实蕴含着不少精义，如其中的“保民而王”“通三统”“张三世”“天子一爵说”等思想，[2]都是极富儒家特色的讲法，这些传统的思想资源在当今的时代背景下，也仍然值得被认真发掘，以为构筑中国气质的政治秩序模式提供可资帮助的思想文化养料与价值理据的来源。

四、正义原则的比较：儒家与自由主义

作为现代社会最为流行的一种意识形态，自由主义是伴随资本主义而出现的历

[1] 参见蒋庆：《政治儒学：当代儒学的转向、特质与发展》，第 208 页。
[2] 详参蒋庆：《春秋公羊学引论》，辽宁教育出版社 1997 年版，第 69 页。

史现象。它的古典形态造源于17世纪，在启蒙时代，卢梭、康德、黑格尔等思想家分别从不同的哲学角度对自由的概念作了富有建设性的探讨。此后，伴随启蒙精神的传播，自由主义成为一些西方国家的立国基础，也逐渐发展为现代认同的一种观念典型。按照学界一般的看法，自由主义珍视宽容与个人自由的价值，并将之看做政治价值的核心。对个体性的推崇，对信仰自由、多元文化以及商业精神的看重处于自由主义认同的中心位置，是其区别于其他意识形态的最主要特质。〔1〕“二战”以后，随着经济全球化进程的加快，自由主义作为一种超越民族—国家的全球思潮，开始在国际上广泛传播，并逐渐赢得了全球声誉。冷战结束后，一时间关于“历史终结”的论调甚嚣尘上，西方世界对自由民主制度作为全球治理的一种秩序安排表现出相当乐观的情绪，但9·11的发生，使得“文明的冲突”之论渐起，由此，自由主义也遭遇到来自左、右各方的攻击与批判。值此之时，对自由主义的反省与重思也就成为不可避免的事情了。

从概念上来说，自由主义作为一种现代社会认同的价值典范，实际上涵盖了相当复杂的内容，而自由主义所构建的正义模式，在很大程度上仍主导着我们对于正义观念的理解。在我看来，自由主义模式的正义论尽管有其理论的优异之处，但其间也并非没有流弊。而儒家的正义论作为一种古典形态的思想理论，分疏它的特质，对于弥补自由主义的缺憾与盲区，以形成一种较为健全的正义论就具有不可代替的作用。事实上，关于“正义”问题的讨论，是一个古老的话题。什么是正义？这是很难用一两句话说清楚的。有学者指出：“正义的一个核心义项是人们决不能受到任意武断的对待”，〔2〕这也就是说，正义实际上包含着公正的概念，而公正又与某种受到普遍认同的社会结构有关。所以，一定程度上说，“正义”更多的不是关涉个体的德行修为与道德情操的问题，而是与共同体处理分配诸种资源的原则与方式有关。沃尔泽曾用一本书的篇幅来讨论分配的正义，在他看来，任何社会中，正义都存在于对社会诸善的分配之中，尽管不同的物品适用于不同的分配原则，但

〔1〕［美］马塞多：《自由主义美德》，马万利译，译林出版社2010年版，第9页。
〔2〕David Miller：《政治哲学与幸福根基》，第74页。

分配的正义无疑是正义的核心论题之一。[1]

既然正义不是个体的事情，而与社会结构与分配原则相关，那么，一个什么样的社会才是合乎正义原则的，便成为种种思想理论必须要首先处理的课题。按照罗尔斯的解释，一个公正的社会大致要满足三个条件才算是合乎正义的：第一，它必须保障每一个社会成员享受最广泛的基本自由，其中也包括投票权之类的政治自由；第二，社会必须在机会平等的原则下提供更多的工作机会向一般民众开放；第三，收入和财富的分配不平等，只有在证明是有利于社会中的最弱势群体才被认为是正当的。因为将个体自由看做是诸善之中最重要的价值，而在分配这种自由的过程中又必须坚持平等的原则，因此，罗尔斯对社会正义的看法实际上代表着一种典型的自由主义正义观。这种正义观以彰显每一个社会成员最普遍、最广泛之自由平等为目的，而与此相应的社会结构与政治制度也以保障个体的自由平等为其根本要务。因此，这种社会正义观可以用简明的三个原则来标示，即个体原则、自由原则进和平等原则，其中，任何一个原则都与另外两个原则相互勾连，而它们合在一起共同构成了自由主义者对一个正义社会的想象。

我们不难发现，无论在理论预设方面还是在价值关怀方面，儒家视野下的正义模式与自由主义的正义模式之间都存在着巨大的差异。儒家从来不认为个体的自由是诸善之中居于首位的价值，而没有美德约束下的自由只会造成欲望的放纵与享乐主义的盛行。因此，相对于自由主义所极力推崇的个体原则而言，儒家是家庭、家族本位的。在传统社会，家庭既是生活单位，也是生产单位，家庭既是人伦秩序构建的始点，也是培养个人德性的最适当场所。所谓“居家自有天伦乐”，这种源自天理人伦之乐乃是中国人最为珍视的价值。梁漱溟先生甚至认为，家庭伦理之于国人的意义在某种程度上已成为宗教的代替品，它融合人我泯忘躯壳，虽不离现实却又拓远一步，使人可以从较大处寻找人生的归宿。[2]

其次，相较于自由主义所最为珍视的自由原则，儒家并未在一般的意义上否定自由，但很显然，在关乎人之尊严的诸种价值排序中，自由的价值处在德性、责任

---

〔1〕 参见［美］迈克尔·沃尔泽：《正义诸领域：为多元主义与平等一辩》，褚松燕译，译林出版社2002年版。

〔2〕 梁漱溟：《中国文化要义》，上海人民出版社2005年版，第79页。

之下，而并不能占到很高的位置。很多学者都曾指出，儒家具有泛道德主义的倾向。在儒家的视野中，“德”的地位是首要的，也是人之为人的基本标志。而个体的权利尽管重要，却需要服从于义务与责任的原则，否则，过分张扬自由、凸显权利的主张只会导致失序与混乱。这是因为，在大多数人那里，自由往往意味着突破传统，打破清规戒律，甚至是为所欲为，肆意放纵感官、肉体的快乐，而这种积极的自由在儒家看来恰好对修德具有妨害作用，所以是要极力避免的。

第三，相对于自由主义所崇尚的平等原则，儒家的正义观就显得更为独特。儒家对人与人之间能力与禀赋的差异有着十分深入的体会，不同的个体由于内在、外在条件的不同，往往有着完全相异的偏好与取向。自由主义的平等原则尽管在表面上赋予每个人相等的权利，但事实上，这些权利只有很少一部分可以产生等量的效果。正视不同个体间的差异，承认人与人之间的不平等性，并因势利导以成就一个更富多样性的社会，这是儒家与自由主义之间最大的区别。儒家照顾到了人类社群中君子/小人、贤/不肖、智/愚、强/弱的生态多样性，在对待正义的问题上，更多地强调差异原则而非平等原则，从现代性的视野出发，我们可能会认为儒家的观点显得有些陈旧，甚至多少有些反动的意味。但实际上，儒家的这种观点对于建构一个更合理、更有层次感的社会并不失为一种有益的洞见，只是我们当代人碍于时代的局限未能同情的了解其中的深意罢了。

五、结语

自由主义的正义理论作为我们时代的主流认同，固然有其独特的价值，如它对自由的珍视，对人性的解放，对人权的保障等等，都在现代社会发挥着相当积极的作用。但自由主义发展到今天，也显露出不少令人担心的隐忧，比如过分强调个体独立而导致社群生活的萎缩，欲望的解放在某种程度上变成了唯物质主义的风潮，对自由权利的推崇瓦解了对社会义务感的形成等，这些都是值得我们警惕的倾向。在一个如此崇尚自由的时代，似乎任何反其道而行之的观点与看法都会受到天然的抵触，但如果我们面对现实的缺憾与不足，不能针对主导我们生活的意识形态而提出反思与批判，那么，前路只会面临更加艰险的抉择。

广义来说，以自由主义为代表的正义论是西方学术界思考正义问题所结出的成果，这种理论所建构的正义模式在某种意义上反映着现代西方社会所遵循的基本原则，并随着自由民主价值的输出而传遍全球。在很多人看来，尽管中国有着独特的文化传统与国情现实，但实现中国的现代转型之路，跟随西方以实现宪政民主的道路，汇入普世价值的历史潮流，似乎是一条不得不走的路。这种看法抱持良好的愿望，也有其一定的合理之处，但忽视中国本土的传统与经验，而随西方世界之舞步而翩翩起舞，必然在中国这片土地上难以结出令人满意的果实。

儒家作为中国传统的思想资源，主导中华民族的历史文化走过两千多年的风风雨雨，随着中国迈向现代社会的进程中，儒家虽遭遇到前所未有的挫折与困难，但它的基本精神仍在潜移默化之间主宰着中国人的思想行为方式。尽管近百年来，受欧风美雨的冲刷，转型中的中国不可避免的吸收了很多西方元素以完成一个现代社会的建构，但对于普通民众而言，“儒家式的现代秩序”仍有着可欲的吸引力。具体到对正义问题的直觉，虽然很难判断中国人在何种意义上不同于西方人，但构建一种儒家式的正义模式至少可以为我们的思想行动提供可资选择的指南，也在理论的市场上提出一种超越自由主义的想象。关于正义问题的探讨，也许是一个永恒开放的话题，它的重要性决定了任何整全性的学说都不能不关注这个问题，本文的尝试只是从儒家的视野出发，勾勒出它不同于自由主义的一种关怀，至于这种对正义的看法在现代社会是否仍有其存在的价值，则只能依靠历史与实践的检验了。

早期中国政治的形成：龙图腾之后的尧

董彦斌 *

一

中国历史上有无数转折时刻，即便是公认的大的转折时刻，也非常多，在我看来，有三个时刻，影响至为深远，称之为最大的转折时刻也不过分。这三个转折时刻是：立国时刻、立教时刻和立宪时刻。这三个时刻，相隔时间大约都是两年余年。公元前22世纪，[1]为立国时刻；公元前3世纪，为立教时刻；公元20世纪初，开始进入立宪时刻。

炎黄是立国时刻的起点，尧舜是立国时刻的完善。龙图腾的形成，可以说是立国时刻的重大标志。龙图腾就是不同图腾部落的综合和整合，就是中央部落的权威地位的确立。没有中央部落的权威地位，就难以形成延续至今的中华国族。远古中国，不同部落有不同图腾，例如姜姓部落的炎帝以羊为图腾。傅斯年指出，男为羌，女为姜，皆为羊图腾。事实上，直到今天，我国的羌族仍以羊为图腾。

远古中国，图腾层出。动物学家郭郛曾参加李约瑟之中国古动物史编写团队，接触《山海经》，看到里边写了各种各样的怪兽，不可解。后终于悟出，《山海经》是图腾之书，所述怪兽，皆为述其图腾也。在《山海经》里，大山就是部落，动

* 董彦斌，西南政法大学法学研究所研究员，法学博士。

〔1〕 参见武家璧：《尧典的真实性及其星象的年代》，《晋阳学刊》2010年第3期。

物就是图腾。郭郛的重要发现是，《山海经》中写了许多“双头猪”之类的怪兽，实际上指的是两个以猪为图腾的部落的合并。如同今天两个公司合并，将名称合到一起。《史记·五帝本纪》讲：“轩辕乃修德振兵，治五气，艺五种，抚万民，度四方，教熊罴貔貅貙虎，以与炎帝战于阪泉之野。”其中的“熊罴貔貅貙虎”，殊为难解。而理解为图腾，则可解，实为黄帝率领不同的图腾部落作战。那么，绵延到黄帝时期的部落联盟首领做到了什么呢？就是他们不仅战胜了对手，而且与对手部落联合起来，并将各部落图腾做了整合，这就是龙。黄帝曾以熊为图腾，后又以龙为图腾，表明这是一个逐步统一的过程。

闻一多曾说：“龙究竟是个什么东西呢？我们的答案是：它是一种图腾，并且是只存在于图腾中而不存在于生物界中的一种虚拟的生物，因为它是由许多不同的图腾糅合成的一种综合体。”“大概图腾未合并以前，所谓龙者只是一种大蛇。这种蛇的名字便叫作‘龙’。后来有一个以这种大蛇为图腾的团族兼并了，吸收了许多别的形形色色的图腾团族，大蛇这才接受了兽类的四脚，马的头、鬣和尾，鹿的角，狗的爪，鱼的鳞和须……于是便成为我们现在所知道的龙了。”“这综合式的龙图腾团族所包括的单位，大概就是古代所谓‘诸夏’和至少与他们同姓的若干夷狄。”[1]这段阐述基本说清了龙图腾是一种化合的、拼合的图腾。但是龙图腾的基础，是不是就是闻一多所说的蛇，我对此有疑问。周易以龙为比喻，在周易里边，龙最舒展的形象就是：“飞龙在天”。孔子说老子像龙：“至于龙，吾不能知，其乘风云而上天！吾今日见老子，其犹龙邪！”也是说龙能乘风云而上天。可见，飞腾上天，是龙的基本形象或本质特征，恰好这一点，蛇并不具备。

龙的形成与获得普遍认同是一个漫长的过程。最初的龙和定型的龙，差异很大。即便龙最初的形象以蛇或者鳄鱼为主，到它定型时，早已不止于此了。但定型的龙，必定具备几重特征：1. 是多种图腾的化合；2. 神秘而有权威；3. 能飞，能连接天、地、水和人。这就迥异于羊图腾、熊图腾、鸟图腾一类具体而实在的形象。我以为，龙图腾，代表了图腾的进化，代表图腾进入高级时代。盛洪在《龙

[1] 闻一多：《伏羲考》，上海古籍出版社2009年版，第22页。

的诞生：一个制度经济学的故事》一文中说："天子将各山诸神请到了中央政权的所在地，即将各个部落联盟的图腾集中在一起，使各部落或部落联盟的首领，……尽管龙并不是在这时才出现，至少它被作为一个最佳的图腾整合方案得到各方的认可。因此龙的出现意味着各个部落联盟的生命的融合，从而构成了一个庞大的社会有机体。……政治秩序和经济规则获得了更大的制度的规模经济后，社会变得更为繁荣。然而这样一个过程并不能被直观地理解，以致人们把超出自己想象力的、由政治经济整合所带来的巨大利益，归因于天子这个政教合一的领导人具有超常的力量，甚至他就是神的化身。反过来，天子借用了图腾合并的最后结果，将龙这个图腾据为己有。"〔1〕事实上，这就是中国式的国家起源。

龙图腾不仅是多种图腾的"统战"，代表不同部落的联合，到它定型时，作为一种徽号，更是中央政权的象征。或者说，龙的图腾、徽号天然就是中央政权的象征。龙能飞而神秘，这就使得龙不仅代表了中央与四方的关系，还代表了天与世俗政权的关系。神秘的龙可以飞到天上，这表示出统治者对于沟通上天与人间的渴望，也显现出一种威慑力量。也就是说，龙可以是天使，是天意的传递者，是天意的捍卫者。龙的这一点功能，其他图腾当然也可以有，但神秘性或者神圣性较龙要差多了。可以说，炎黄之前、之后的那些大大小小的战争，举如规模宏大的黄帝蚩尤之战，就是黄帝艰辛创立龙图腾的过程。龙图腾的中心，在河南、陕西一带。当山海经里所写的座座大山逐步服膺黄帝一类的联盟首领所奉的龙图腾时，炎黄革命阶段就生产出交付给尧这一代人的政治遗产，而使之进入中国史上的第一个和平执政时代。

二

尧继承了龙图腾的遗产。主政之后，尧做了三大开拓，一是理顺了神权和国家权力的关系，建立了准政教分离模式，二是初步理顺了中央的地方的纵向分权，三是完善了权力交接的禅让模式。

---

〔1〕 盛洪：《龙的诞生：一个制度经济学的故事》，《读书》2000年第12期。

讲尧在准政教分离上的开拓，有两段话值得重视。第一段话是《论语·泰伯》中孔子讲的："大哉！尧之为君也。巍巍乎！唯天为大，唯尧则之。"第二段话是《尚书》讲的："乃命羲和，钦若昊天，历象日月星辰，敬授民时。……期三百有六旬有六日，以闰月定四时，成岁。"孔子曾说，"天何言哉？四时行焉，百物生焉。"天什么也不说，但是四季在运转，万物在生长，这就是说，这个天不是主宰。四时和万物的变化，就是天的表现。同时，天并不会以人一般的面孔呈现出来。在孔子看来，作为政治家的尧，恰好也持这样的认识。我们知道，到孔子的时候，科技水平和自然知识已有较大发展，郁郁乎文哉的周朝，也发展了数百年。但是，在孔子看来，周之前的上千年，尧也持类似的主张，那就很不容易了。所以孔子称尧"大哉"。

杨向奎曾对"神"做出独到解释，[1]在他看来，"神"曾是上帝和人民之间的媒介，是人间的统治者，也是上帝的代言人，神即"申"，"申"的"一线联结二物之形"所联结的，就是人和天。柳诒徵曾经指出，"宰"为什么成为高级官吏呢——周礼中有"大宰"，而后世也有"宰相"。"所谓太宰者，实亦主治庖膳，为部落酋长之下之总务长，祭祀必有牲牢，故宰亦属天官。"[2]这是在于上古时期，"宰"就是给上帝做饭的厨师，这个厨师沟通上天和人间，在侍奉上天的同时，也掌握了人间权力，这时的宰，实际上就是祭司集团、巫师集团、宗教集团的高级成员。章太炎和黎翔凤提出"儒"最早为求雨的巫师，亦为此意。[3]而上古社会的"绝地天通"，也就是断开地和天的通道，可以说就是一种世俗政权试图摆脱祭司集团的努力。这就是韦伯所说的去除神祇魅力的"除魅"之举，是了不起的人类的人文化和理性化的过程。正因为这个过程，上古的"宰"才变成了拥有世俗权力的"宰"，从"上帝的厨师"变成了政府高官。我们上面讲到，尧继承的是龙图腾的政治遗产，其实面临着较为复杂的神权局势。一方面，尽管龙图腾已经形成，也即不同部落的图腾信仰正在整合，但是不同的神都不可能消退。另一方面，鉴于人类掌握工具的社会生存能力还不够发达，人们必然对人格化的上帝、各种各样的

〔1〕《杨向奎学术文选》，人民出版社2000年版，第123页。
〔2〕柳诒徵：《国史要义》，华东师范大学出版社2000年版，第7页
〔3〕章太炎：《国故论衡》，上海古籍出版社2004年版，第104页。

神充满敬畏。黄帝时期的所谓“雨师”“风伯”等等，尽皆神灵，是拥有较高权力的祭司。在这种情况之下，尧塑造了自然之天的概念，把不同的神权权力整合到一个天这里来，又将天自然化，将日月星辰的变化和一年的历法做了极其精准的梳理。尧时代的天文学家确定一年有366天，这种历法的胜利是人类理性的胜利。

政教分离是确立理性政治的基本点。让祭司根据非理性的判断，来指导国家的政治实践，如同跟着梦境找寻出路。尧在神权不可能不强大的上古社会，勇敢地认识天，认识自然，这种准政教分离模式，不仅提升了国家政权的理性化程度，也大大增进了务农和治水的能力。而务农和治水，乃是黄河岸边的山西以至于全国的生存之本。

三

尧理顺中央的地方的纵向分权，同样具有中国史上的开创意义。在《尚书》里，尧时期出现了“克明俊德，以亲九族。九族既睦，平章百姓。百姓昭明，协和万邦”的局面，我以为，九族就是以族群为标准的大部落，“百姓”就是血缘为标准的中部落，万邦就是以地域为标准的小部落。“九族”“百姓”“万邦”实际上是从中央到地方的管理层级。

强调纵向分权，首先是强调国家认同和中央权威。在这一点上，我们要肯定黄帝和尧在不同时期的统一之功。如果没有以革命和战争为诉求的黄帝，则部落不可能走向统一，不会形成以地方向中央靠拢为形式的龙图腾。但如果没有尧时期的理性化统治，则以革命和军事化手段为治理模式的中央和地方关系不可能持久，也就难以成为长期存续的国家。历史不容假设。假设史上没有黄帝与尧，则中国会不会必然成为拥有统一传统的国家？还是像欧洲和中亚那样长期只有“洲”的虚拟意义，实为一个个小国。

按照《史记》的记载和张守节等人的释读，尧命令四位不同的官员前往山东、岭南、甘肃和北京这四个东南西北的地方，根据当地的情况引导民众生活。中央从首都山西，将官员派到山东等地，且行之有效，这表明地方对中央有高度认同和服从。这就是说，中央对地方享有的不是象征性的权力，而是实质的管理权。中央尽管必定有强力的武力为后盾，但在当时的交通条件下，能做到委派官员前往千里之外管理，实为不易，这是中央享有高度权威的表现。

尧又向“四岳”随时征询意见。这表明，“四岳”这四位具有大山部族首领意义的地方领导人，集于首都，与最高领导人探讨问题。中央将官员派到地方，地方官员却在首都议事。这是尧做到的。我们说，集权和分权是有时代性的话题。当通讯工具和武器威慑力达到集权条件时，分权可贵；当达不到时，适度集权可贵，这是集权和分权的辩证法。联邦制之所以比邦联制更能保证政局的稳定，原因就在于此。联邦制和单一制也同样各具优点。做到集权和分权的平衡，适度集权而不分裂，这是尧保证了中国历史能够绵延数千年的开创性贡献。尧高度重视治水，他对治水的重视，衍生出禹的重要性。治水是民生大事，又是中央协调地方、统领地方的一种特殊手段。

四

尧与舜的禅让，耀于丹青。在尧之前，也有封禅的实践。泰山之所以被称为“岱”，就是因为这里是易姓告代之地，也就是部落首领之间的政权交接或王位交接举行仪式的地方。管子说泰山曾见证 72 次交接，他本人知道的就 12 次，[1]但是，真正成为史书的重点记载的，只有尧舜的交接。

从四岳向尧建议以尧的儿子丹朱作为继承人来看，禅让不是唯一的权力交接形式，领导人的位置也可以继承。但尧仍然经过了漫长的考察和培养，而选择了舜。尧选拔舜为接班人，特别强调道德性。强调道德，就不是强调神秘的宗教性。道德乃是公民对待自己和对待社群的基本态度，看道德，就比看他对上天的态度更重要和更有可操行性。舜作为盲人的孩子，在“父顽，母嚚，弟傲”的环境里边，能够竭尽孝道，维持家庭和睦，这的确表明他是个负责任的人，是个能够自制的人。强调道德并不排斥能力和法政知识，尧在培养舜的过程中，予以多重考核锻炼，“慎和五典，五典能从。乃遍入百官，百官时序。宾于四门，四门穆穆，诸侯远方

〔1〕《史记·封禅书》：“管仲曰：‘古者封泰山禅梁父者七十二家，而夷吾所记者十有二焉。’”

宾客皆敬。尧使舜入山林川泽，暴风雷雨，舜行不迷。”这既表明了前面所讲的尧理顺中央和地方关系之后的把控能力，也在努力探索执政之道。

尧曾经考虑过选拔许由，而被许由拒绝，这一点同样很重要。这既说明，尧选拔接班人的过程不是《尚书》里提到的少数两三个人，而是在较大范围内的选拔。又说明，尧可以尊重许由的选择，而不是强迫一位公民就范。许由竟然可以洗耳不听尧的话，可见这是不带强制性的平等博弈，在这场博弈中，尧有一定雅量，而许由也大致预判尧有这种雅量。还说明，尧不拘一格，不设定选拔的框框尧听说了许由之贤与能，也一定听说了许由是一位自由主义的知识分子，虽如此，仍然亲往商量，可见其在探索制度建设和探索接班人上的开放性。

政权交接是宪法上的重要问题，也可以说是最重要的问题之一。能够世袭而不世袭，或许尧的意图不仅在于不满自己的儿子，还在于想开创一种制度化的模式。尽管尧的努力到禹之后就中止了，他的禅让却留下了千古话题。一方面，尧毕竟是古老的贤者，最高领导人的鼻祖，尧的禅让就给错谬的世袭者头上悬了一把宝剑；另一方面，尧留下了禅让的模式成为一个类型。就像多数派和少数派一样，两种意见，就不是一种意见。事实上，清代的南洋华人曾经开创了“兰芳共和国”，不比美国建国晚多长时间。但兰芳共和国的开创意义，就不受人们重视。在这个意义上，更要强调尧的贡献，因其是少数的、比世袭更具合理性的政权交接制度模式的拥有历史影响力的实践者。我们还可以说，禅让不仅是政权交接模式，还是政体，在这个意义上，尧是人类史上的一种政体的最知名的知识产权人。

五

按照晋代记载，山西的华山和陕西的首阳山本来是一座山，这座山挡住黄河奔流，故巨灵手荡脚踏，将其劈开：“华山对河东首阳山，黄河流于二山之间，云本一山，巨灵所开，今睹手迹于华岳，而脚迹在首阳山下。”詹鄞鑫的研究表明，我们今天所讲的“华夏”的来历，华就是陕西华山，夏就是山西夏地。这样来看，传说中的巨灵劈开华山，也就是让黄河流过，而将陕西的华山——炎帝和黄帝的政治遗产和山西的尧连接了起来。

从血缘和革命性创建来讲，华夏始于炎黄；从执政的制度文明来讲，华夏始于尧。《尚书》和《史记》用了许多夸奖词汇来描述尧，《尚书》讲他“钦、明、文、思、安、允、恭、克、让”，《史记》讲他“其仁如天，其知如神；就之如日，望之如云；富而不骄，贵而不舒。”我以为，这些描述有两个问题，一是过于赞美，既然人总不可能完美，人也总会有人性中可以理解而并不适于学习的缺点，那么过于赞美的话，我们只会产生一种逆反；二是证据不足，我们在这里讨论尧的宪政性贡献，但是主要依据的《尚书》和《史记》，对于尧的记载都非常不够，事迹不多而评价太高，这就出现了论据和论点的证明力不协调的问题。但至少，我们可以看到，尧在事实上实行了自己担任领导人的终身制，这就没有形成一个“让贤”的好事例，也没有将职位任期化。

但是，反过来说，或许从尧到尚书记录者、整理者到司马迁，他们对尧的事迹掌握更多而未诉诸纸端，并基于此而产生了一种崇拜。平心而论，就本文讲到的尧的贡献而言，对尧的评价不必像《尚书》和《史记》讲得那么“虚”，而要从国家形成的角度，讲得够公道。所谓公道，就是说，本文讲到的尧的三方面贡献，足以使他成为数千年中国史代代传承而未断绝的早期奠基者、掌灯者。他接过先人的灯，又予以拨亮，从而有助于后世之继续掌灯和继续照亮。

力作不废细功夫

《叶：百年动荡中的一个中国家庭》批注与校雠

刘宇赤 *

一

“家国同构”是中国传统社会治理的一个重要特征。家族繁衍折射出国家兴衰，社会变革影响着家业传承。《叶：百年动荡中的一个中国家庭》（〔美〕周锡瑞著，史金金、孟繁之、朱琳菲译，山西人民出版社2014年版，以下简称《叶》书），正是试图揭示“从晚清到民国、再到共和国，时代洪流中的家族命运沉浮，”同时又展示一个东方大国的现代化进程。

作者周锡瑞（Joseph W. Esherick）是美国研究中国近代史的著名学者。他以一个史学家的严谨治学态度，运用口述史的研究方法，以族谱、年谱、传记、回忆录为主要文献，以档案、日记、诗文、方志、评论为辅助材料，以对叶家众多成员的采访为有益补充，给读者提供了一幅确实可信、鲜活生动，而又不同于传统“正史”的家庭流变场景画。比如叶家是如何通过招募义勇、组织武装把自己与朝廷捆绑在一驾“战车”之上，又是如何通过读圣贤书、走科举路来巩固家庭的社会地位；而在顺昌逆亡的时代大潮之中，又怎样与旧体制分道扬镳，个人在选择不同价值与道路的同时，又怎样小心谨慎地维系家族关系。

众所周知，在中国家族文化中，修谱被看着一项十分重要的工作。但是修成的

* 刘宇赤，湖南省岳阳市委党校副校长、研究员。

家谱往往非常简约，如规范社会责任、家庭关系和个人修为的家规，或为条款式的训令，或为四言八句的警语，大同小异。人物之间只有名字、辈分和相互关系而缺乏具体故事，即使是重要人物的“丰功伟绩”，也只作注释一般的“轻描淡写”，至于越轨、过失等“家丑”，别说外扬，连内载似乎都犯禁忌。加之记男不记女，除非娶进女子上两三代、嫁出女子下两三代具有显赫功名。这样一个类似示意图式的谱牒，最大的功能就在于“考证”血统延续，根本不足以还原历史的过程与内涵。因此，整合大量不同类别的相关史料，就成为了历史学家的责任与功课。该著述跨时代、跨学科、跨文化、甚至还跨意识形态，同时，作者又是书中叶氏家族的“洋姑爷”。如何真实反映历史、客观评述当代，如何不尊者讳、不避亲者嫌，不仅需要深厚的学术功力，而且还要有笃定的学术良知。我们清楚地看到，书中没有歌功颂德，没有回避矛盾，对孙中山革命、蒋介石抗日、共产党执政、“文化大革命”和改革开放都只是客观描述其对家庭成员的影响或冲击，而把判断或评价留给读者。这正是本书难能可贵之处，也是其价值所在。

这部著作原为英文，是写给今天的外国人读的，因此，在文字表述上的突出要求便是达意。而“回到中国”来，文字表达既要适合时下的阅读习惯，又要符合当时的话语规范，尤其是引经据典必须准确无误，大量大诗词也要与原文一致无二，这就给翻译工作增加了很大的难度。现在我们看到的这个中译本，基本上达到穿越时间与空间、连通作者与读者。也许这正是一部学术性较强的著作，能够进行第三次印刷的一个原因吧。

二

《叶》书可谓是口述史的一部力作，但其也还有不少疏漏与差错。这里姑且按照译著的页码顺序抄列如下，权当作一次批注或校仇。以下粗体加引号着为该书原文，原文下为笔者批校。

1. P. 006. 第 1 行起：

“继而导致中国市场上的白银短缺，物价下降，经济明显衰退。”

硬通货减少，物价不是下降而是上涨，因而抑制消费，使得生产不足，经济衰退，这是一般规律，也是当时的事实。

2. P. 009. 第 3 行起：

“而这位知府同知又依赖于一位副官——这位副官傲慢无比，……”

同知本来就是知府的副官，在历代官制中，不见副官还有副官。这句话的原意似为：知府又依赖于同知——一位副官，这位副官傲慢无比。

3. P. 009. 第 2 段第 2 行：

“兵分三路溯江而下。”

溯同逆，与水流方向相反，此应为顺江而下。

4. P. 013. 第四段末尾一句：

“此时，叶坤厚回忆起王阳明曾任南赣巡抚，平定中国西南部的少数民族动乱。”

赣指今天的江西地区，西南部则指云、贵、川、桂（广西）、藏等地。王阳明在江西平的是宁王之乱，其后抚字西南岑氏（瑶族）之变，则是另外一件事情。

5. P. 014. 第 2 行：

“我欲逃禅离尘世，室家无奈苦相牵。”

禅为佛家境界，此处逃禅令人费解。要么是超凡、脱凡，要么是参禅、循禅。

6. P. 020. 第一段末尾一句：

“不久之后他即被知府委派往陕北安塞任职。”

知府虽为知县“顶头上司”，但没有委派知县的权力。封建社会两千多年，朝廷命官，他人可以举荐，吏部提出方案，但最终只有皇帝方能任免调动。从后面的注释看，应当是知府书信催促他尽快到任。本书后面还有提及上级罢免下级官员之事，同样是不确切的。

7. P. 020. 第三段第 3 行：

“大有‘城郭犹是人民非’光景。”

《搜神后记》：“有鸟有鸟丁令威，去家千年今始归。城郭如故人民非，何不学仙冢累累？”犹是与如故虽同义，但非原文。

8. P. 021. 注释 7：

此诗在书中 15 页已完整引用，不必重复。

9. P. 022. 注释 13：

“城上擂大鼓，城下喧歌舞。杀人为乐，人冤苦谁将，形胜失长江，不驻熊罴驻豹虎，官民不雄将不武。”

此诗疑有断句错误，应为：“城上擂大鼓，城下喧歌舞，杀人为乐人冤苦。谁将形胜失长江？……”并且是三句三句为一读。

10. P. 029. 第四段至 P. 030：

此处及后面，多次论及中国的科举制度，如果作一个流程图式的扼要介绍，更便于读者了解。

11. P. 030. 第二段第 2 行起：

“乡试时要求他讨论的题目是“父子之道忠恕而已”，论述古代政治家周公的治国领军韬略。”

题目与要求论述的内容完全“不搭界”，估计是把两个题目或两次不同的考试混在一起了。

12. P. 031. 第二段第 1 行起：

“叶华所作的八股文使他获得了进士功名，当时他仅 30 岁，即被授为山东沂州知州，……”

按照明朝的科举制度，中进士后一般先要“就（或称入）馆”见习官场工作程序，三年合格闭馆（或称散馆），然后授以官职，个别也有“提前毕业”任职的，但刚获进士即被授官职，并且越过县级，似为不大可能。

13. P. 032. 第二段倒数第 2 行：

“叶华的一个远方表亲，……”

母系亲戚称表，父系则称堂。此处应为堂亲。

14. P. 035. 第一段第 5 行起：

“结婚后新娘要与自己的家人即他的父母、兄弟、姊妹一起生活，所以对于夫家而言，她们本是外人，其自然的同盟，以及发生冲突时唯一的支持者是丈夫和孩子，因而这也便成为她们时刻着意的所在。”

表意欠通顺。

15. P. 039. 第三段第 2 行：

“在当时高度商业化的社会，……”

中国历史上很难有称得上高度商业化的社会。更准确的说法是，在经商活动或商业领域中，（好的信誉对于借贷关系很重要）。

16. P. 043. 第二段倒数第5行起：

“无论官员和普通百姓，都不愿意去负担过重的衙门诉讼以解决彼此纠纷。”

不愿意进行诉讼的原因主要不是“负担过重”。中国传统社会重德治而轻法治，诉诸法律也就等于突破了道德的底线。因此没有专职律师，即使兼职代写状纸的人，常常也被贬称为“讼棍”，有些朝代还有专门惩治这种人的法规。

17. P. 097. 注释29：

“大部分其他的资料称其为金塞（或堡垒、要塞），汉字“塔”和“炭（盆）”发音很相似。”

文章及注释中，都没有与“塔”或“炭（盆）”有关的内容。

18. P. 111. 第三段倒数第2行：

“官势正隆，……”

前文已说其正在为母亲守孝，守孝三年必须辞官，所以这个时期不能称官势正隆。

19. P. 149. 第2行：

“书不上报。”

这句话与上下文都没有关联。

20. P. 198. 第二段倒数第3行起：

“‘德先生’和‘赛先生’是一篇著名文章的主人公，该文章将西方先进的科学理念与中国古老的传统理念作了对比。”

“德先生”是民主（democrary），“赛先生”是科学（science），这是陈独秀在《敬告青年》一文中提出来的，后来成为了五四新文化运动的两面旗帜。该文也不仅仅是将西方先进的科学理念与中国传统理念作了对比。

21. P. 201. 第二段第9行起：

“他们一边行进一边喊出当时的流行口号：‘打倒列强，打倒列强，除军阀……’”

准确的是：他们一边行进一边高唱当时的流行歌曲：……

22. P. 252. 第二段第 2 行起：

"卢沟桥是衔接北平与南方交通的重要铁路枢纽。……（日军）在附近的一个小城镇与中国军队展开了激烈交火。"

卢沟桥是一座车马人行的石拱桥，附近有铁路，但也不能算枢纽。应当说：卢沟桥可以控制衔接北平与南方交通的重要铁路线。而后文的小城镇则是指当时的宛平县城。

23. P. 263. 第二段第 9 行起：

"文章描述这场战斗是次伟大的胜利，在夜晚的偷袭中毁坏了许多日本飞机，……"

这是著名的"夜袭阳明堡日军机场"战斗。作为史学著作，应当尽量指实。

24. P. 275. 第三段第 2 行起：

"这个臭名昭著的省主席后来因抗日不利导致山东沦陷而被处罚。"

不是抗日不利，而是抗日不力；也不是被处罚，而是被蒋介石下令决处。

25. P. 280. 倒数第 4 行起：

"后来他加入了'抢救失足者'的小组。

错误。应为：后来他成为了"抢救失足者"小组的工作对象，或者简单地说，后来他成为了被"抢救的失足者"。

26. P. 282. 第 2 行起：

"但是直到 1946 年 2 月，……从看守所释放出来，这时他已被捕三年。"

应当说：这时他从看守所被释放都已经三年了。

27. P. 305. 倒数第 3 行：

"苏联共产国际……"

共产国际是一个国际性的共产党组织，虽然其大本营在苏联，实际上也由苏共掌控，但理论上苏共只是共产国际的一个组成部分，因此没有这样的称呼。

28. P. 308. 第 8 行起：

"9 月，他被任命为中国民主同盟的政协候补委员。"

民盟是中国的民主党派之一，也是政协众多界别中的一个，准确的表述应为：9 月，他成为了代表中国民主同盟的政协候补委员。

29. P. 308. 倒数第1行：

“并被政府统战”

统一战线是中共执政、而不是政府行政的某种形式，因此，只能称被中共统战，或与中共结成统一战线。

30. P. 317. 第三段第2行：

“党负责提供一顿丰盛的晚餐。”

人们一般称之为会餐，由单位而不是由党负责提供。可将前面句号改为逗号，将党改为“并”字。

31. P. 322. 倒数第4行：

“他的第一个孩子出生，但是他们单位还是延续了供给制，”

不合中文语法。可为：他的第一个孩子出生时，他们单位还是延续着供给制。

32. P. 330. 第1行起：

“但即使是这些内参也要经过高度自我审查，随着时间的推移，这个问题变得严重了。”

不知所云。

33. P. 330. 第二段第5行：

“作为党在西北地区根据地的前游击队长（指高岗）”

应当说：作为党在西北根据地的重要领导人，

34. P. 330. 第二段第7行起：

“传说……，这些报导……”

传说是流传在口头的，报道（不是报导）是指载之于媒体的，两者不是同义词。

35. P. 331. 第2行：

“克服以前的阶级地位，”

应当表述为：克服以前的剥削阶级思想。

36. P. 333. 第2行起：

“因为他（胡风）为知识分子争取更多的自主权。”

胡风批评中共搞“舆论一律”，因此，他要争的是舆论自由权。

37. P. 344. 第3行起：

“被定为5级干部，这是一个很高的级别了，……可以乘坐自己的进口汽车。”

当时中国干部的工资分为24个级别，几级干部是通俗的说法，实际指的是工资标准，而不是行政职级，因此也与配车没有直接关系。而且后一句表意含混，到底是说可以配备专车，还是说坐上了私人购买的进口汽车，抑或配备的专车是进口的？

38. P. 344. 第三段第1行；P. 349. 第三段第5行；P. 355. 第二段第4行：

“‘百花运动’；‘百花齐放’运动；‘百花运动’”

一般不称为运动而称为“双百”时期，指1957年初毛泽东提出“双百方针”到反右这一短暂过程。期间各种不同的学术观点（包括对党和政府治理的批评）“百家争鸣”，各种不同流派的文艺作品“百花齐放”，也有的统称“鸣放活动”。书中所表达的都是不同的学术观点而并非文艺作品，因而都不在百花齐放而是在百家争鸣的范畴之内。所以，称“百花运动”、或“百花齐放”运动不准确。

39. P. 354. 倒数第9行起：

“谴责那些以‘达到国际标准’为名，追求‘这个世界上最深奥的著作，就像现在遗传学研究流行的DNA、RNA一样’的人由于接受过西方教育的科学家一直质疑盲目地跟随苏联的作法，……”

不符合汉语表达习惯，这么长的句式，哪个是修饰定语，哪个是被修饰的中心词，一头雾水。

40. P. 355. 第二段第5行

“并举例说一个副院长说他不懂技术方面的问题。笃庄的回答是……”

这样写更通畅准确：并以一个副院长为例，说他不懂技术方面的问题。笃庄责问他们……

41. P. 355. 倒数第2行：

“他主要批评两个学院领导人。”

这是习惯性语病。他主要批评学院两位领导人。

42. P. 360. 第二段第1行：

“笃庄被正式宣判为右派。”

宣判被用于法院判决，当时称为“划定”。

43. P. 367. 第二段第 5 行起：

“往事如云烟，无限辛酸，十三年聚有余欢，梦里依稀说虎事，去矣年华。”

余欢之后宜用句号，虎事也不知是什么事，年华应为华年，年字为韵脚，押 an 韵。

44. P. 382. 倒数第 7 行起：

毛泽东的“文革”目标是那些走资本主义道路的人，即“走资派”。

“走资派”是走资本主义道路当权派的简称，不是指一般的“人”，毛泽东等人认为，走资派在民主革命时期，是无产阶级革命的同路人，到了社会主义革命时期，他们就成为了保守的反动力量。

45. P. 392. 倒数第 2 行起：

“并很快使它开始盈利。”

“并很快使它出现新的变化”更准确。

46. P. 393. 第 3 行起：

“他设法弄到了多余的化肥，……产量提高了……”

不是多余的，而是计划之外的。农户自留地里的作物收成，也不统计在产量之中。这些都是计划经济的特有现象。

47. P. 395. 倒数第 4 行：

“只有一个叶家的孩子真的攻击了自己的父母。”

规范的说法是：叶家只有一个孩子真的攻击了自己的父母。

48. P. 396. 第二段第 8 行：

“他不得于放弃了一切努力。”

不得已，“于”是错别字。

49. P. 397. 第二段第 1 行起：

“‘文革’的豪言壮语说个人通过正确的政治表现，能取得荣誉和升迁的机会。”

不知具体到底是一句什么样的豪言壮语。

50. P. 409. 倒数第 1 行起：

“通常是从国外直接购买整个的工厂、钢铁厂或在者冶炼厂。”

工厂与钢铁厂、冶炼厂具有包容关系，不能并列。工厂后应改为逗号，然后加上“比如”。并且当时中国除了引进宝山钢铁厂之外，更多的是电子产品生产线，先是收录机、电风扇等，再到家用电器，如彩电、冰箱等。

51. P. 423. 第二段第 11 行起：

“他们所属类别的政治属性多过社会属性：革命干部、民族资产阶级、民盟知识分子。”

民盟不是修饰知识分子的，民盟和知识分子是两种政治属性，而且作为政治属性，民盟与前后的概念不在同一层次上。因此应当说：革命干部（本人出身）、民族资产阶级（家庭成分）、民主党派（政治面貌）、知识分子。

52. P. 424. 倒数第 4 行起：

“只能等到 1977 年后竞争性的高考制度完全建立才有机会。”

“文革”十年，高考制度被中断，1977 年通称恢复高考。

编后记

本辑《原道》终于先于27辑和大家见面了。

关心《原道》的朋友当然知道，这声“终于”确属不易，这个“先于”又是多么诡异。1994年创刊以来，20年间《原道》刊期多有不定，甚至隔年出版，或一出两辑。今年以来，我们试行一年四辑，刚开始的时候确实有手忙脚乱之感，加上一些“众所周知”的原因，以致第26和27辑出版多有延误。好在经历了磨合之后，自本辑开始，各项工作渐入正轨，相信今后也会在同仁的大力支持下，办得更好，走的更远。

本辑《原道》以“伦理复兴与国族建构”为题组织专题研讨，并邀请到伦理学研究青年才俊、东南大学胡芮博士担任专题组稿人兼特约责编。在胡芮博士的精心组织下，本辑专题荟萃国内外8位伦理学研究专家学者和青年新锐，组成了一席丰盛的智识盛宴。可以肯定，本专题对于理论和实务界理解和把握“伦理复兴与国族建构”问题将多有裨益。

专题组稿之外的各篇稿件也值得关注。

“思想与学术”板块中，赖志伟对庄存与《尚书既见》的新解读，陈冠伟对《颜氏家训》与《颜氏家训集解》各自得失的再探讨，戴金波对胡安国《春秋传》“灾异论”的学术史梳理，张瑞涛、刘娇阳对蕺山门弟子金铉学术思想的撷要，霍明宇对“长幼有序”论的再发明，李敬峰对张九成思想特质的再辨析，均体现了新生代儒家学者对经典文本和重要人物的细读精研功力。朱汉民领衔、韩星和陈仙参与的传统书院研究小单元则为近年来的“书院复兴热”提供了很多有益的思想启示和学术信息。

“读书与评论”版块中，刘勇和李清良关于“理解精神”的对谈言简意深；杨莉对县域文庙重建的个案考察见微知著；翟奎凤对经学与理学脉络与分期的见解，以及对儒学未来的展望，值得细品；赵宏宇以西方政治学理论为参照，探讨儒家视野下的社会正义观命题，不乏创见；董彦斌以帝尧作为伟大立宪者，发明了早期中国政治的形成脉络与宪制意义，自有深意；刘宇赤对《叶：百年动荡中的一个中国家庭》一书的批注与校雠既不避繁琐，又简明扼要，可供参考。

照例需要交代的是，本辑不少稿件在编辑过程中有所删节，读者若觉意犹未尽，责任不在作者而在编辑部；作者必定有所遗憾，尚期体谅编者苦衷。

最后，拟定于明年年 3 月出刊的《原道》第 29 辑，将以“儒家法政传统的源与流”为题组织专题研讨，并邀请到中国法律史研究青年才俊、南京师范大学陆娓博士担任专题组稿人兼特约责编。近年来，儒家治道思想与法政主张颇受关注，我们期待陆娓博士组织的精彩专题，更期待诸君为此专题和《原道》第 29 辑贡献智识。

投稿邮箱：yuandao1994@ 163. com

讨论网址：www. yuandao. com

微信公号：原道（yuandao_ rujia）

QQ 交流群：308299147

图书在版编目（CIP）数据

原道.第28辑/陈明主编.—北京：东方出版社，2015.10
ISBN 978-7-5060-8671-4

Ⅰ.①原…　Ⅱ.①陈…　Ⅲ.①文史哲－中国－文集　Ⅳ.①C53

中国版本图书馆CIP数据核字（2015）第250041号

原道：第28辑
（YUANDAO：DI28JI）

主　　编：陈　明
责任编辑：冯文丹
出　　版：东方出版社
发　　行：人民东方出版传媒有限公司
地　　址：北京市东城区朝阳门内大街166号
邮政编码：100706
印　　刷：北京京都六环印刷厂
版　　次：2015年11月第1版
印　　次：2015年11月第1次印刷
印　　数：1-2000册
开　　本：710毫米×1000毫米　1/16
印　　张：20.25
字　　数：310千字
书　　号：ISBN 978-7-5060-8671-4
定　　价：52.00元
发行电话：（010）64258117　64258115　64258112